함석헌과 이성의 해방

김대식(金大植)

1967년생으로 서울신학대학교 신학과를 졸업(B.A.)했다. 서강대학교 대학원 종교학과에서 석사학위(M.A.)를 받은 뒤, 대구가톨릭대학교 대학원 종교학과에서 박사학위(Ph.D.)와 숭실대학교 대학원 철학과에서 박사학위(Ph.D.)를 받았다. 가톨릭대학교 문화영성대학원, 서울신학대학교, 성공회대학교 등에서 강사를 역임했고, 지금은 대구가톨릭대학교 대학원 종교학과, 숭실대학교, 원광디지털대학교 등에 출강하면서 종교문화연구원 연구위원, 한국종교연합(URI-Korea) 지도위원, 함석헌평화연구소 연구원, 함석헌평화포럼 공동대표로 활동하고 있다. 주된 학문적인 관심사는 '환경과 영성', '철학적 인간학과 종교', 그리고 '종교 간 대화'로서 이를 풀어가기 위해 종교학을 비롯하여 철학, 신학, 정신분석학 등의 학제간 연구를 통한 비판적 사유와 정신을 실천하려고 노력한다.

저서로는 《영성, 우매한 세계에 대한 저항》, 《함석헌의 철학과 종교 세계》, 《함석헌과 종교문화》, 《씨올의 희망과 분노》(공저), 《길을 묻다, 간디와 함석헌》(공저), 《지중해학 성서해석 방법이란 무엇인가》(공저), 《종교근본주의: 비판과 대안》(공저), 《생각과 실천》(공저), 《식탁의 영성》(공저), 《영성가와 함께 느리게 살기》, 《생태영성의 이해》, 《함석헌의 생철학적 징후들》 등이 있다.

서강학술총서
089

함석헌과 이성의 해방

김대식 지음

서강대학교출판부

서강학술총서 089

함석헌과 이성의 해방

초판 1쇄 발행 | 2016년 10월 21일
지 은 이 | 김대식
발 행 인 | 유기풍
편 집 인 | 우찬제
발 행 처 | 서강대학교출판부
등록 번호 | 1978년 9월 28일 제313-2002-170호

주 소 | 서울특별시 마포구 백범로 35번지
전 화 | (02) 705-8212
팩 스 | (02) 705-8612

ISBN 978-89-7273-318-8 94100
ISBN 978-89-7273-139-9(세트)

값 23,000원

* '서강학술총서'는 SK SUPEX 기금의 후원으로 제작됩니다.

책머리에

프롤로그: 말해야 하는 것들의 아픔들

다 잊힌 듯한 철학이나 사상을 다시 길어 올린다는 것은 어쩌면 치기 어린 자기 자신의 고집스러운 반항일지도 모른다. 그래서 글을 쓴다는 것, 혹은 무언가를 해명하기 위해서, 그것을 반드시 논리나 감정을 정교하게 다듬어야 하는 것이 있을 때, 필자는 메모를 하거나 자판을 두드리는 것이 두려울 때가 있다. 말을 한다는 것과 글을 쓴다는 것은 자기 자신의 고백과도 같은 것이어서 글자를 토해내는 순간, 나의 속내를 빤히 다른 사람들에게 보이게 하는 것과 같은 느낌을 받을 때가 많기 때문이다. 감추어야 할 때는 철저하게 감추어야 하고, 포장을 할 때는 그럴 듯하게 포장을 해야 한다는 세상의 논리를 잘 습득하지 못한 필자로서는 그것이 너무 어렵다. 함석헌도 그런 것 같다. 자신의 글이나 강연을 통해서 드러나는 것은 철학이나 사상이기도 하지만, 함석헌 자신의 속내였다. 그래서 그의 글을 읽으면 이성도 날카로워지지만 사상의 감정은 이미 실천의 현장으로 가고 있는 자신을 발견하게 되는 것이다.

80년대 함석헌의 글과 강연은 인기가 많았다. 시국이 그랬으니 그와 같은 정신적 지도자가 필요했을 것이다. 상황이 사람을 만들어 냈을 법하지만, 사실 필자가 그의 글을 접하면서 가슴을 뛰게 만드는 육화된 말을 경험했던 것을 보면 인간의 삶을 깨우고 정신을 바짝 차리게 만드는 그만의 언어의 감정을 읽을 수 있었다. 여전히 그가 오늘날 우리 시대에 필요한 인물이고 다시 재현해야 하는 존재인 이유는 바로 그의 말의 로고스적 발화, 진리에의 천착이 생생하게 다가오기 때문이다. 다시 말해서 행동을 하게 만드는 것, 보다 근본적으로는 생각하게 만드는 것이 그의 글의 장점이다. 아니 그의 말법의 힘이다. 이제 민중에서 대중으로 바뀐 포스트모던시대에 대중에게 혹은 다중에게 더 이상 정신적 지도자가 될 수 있는 사람들이 현존하지 않는다. 시대가 암울하고 혼란스러워 자신의 생각조차도 정리를 할 수 없을 정도로 국가와 세계, 그리고 자본에 매몰되는 맥락을 정확한 시선으로 짚어줄 인물이 우리 곁에 아무도 없다는 것은 매우 서글픈 현실이다. 이러한 상황에서 함석헌의 말법과 힘, 그리고 그의 철학과 사상을 길어올리고 재해석하여 민중을 깨우고 시대를 계몽하는 정신이 되게 해야 한다는 강한 신념을 가질 수밖에 없었다.

설령 위대한 한국의 철학자요 사상가라 할지라도 이미 사장된 존재를 깨운다고 해서 과연 민중이 깨어나겠는가, 시대의 사자후가 되겠는가 의구심을 품을 수도 있다. 그러기에 더욱 역설이 필요한 게 아니겠는가. 시대는 '무참'(無慚), 즉 부끄러움을 모른다. 정치, 경제, 사회,

교육, 인권, 환경, 문화, 통일 등 인간의 삶의 모든 조건과 영역들의 다양함과 다원성도 좋지만 그 내용은 진정성과 진실함이 있어야 한다. 그런데 인간 스스로 부끄러움이 없는 존재가 되어 끝 모를 세계, 규정짓지도 책임지지도 못할 세계를 만들어가고 있다. 속내를 들여다보면 수치심도 없는 것 같다. 그저 삶을 살아야 한다는 본능에 충실하여 모든 것을 합리화하면서 비인간적인 삶을 살아갈 뿐이다. 그것을 후안무치(厚顔無恥)라고 했던가. 그에 대해 함석헌은 떠밀려가고 생각 없이 사는 인생이 되지 말고 반항하고 저항을 해야 한다고 역설한다. 함석헌의 글을 대하면 오히려 내가 사는 삶을 반성적으로 바라보게 되고 역사적 실존으로 잘못된 현실을 바로잡기 위해서 행동을 하지 않으면 안 될 것처럼 강제한다. 그것이 함석헌이 갖고 있는 강한 매력이다.

필자가 우연히 함석헌을 만나서 지금까지 그의 글을 분석하고 재해석한 지 여러 해가 흘렀다. 그는 바탈(본성, 바탕)의 심층을 꿰뚫고 들어와 오류와 권위로 학습된 이성을 비판 · 성찰하게 함으로써 자기만의 생각을 통해 자기 자신을 바라보고 사태를 직시하는 눈을 길러주었다고 자부한다. 함석헌은 인간, 좀 더 정확하게는 민중이 가만히 있으면 안 된다고 본다. 생각도 행동이고, 행동도 생각의 연장이다. 함석헌에게 있어 그 둘은 떼려야 뗄 수 없는 것이다. 생각조차도 하지 않는 민중은 죽은 것이나 다름이 없다. 역사를 개혁하고 현실을 혁명하려는 존재는 반드시 스스로 깨어 있어야 하기 때문이다. 그 추동력은 무엇일까? 독일의 철학자 쇼펜하우어(A. Schopenhauer)가 말하고 있는 '의지'(意志, Wille)인 것일까? 살려고 하는 의지, 생존본능, 세계를 표상하는 의지가 인간의 삶의 조건을 옥죄고 억압하며 지배하려는 모든 것들에 대해서 저항하려는 것일까? 함석헌의 바탈 정신, 얼의 근본은 바로 그러한 의지에서 나온다고 볼 수 있다. 의지는 외부의 조건에 대해서 자기 진정성을 가지고 끊임없이 저항하려고 한다. 저항해야 하는 것이 인간이다. 저항하지 않으면 인간이 아니다. 민중은 순응만 한 것이 아니다. 함석헌은 체제, 권력, 억압, 조직 등에 대해서 절대로 순응하라는 말을 한 적이 없다. 저항, 변화, 생성의 정신만이 인간이 인간임을 증명해 내는 길이다.

다행스러운 것은 함석헌의 대부분의 담론들에는 한담(閑談), 객담(客談), 공담(空談, Gerede)이 없다. 오늘날 사회가 자신의 이야기가 아니라 남의 이야기로 살아가고 남의 이야기가 자신의 이야기인 것처럼 착각하고 있다. 어느 곳을 가나 자기 진정성, 혹은 자기 진실성(Authentizität), 자기 존재의 주체적인 이야기가 아니라 남의 이야기를 구성하여 말하는 것은 예삿일이 아니다. 자기 삶의 콘텍스트 속에서 진정성과 무게 있는 언어를 사용하지 못하는 것은 내가 그만큼 자유롭지 못하다는 반증일 것이다. 만일 그렇지 않다면 아무 생각 없이 사는 일상인(das Man, 世人)에 지나지 않는다고밖에는 말할 수가 없을 것 같다. 함석헌은 그것을 거부한다. 무게 있으면서 늘 진지하고 사태를 허투루 가식적으로 보는 것을 견디지 못한다. 그의 글 속에 나타난 이성과 감정이 반항적으로 보이는 이유가 바로 여기에 있다. 삶이 지나치게 가볍게 다루어지는 것은 있을 수 없는 일이다. 역사나 정치, 교육과 환경 등의 문제도 실존적인 의지에 의해서 바로 초월을 향해 나아가야 하는 이상적 세계의 욕망 영역이다. 따라서 함석헌의 사유 세계와 행동의 반경은 지독할 정도로 싸워야 하는 민중의 전쟁터, 전선(戰線)에 있다.

이제 함석헌을 통해서 우리가 전선에 서야 할 차례가 되었다. 앞의 전선이 어떤 상황인지 아무도 예측할 수가 없다. 누가 전쟁이 지휘관의 상상력이라고 했던가. 스스로 삶의 지휘관이라고 자임하는 민중이 나서야 하는 전선에는 성숙한 이성과 감정이 무기가 되어야 한다. 단언컨대 함석헌이 민중에게 그러한 정신적 무기가 될 수 있을 것이다. 함석헌을 다시 떠올리고 추억을 하는 것만으로도 삶의 전선에서 부딪치는 온갖 환경들을 이겨낼 수 있을 것이다. 함석헌은 노년의 병사들을 위한 향수물이 결코 아니다. 젊은 병사들에게 폐기물로 존재해서도 안 되는 인물이다. 그가 생각했던 정치적 상상력으로부터 시작해서 인문적 상상력에 이르기까지 좋은 정신적 상상력을 제공하는 인물이 틀림없다. 상상력조차도 억압당하는 현실에서 사유 세계의 지평을 확장시킬 만한 철학자나 사상가가 흔하지 않다. 그러나 함석헌은 다양한 스펙트럼과 깊은 사유를 통해서 사태를 종합적으로 바라보도록 만든다.

함석헌의 철학과 사상은 오늘을 살아가는 우리들에게 새로운 삶의 세계에 대한 인식과 비판적 통찰을 안겨 줄 수 있는 중요한 암호와도 같다. 아직 풀지 않은 암호들, 기호들에 대한 도전이 우리 앞에 있는데 그것을 외면하고서는 결핍되고 반이성적 삶의 현실을 극복하기란 쉬운 일이 아닐 것이라 생각한다. 그렇다고 함석헌이 모든 사태에 정답은 아닐 것이다. 하지만 적어도 그를 대하기 꺼려하지 않고 적극적인 용기를 가지고 씨름을 하려는 민중들에게는 반드시 해답을 던져 줄 것이다. 더 나아가 무엇이 삶에 있어 문제인지도 제대로 판단하지 못하는 민중들에게 계몽을 하되 결코 강압적인 계몽이 아니라 설득적인 계몽, 상호주관적인 계몽(intersubjective enlightenment; 상호주관적 깨달음)을 통하여 삶의 세계에 새로운 변혁을 가져다 줄 것이라고 믿는다. 자신의 바탈과 세계, 그리고 억압과 지배의 현실을 정확하게 바라보려는 사람에게는 함석헌의 철학과 사상이 확신에 찬 목소리로 들릴 것이다. 그 목소리의 의지를 지금 여기서 공유하기를 바란다.

필자로 하여금 이러한 함석헌의 철학과 사상을 드러낼 수 있도록, 본 원고를 '서강대학교학술총서'로 선정한 후 엄격하게 심사해 주시고 최종 출판을 허락해 주신 서강학술총서 기획위원회에 깊이 감사를 드린다. 그리고 한 권의 책으로 나오기까지 세심한 손길과 수고를 마다하지 않으신 서강대학교출판부 편집팀 여러분께도 고마운 마음을 표한다. 마지막으로 현실과 이상의 거리를 좁히면서 함께 살아 온 가족들, 아내 고운과 아들 김지원에게도 고마움을 전한다.

2016년
저자 김대식

목 차

1부

궁극적 물음 실재의 탈자본화와 실존적 종교

1장

종교이성의 해방과 무사유의 탈피

1장

종교이성의 해방과 무사유의 탈피

종교는 기억과 장소를 중요하게 생각한다. 그중 기억을 가능케 하는 것도 실상은 장소 때문이다. 성스러운 장소에 대한 애착과 집착이 신앙의 형태를 유지시켜 주는 역할을 하지만, 반면에 갈등과 폭력, 그리고 전쟁에 이르기까지 한다. 그 장소의 신비함은 곧 구체적 장소성이 아니라 마음의 장소성, 인간 실존이 머무는 그 자리에 있다고 해야 하지 않을까. 더불어 신앙언어는 종교에서 빼놓을 수 없는 종교적 다름의 현상이다. 하지만 그 또한 몸-짓 언어의 행위와 창조적 삶으로 나타나지 않으면 소용이 없다. 신앙언어의 서술 범주 안에 초월자의 현전 양태인 몸-짓 언어가 나타나야 한다는 말이다.

자칫하면 종교가 강조하는 장소 서술 행위, 신앙언어의 서술이 종교적 병리가 될 수 있다. 종교적 병리의 하나로서 가부장적 무의식의 아비투스가 자아에 머무는 것이 아니라 타자에의 인격적 통합, 초월자의 내면화를 통한 사귐에 있어야 한다. 그것은 결국 자기비움의 무한을 어떻게 실현시킬 것인가와도 밀접한 관계가 있다. 그것은 곧 말로써 보여줌이고 종교의 본질적 행위를 보여줌으로써 말의 진정성을 승인받아야 함을 뜻한다.

1. 종교적 장소의 탈신화화

종교는 의례적으로 장소의 신비성, 장소의 특수성에 대한 관념이 매우 강하다. 특정 장소에 의미를 부여하거나 이미 의미 부여된 장소를 신성시하는 태도는 장소, 혹은 공간의 태곳적 자궁을 상징하기 때문이다. 자궁으로의 회귀를 통해 자기 기원을 끊임없이 확인하려고 하는 욕망은 인간이 가지고 있는 본능이나 다름이 없다. 어떤 종교의 태동지를 순례하고 탐방한다는 것도 역시 종교 기원의 자궁을 확인함으로써 자기 정체성을 확고히 하고자 하는 욕망이다. 물론 그뿐만 아니라 종교적으로 신성하게 여기는 곳을 접함으로써 신령한 기운을 얻으려는 의지가 있는 것도 사실이다. 영험하다고 하는 곳은 다른 장소나 공간보다는 뭐가 달라도 다른 영기(靈氣)가 있다고 확신하는 것이다. 이유야 어떻든 종교는 특별한 토포스(topos)에 대한 열망이 있음을 부인할 수 없다.

성전(temple)이니 제대니 성지니 창시자의 탄생지니 성인의 순교지니 하는 모든 곳에는 장소와 공간을 통한 반복적 자기 재생, 자기의식의 탄생, 자기 정신의 갱신, 원초적이고 원본적인 것과의 일치를 갈망하는 강렬한 모습들이다. 그래서 때에 따라서는 그러한 장소나 공간에 대한 타부를 깨고 생명을 내놓고도 토포스의 체험을 강화하려고 한다. 평생에 걸쳐 그 토포스를 연구하거나 찾으러 다니다 생을 마감하는 것도 그것이 가지고 있는 신비함과 거룩함이라는 어떤 종교성이 있어서이기 때문이다. 특별한 장소나 공간을 체험하려는 것 자체가 이미 종교성이다. 굳이 애초부터 종교적 장소로 규정되어 있는 곳이 아니더라도 위대한 인물, 카리스마적 인물의 역사적 경험의 발생 장소는 신성시된다. 성역화된다고 할까? 사람들은 그런 곳을 찾고 또 보면서 기억을 재생하고 각오를 다지고 의식을 고취시키면서 자신을 종교적 성의 체험 속으로 내던진다. 그것은 종교학자 조너선 스미스(Jonathan Z. Smith)가 말하듯이, "성스러운 장소는 인간과 신이 서로에게 분명해지는 명료화의 장소(초점 렌즈)이다. 그것은 모든 형태의 의사소통처럼 잡음과 소음(즉 우연적인 것)이 감소하고, 정보의 교환이 증대되는 장소이"[1]기 때문일 수 있다.

그러나 문제는 장소의 문제 혹은 공간의 문제가 아니다. 성스럽다고 여기는 장소를 순례하거나 그곳에 가보았다고 함으로써 그 장소를 심적으로 차지했다거나(사물적인 것의 신비화) 가졌다고[所有]하는 생각이 문제이다. 장소의 세계에 발을 들여놓는 순간, 어떤 거룩한 이미타치오(imitatio)나 미메시스(mimesis)가 형성되었다고 착각을 하는 것도 문제가 아닐 수 없다. 장소는 공적 세계이기 때문에 소유할 수 없는 관념 세계이지 특정한 인물에 대한 미메시스를 바라는 장소 소비가 될 수 없는 것이다.

---

1 Jonathan Z. Smith, 장석만 옮김, 종교상상하기, 청년사, 2013, 143쪽.

그렇다면 장소 애착과 장소 신비화, 공간에 대한 독특한 종교적 사유보다 더 중요한 것은 무엇일까? 인간 자신을 통한 초월적 존재의 나타남이다. 공간이 신비하다고 해서 신의 현존화가 발생하는 것은 아니다. 이미 하나의 소비 공간이 되어 버린 공간은 세속적 장소와 전혀 다르지 않기 때문이다. 공간을 신비화하게 되면 그 공간의 집착으로 인한 점유 욕망이 생기게 마련이고, 신의 발현과는 상관없는 독점과 소유 논쟁이 끊임없이 일어난다. 따라서 장소는 바로 그곳 혹은 저곳에 있는 것이 아니라 이곳 내가 있는 곳에서 신의 영광이 드러나는 자리가 되어야 한다(함석헌전집19, 85-86쪽). 나의 말과 행위가 신의 얼굴을 보여주는 성(聖)의 자리가 되지 않으면 태곳적의 신성한 공간은 아무런 의미가 없다(함석헌전집19, 85-86쪽). 성현의 탄생 자리, 기적의 자리, 계시의 자리, 죽음의 자리 등 그곳으로의 회귀와 상상력, 그리고 기억의 재생이 영향을 미치는 자리는 결국 인간 실존의 자리이기 때문이다.

그러므로 내가 있는 처소 혹은 장소성의 성스러운 가치가 우선이 되어야 한다. 이를 달리 말하면 신이 유한적 실존인 인간의 마음에 다가와야 한다(함석헌전집19, 85-86쪽). 초월적 존재가 인간의 모습에서 자신의 얼굴을 보여준다고 하는 것과 그 초월적 존재가 인간의 마음에 온다는 것은 전혀 다르지 않다. 마음에 와 있다면 내재한 초월자는 자신의 얼굴을 유한자에게서 드러나지 않을 수가 없기 때문이다. 가시적 공간, 구체적 공간에서 신의 존재를 확인하려고 하는 욕망보다 '나'라는 존재, '인간'이라는 존재 안에서 신의-있음을 드러나게 하는 것이 중요한 이유가 여기에 있다. 개별적 인간의 자리가 단지 사적 공간이라고 치부할 일이 아니다. 신의 자리는 인간의 마음속에 있는 것이지 다른 곳에 있는 것이 아니다. "신은 모든 것 속에서 모든 것이 존재하는 자리로서 존재한다. 아니 차라리 모든 개체의 규정과 "장소"(topia)로서 존재한다."[2] 조르조 아감벤(G. Agamben)의 말이다. 또 조너선 스미스도 다음과 같이 말한다. "일상적인 것(관찰자의 눈에 전적으로 일상적인 것으로 남아있는 것)은 단지 거기에 있음으로써 의미심장한 것이 되고, 성스러운 것이 된다. [……] 그 자체로 성스러운 것은 존재하지 않는다. 단지 관계 속에서만 성스러운 것이 있을 뿐이다."[3] 그러니 아무런 속뜻과 관계를 파악하지 않은 특정한 공간과 자리의 맹신은 금물이다.

함석헌은 "하나님의 영광을 직시하는 자는 그 순간에 영혼 안에 일대 변혁이 일어난다"(함석헌전집19, 87쪽)라고 말한다. 이 말은 특정한 공간의 신비 속에 무엇을 보게 될 것이라는 말이 아니다. 신의 영광은 봉인된 세계 속에서 등장하지 않는다. 거듭 말하지만, 신의 영광은 마음에서 보게 된다. 마음에서 일어나고 마음에서 보게 되고 마음이 변화되는 그곳, 그 자리가 변혁의 장소가 된다. 장소 맹신에 대한 강박에서 벗어나서 변화와 개혁, 혁명의 자리가 자기 자신이 되어야 한다. 종교는 장소의 종교가 아니라 마음의 종교이다. 그러려면 절대정신은 일정한 장소에 국한시켜서 제약하고 가두려고 해야 할 것이 아니라 인간 안에서 자유로운 정신으로 살아있게 해야 한다.

---

2 G. Agamben, 이경진 옮김, 도래하는 공동체, 꾸리에, 2014, 27쪽.

3 Jonathan Z. Smith, 앞의 책, 144-145쪽.

따라서 인간이 할 수 있는 것은 장소 이동, 장소 확인, 장소 신비화, 장소 기념화가 아니라 "길을 닦고 예비하는 것"(함석헌전집19, 88쪽)이다. 마음의 길을 닦고 마음의 길을 내어서 초월자가 머무를 수 있도록 준비하는 것이 인간이 해야 할 일이다. 내 마음의 자리를 확인하고 점검하고 반성하는 것이 급선무이다. 내 마음이 곧 신이 머물 만한 자리인지, 내 마음이 욕망의 덩어리로 가득하지 않은지, 내 마음이 본능으로 채워져 있지 않은지 늘 살펴야 하는 것이다. 내 자신의 마음이 성스러운 자리가 될 수 있는 가능성은 성스러운 존재에 대한 지속적 의식, 주관적 정신의 깨어 있음에서 비롯된다. 아무리 공간을 거룩하고 특별하게 한다고 하더라도 나의 주관적 이성과 종교적 감정을 의식하지 않는 한 불가능하다. 몸과 마음으로 신의 존재를 감지하기 위해서 촉각을 곤두세워야 하는 것은 물론이거니와 자기의 욕망과 초월이 화해를 해야 한다. 어쩌면 그리스도인에게 있어 장소의 선구조화는 "하늘과 땅을 직선으로 연락하는 것, 이것이 예수다"(함석헌전집19, 90쪽)라는 말에 있는지도 모른다. 그러므로 사물화된 장소에 가지 말아야 한다. 마음으로, 더 깊은 마음 안으로 들어가야 한다.

벗은 몸으로 신 앞에 서 있으라(함석헌전집 19, 89쪽)고 하는 것이 그 말 아니겠는가? 가식적이고 포장된 몸, 사적 이익, 관심, 무엇을 하고자 하는 마음을 다 내려놓고 자기의 순수한 마음 밭을 향해서 서 있는 자, 그 마음 밭으로 들어가려는 자가 진정으로 성스러운 공간, 성스러운 자리를 확보할 수 있는 것이다. 어쩌면 장소는 환상일 수 있다. 사실의 역사와 시간은 태곳적의 공간을 희미하게 기억하기 때문에 남은 것은 환상과 상상력, 그리고 형식과 덧붙여진 이야기의 허구뿐이다. 그것에 매여 도리어 진정으로 초월적 존재와 만나게 하는 마음의 자리를 잊는 일이 있어서는 안 된다. 장소가 마음의 고향이 될 수 있다는 것도 당분간이다. 다만 세계가 주는 위안일 뿐이다. 고향의 시원은 늘 마음에 있다는 것을 알지 못하기 때문일까? 회귀의 자리는 멀리 있는 장소, 공간이 아니다. 자기 자신의 마음의 자리이다. 종교인은 항상 그것을 잊어서는 안 될 것이다.

2. 그리스도인, 제3의 인종(trion genos)

"당시 그리스의 분류 용어를 사용하여 말하자면, 그리스도인은 "제3의 인종"(trion genos)인 셈이다. 이 용어는 신도 아니고 그렇다고 인간도 아닌 피타고라스 및 다른 왕과 현인의 독특한 위상을 서술하기 위해 피타고라스학파가 만든 것이다. [……] 그리스도교의 성격을 그리스적이지도 않고 동시에 유대적이지도 않다고 가장 분명하고 잘 서술해 놓은 문헌이 바로 〈디오그네투스에게 보낸 서간(Epistle to Diognetus)〉이다. 여기서 그리스도인은 "새로운 인종"이며, 그리스도교를 이해하기 위해서 "새로운 인간"이 되어야 하고, "새로운 이야기"에 귀를 기울여야 한다는 것이다."[4]

종교인은 편집증이 있는 것처럼 진리 혹은 진리의 원천에 대해서

4 Jonathan Z. Smith, 장석만 옮김, 종교상상하기, 청년사, 2013, 51–52쪽.

입에 달고 산다. 마치 그 말을 고백하지 않으면 삶의 서술이나 종교 담론이 어려운 듯이 강박증을 갖고 있다. 탁월한 현대 종교학자 조너선 스미스(Jonathan Z. Smith)도 프로이트의 이론을 들어서 이러한 종교적 신앙과 의례, 그리고 별로 중요하지 않은 듯한 텍스트의 내용에 대한 신앙적 의미와 신경증(강박증)의 관계를 기술한 바 있다.[5] 하지만 그렇게 진리서술이 강한 만큼 몸으로 살아내는 몸의 서술(진술) 또한 호소력을 가지고 있는지, 거기에 부합하고 있는지는 의문이다. 함석헌은 말한다. "진리는 모든 것이 의존의생(依存依生)하는 원동력, 원리, 원천이기 때문에 그것을 증거하는 자, 즉 몸으로써 그것을 증험하는 자는 위대한 결과를 낳을 수밖에 없다"(함석헌전집19, 95쪽). 종교인이 "위대한 결과"를 낳는 것은 자신의 진리 서술을 몸으로 증명해내었기 때문이다. 몸으로 나타내지 않는다면 아르케(arche; 원리, 원천)는 설득력을 상실한다. 자신의 삶의 법칙으로서의 아르케는 모든 생명과 모든 삶의 이법들이 흘러나오는 것인데, 그것은 삶과 종교를 지탱하는 초월적인 것이기도 하다. 그에 따라 함석헌은 "예수가 도 자체, 진리 그 자체, 생명 그 자체, 산 완전자"(함석헌전집19, 95쪽)라고 말하는 것이다. 그를 망각하지 않고 붙잡는 자야말로 영성적 퇴행을 범하지 않고, 유아적 신앙 퇴행을 범하지 않는 삶의 진보와 성숙, 그리고 성화를 가져올 수 있다. 함석헌은 계속해서 말한다. "예수의 증인이 됨은 예수의 종이 됨이라. 나를 위해 살지 않고 예수를 위해 삶이다"(함석헌전집19, 96쪽).

5 위의 책, 109-111쪽 참조.

증인이 된다 함은 말로써 자신의 신념과 경험, 그리고 확신을 증명해내는 것이 아니다. 증인은 거울 속에 반영되어 있는 형상을 오롯이 그려낼 수 있는 사람들을 가리킨다. 마치 대상을 사진이나 그림으로 구현해내듯이, 있는 그대로를 자신의 몸-짓(poiesis)으로 흔적을 드러내야 한다. 종은 주인의 지시와 명령, 그리고 삶과 한시라도 떨어질 수 없다. 어떤 의미에서는 주인의 삶이 곧 종의 삶이나 다름이 없다. 그렇다고 주인과 종이 동급이 될 수 있다는 것이 아니다. 종은 주인의 의지와 생각, 그리고 행위에 의해서만 존재할 수 있기 때문에, 주인의 운명과 존재가 곧 종의 운명이라는 말이다. 따라서 종은 주인을 위해서 산다. 마찬가지로 그리스도인은 주인인 예수를 위해서 사는 운명을 가지고 있다. 예수를 떠나서는 의미가 없는 존재이다. 모든 삶의 의미와 이치는 그리스도를 통해서 나오고 그리스도만이 삶의 장소가 된다. 그렇기 때문에 누구를 위해 산다는 것은 결국 그의 언어와 행위를 (재)실행하고 자기 의식을 대신하여 그의 의식으로 대체하여 그 존재를 본래의 인격으로 삼아서 산다는 것과 다르지 않다.

그러나 그것은 저절로 되지 않는다. "성령을 받지 않고 예수를 증거할 수 없"(함석헌전집19, 96쪽)기 때문이다. 나의 인격을 그의 인격과 동일시하면서, 그의 인격과 그의 관점을 세계 속에서 절대화하려면 자신의 능력이나 억지로만 되는 일이 아니다. 초월자의 능력, 곧 성령(순수 정신)을 입지 않으면 삶의 문법이 바뀌기가 어렵다. 다시 말해서 "새 사람이 되어야 하고 예수를 즐거워해야 하고 생명에 불타는 사람"(함석헌전집19, 97쪽)이 되어야 하는데, 그와 같은 변화는 성령에 의해서 가능한 일이다. 달리 말해 새로운 존재로 위치 이동을 하고 예수를 즐거움의 원천으로 삼으며, 죽음과 폭력에 저항하는 마음은 초월적 주체의 내적 점유와 압도가 있어야 한다는 말이다. 나의 사람됨은 예수로 인해서, 나의 즐거움은 예수로 인해서, 나의 생명은 예수로 인해서라는 고백은 성령의 주도적인 힘에 의해서 행위 서술이 이루어진다.

"성령은 새롭게 하는 영이다. 사람을 변질시키는 영이다. 성령을 받는다 함은 진리 정복을 당하는 일이다. 옛 내가 전혀 무력해지는 일이다. 죽는 일이다. 그렇지 않다면 아직 성령의 사람은 아니다"(함석헌 전집19, 97쪽). 성령은 나를 재구성하고 재조합한다. 나의 의식을 완전히 탈바꿈시킨다. 그래서 '나의 의식' 혹은 '나'라는 존재는 무력화되어 '나의 행위 원천'을 예수 혹은 성령에다 두게 된다. 나의 정신과 이성은 그에 의해서 점령당함으로써 초월자의 의식으로 살아가게 된다. 그것이 함석헌이 말하는 '그리스도인의 죽음', '종교인의 죽음'이다. 오늘날 종교가 지탄의 대상이 되는 이유, 그리고 종교로서 정당하게 평가받지 못하는 이유는 종교인의 진정한 죽음이 없어서이다. 진리 운운하면서 진리 서술과 몸-짓 서술행위가 일치하지 않아 종교 본래의 그 원천과 원리가 드러나지 못하는 것은 말할 것도 없다. 게다가 무의식은 고사하고 초월자의 의식을 자신의 의식으로 삼아야 함에도 불구하고 그곳에서조차도 초월자의 흔적을 찾지 못할 정도로 종교인 자신의 욕망적 자아가 살아 있다는 것은 신의 존재를 부재로 바꿔 놓는다. 그것을 두고 함석헌은 "성령의 사람이 아니"라고 말하는 것이다.

성령의 사람은 신의 마음에 들기 위해 무한을 향해 나아가는 존재이다. 설령 무한이 어두움이라 할지라도 무한의 어두움 속에서 빛이 스며들어 올 수 있도록 자신의 이기적 본성과 악한 마음을 극복하고 초월자의 정신을 자기 의식화하여 살아갈 수 있어야 한다. 자아가 사라지고 초월자의 정신과 초월이성(선험이성)에다 자신을 내던진다는 것은 무한한 심연으로 떨어지는 것처럼 두려울 수 있다. 그래서 다시 욕망적 자아의 표면으로 올라와 악의 구렁텅이로 복귀/회귀하는 것이다. 그러한 자신과 타협하지 않고 초월자의 정신 혹은 초월이성과 벗해야만 한다. 오만한 자기식대로의 삶의 주체성과 초월 망각에서 벗어나야 한다는 것을 한시라도 잊지 말아야 한다. 자기 자신의 신뢰–건강하고 건전한 이성적 신뢰가 아닌–는 한낱 초월자의 신뢰와 반하는 것이며, 초월자와 분리되는 것이다. 그러므로 악한 자기, 욕망적 자기의 죽음을 끊임없이 연습해야 한다. 그리하여 초월자의 정신, 초월이성이 자기 것(화), 자기 원천이 될 때까지 말이다.

3. 건강한 종교적 자아론: 그리스도교는 동무의 종교다!

종교는 객관적인 입장에서 진술할 수 있을까? 여기서 객관적 혹은 객관주의라 함은, 철학적으로 말하면, 많은 것이 상대적으로 보이더라도 절대적인 것, 그래서 입장이 바뀌어도 달라지지 않는 것이 최소한 하나는 있다는 입장이다. 모든 것이 입장에 따라서 달라지지 않는다는 말이 아니다. 그러한 시각에서 "종교(그리스도교)는 코이노니아다"라고 말할 수 있을 것이다. 이것은 함석헌이 "기독신앙의 목적은 사귐에 있다"(함석헌전집19, 100쪽)는 말을 반복 정리한 것이다. 좀 더 심층적으로는 그리스도교의 무의식과도 같은 신앙의 태도라고 말할 수 있을 것이다. 정신분석은 의식의 표층보다 무의식의 심층이 인간의 삶에 지대한 영향을 끼친다고 본다. 무의식이 인간의 삶을 지배하고 그것이 무엇인지를 잘 알지 못할 때는 정신병리적 현상이 발생한다는 것이다. 마찬가지로 그리스도교뿐만 아니라 종교의 심층을 잘 모르게 될 경우에는, 그것의 작용하는 힘, 본질적인 행위의 에너지가 억압되어 삶의 부조화가 일어나게 된다. 종교의 집단무의식 혹은 개인의 무의식에는 사귐, 즉 코이노니아가 전제되어 있는데, 그것이 건강하고 건전하게 발현될 때에는 인간의 종교적 삶과 정신 또한 건강해질 수가 있을 것이다. 하지만 종교 본연의 심층을 망각하고 국가 이데올로기에 편승을 한다거나 사회사상 혹은 자기 계발과 같은 에너지로 전락할 경우에는 그야말로 병리가 되는 것이다. 문제는 종교가 그러한 병리를 병리로 인식하지 못한다는 데에 있다. 함석헌이 말하는 종교 무의식의 병리가 그것이다. "군자지교담여수(君子之交淡如水)라 한다. 기독교는 담담하기가 물 같은 것이다. 그러나 세상에 유행하는 기독교는 그렇지 않다. 그들은 기독교를 될수록 달고 진한 것으로 선전하려 애쓴다. 농촌진흥, 사회계량, 국가융흥, 문명진보, 인격수양, 실로 산함신감(酸鹹辛甘)의 각종 맛을 탄 기독교다"(함석헌전집19, 100쪽).

함석헌은 종교의 표층으로 나타난 무의식의 병리를 비판하면서 다음과 같이 말한다. "기독교의 생명은 그 휘두르는 기치가 찬란한 때에 있는 것이 아니요, 도리어 아무것도 보잘것없는 때에 있다"(함석헌전집19, 100쪽). '보잘것없다'는 말이 종교의 실패나 종교적 심층의 억압 혹은 퇴행을 의미하는 것이 아니다. 종교 본래의 심층과의 화해를 말한다. 어쩌면 정신분석학적으로는 승화(sublimation)가 맞을 것이다. 종교가 '아무것도 보잘것없다'는 자기 겸허의 발언은, 종교 무의식을 건강하게 내보이면서 종교 자체가 나아가야 할 방향을 확인하는 자기 존재의 표현이자 종교적 자아의 인정과 수용일 것이다. 종교가 낮아지고 비천한 데 처하려는 초자아적 행동은 종교가 고급화, 계급화, 권력화, 부자화(富者化)되려는 리비도를 잘 통제한다고 볼 수 있다. 그러나 초자아나 리비도적 본능도 지나치면 오히려 병리가 될 수 있다. 건강한 종교적 자아가 그래서 필요한 것이다. 가부장적 아버지의 도덕적 감성을 내면화하여 자신의 무의식을 억압하면서 과도한 도덕 결벽증으로 나아가는 것은 자칫 종교(인) 자신을 죄인으로, 죄인[범죄] 공동체로 규정할 수 있기 때문이다.

함석헌에게 있어 건전한 종교적 자아는 자신을 '벗'[友]으로 고백하고 발언하는 것이다. 또한 타자를 벗으로 받아들이고 벗과 벗으로 만나 사귐이라는 관계를 맺는 것이다. "벗이란 우(友)자는 본래 손 둘을 그린 것이다. 즉 손과 손을 마주 잡은 것이 사귐이다. 즉 악수다. 화해다. 사귐이란 것은 사람과 사람 사이에 적의가 없어지고 호의가 성립되는 일이다. 벗이란 호의를 가지고 서로 대하는 사람이다"(함석헌전집19, 100-101쪽). 성숙한 종교적 자아는 타자를 경계하거나 적으로 여겨 불화를 조장하지 않는다. 성숙한 종교적 자아는 수용과 포용, 그리고 긍정이 있다. 완고한 항문성애적 성격으로 타자와 물질을 소유하려 한다거나 지나치게 자기 고집으로 인색한 관계를 맺지 않는다.

결국 지금 시대가 요구하는 종교적 자아는, "평화", "동무"라는 인식이다. 종교적 자아의 실현은 타자와의 평화의 악수를 나누는 동무가 되는 일이다. 이제 종교적 자아는 자신의 무의식의 소리를 잘 경청하는 것은 물론이거니와 타자의 무의식까지도 경청, 환대해 주어야 한다. 종교적 자아가 편협할수록 자신의 무의식과의 화해뿐만 아니라 타자와의 화해를 이룰 수가 없다. 그렇게 되면 자신의 의식, 곧 종교적 의식(religious consciousness)은 시대의 의식과도 조화를 이루지 못한다. "사귐이란 청천백일하에 평화의 대지 위에 서서 하는 악수다. 인격이 동일한 평면 위에 서는 일이다. 동무가 되는 일이다. [……] 사귐이라는 코이노니아(koinonia)라는 말은 본래는 공유라 동참이라 제휴라 번역할 만한 말이다"(함석헌전집19, 101쪽). 함석헌의 말이다.

그런데 여기서 중요한 것은 종교적 자아의 완전한 실현을 위해서 타자의 무의식을 인정하고 받아들임으로써 타자에게 언제나 열려 있는 개방적 인격을 함양해야 한다는 점이다. 자아는 상호인격적인 것으로서 서로 발언하고 참여하면서 의사소통이 이루어지는 것에서 성숙도의 지표를 읽을 수 있다.[6] 달리 말하면 종교적 자아는 인격성숙을 통해서 타자 그리고 사회와 통합을 가져올 수 있어야 한다. 분열된 자아나 분열된 인격은 언젠가는 자기뿐만 아니라 사회에 병리를 가져올 수밖에 없다. 따라서 그리스도교를 비롯한 모든 종교는 종교적 창시자와 인격적 일치뿐만 아니라 초월자에게 자신의 있는 그대로의 무의식을 고백할 수 있어야 한다. 포장된 방어기제로는 타자와 사귐이 있을 수 없고, 초월자와의 사귐도 불가능하다. 오로지 종교적 자아가 가진 무의식을 있는 그대로 고백하고 그 절대정신과 화해하여 올바른 자기인

6 J. Habermas, 이진우 옮김, 현대성의 철학적 담론, 문예출판사, 1994, 349쪽.

식을 갖는 게 급선무이다(함석헌전집19, 104쪽).

억압하면 할수록 초월자의 뜻과 자기의 욕망을 분별하지 못하면서 자기의 욕망을 초월자에게 투사하게 된다. 초월자의 뜻을 자기화, 자기 내면화시킬 수가 없게 되는 것이다. 되레 초월자를 욕망의 근거로 삼고 초월자마저도 소유하려고 하는 지경에 이를 수 있다. 종교적 자아는 초월적 자아(초월자) 혹은 내면의 진정한 자기(Self)를 만나야 한다. 궁극적으로 종교적 자아이든 보편적 인간의 자아이든 자아는 진정한 자기로 돌아가야 한다. 그럼으로써 분열된 자아와 상실된 자아, 불완전한 자아는 진정한 자기를 발견함으로써 완전한 자아가 되고 진정한 종교, 성숙한 종교를 꿈꿀 수 있다. 그것은 곧 자기의 자아, 종교적 자아가 욕망의 덩어리[私我]로 뭉쳐 있음을 간파하는 데서 시작될 것이다. 종교적 자아는 그것(es, 私我)을 넘어서 초월자와 만남으로써 온전한 인격의 통합을 이루어야 한다. 그럴 때 비로소 내면의 결핍을 극복하고 타자와의 온전한 사귐, 자아의 실현과 완성을 성취할 수 있을 것이다(함석헌전집19, 105쪽).

함석헌은 사귐의 필연성을 역설하면서, "세계에 다른 데는 몰라도 적어도 조선에 필요한 종교는 코이노니아의 종교다. [……] 종교는 모방이어서는 안 된다. 우리는 우리를 살리는 우리 신앙이 있어야 할 것이다"(함석헌전집19, 106-107쪽)라고 말한다. 종교적 자아는 단순히 국가나 사회 혹은 타자의 종교, 더 나아가 자신의 종교의 의미와 실체를 모방하는 것으로 부족하다. 종교적 자아를 살릴 수 있어야 한다. 종교적 자아는 초월자 혹은 종교의 근본 진리를 따라가야 한다. 그래야 종교적 자아의 에너지, 종교적 자아의 리비도는 진리를 향해서 승화될 수 있고, 진리의 명법을 근본으로 삼아 살아갈 수 있을 것이다. 진리의 명법이 말하는 것은, 종교적 자아는 반드시 자신의 근원으로 돌아가 '사귐'을 통해서 종교와 종교, 자아와 타자와의 인격적 통합성을 증언하고 고백하는 순수성을 견지하라는 것이다. 종교적 자아와 대면하는 장 안에서 현재의 종교의 고통, 인간의 고통을 어떻게 감소시킬 것인가 하는 것은 아마도 순수하고 건강한 종교적 자아를 통해서 사귐이 이루어질 때 가능할 것이라 본다. 사귐(koinonia)은 곧 사적(私的)인 것이 아니라 공동(koinos)의 것, 공통적인 것, 공유적인 것이기 때문이다.

4. 초월자의 자기비움, 그의 언표와 현상학

함석헌은 "신앙은 산살림이다"(함석헌전집19, 285쪽)라고 말한다. 신앙은 모름지기 '살림'을 향해 열려져 있는 것이다. '죽음'에 대해서는 멀고 '살림'에 대해서는 가깝다. 살림에 대해서 말한다(saying; sagen)는 것은 살림을 보여주기(showing)[7]가 된다. 신앙은 죽음이 아니라 살림이라는 것을 말하면서 동시에 보여주어야 한다. 신앙을 한다는 것은 그래서 말하기와 보여주기가 별개가 아니라 하나의 짝으로 구성된다. 왜냐하면 신앙은 동일자, 즉 초월자를 말하는 즉시 초월자를 나타내 보여주어야 단순히 살림이 아니라 살아 있는 살림의 삶을 살고 있다고

7 Michael Roth, *The Politics of Resistance: Heidegger's Line*, Northwestern University Press, 1996, p. 87.

볼 수 있기 때문이다. 신앙은 살림의 사건이 계속 발생하기 때문에 산 살림이요, 살림의 사건이 계속 발생하는 자체가 이미 종교의 있음이요 초월적 존재가 계속 나타남이 된다.

게다가 종교는 몸으로 나타남이 아니요 영으로 나타남이다. 종교는 선험적으로 영적일 수밖에 없다. 육체로부터의 자유, 초월을 가져오는 것이 종교의 욕구요 해방이라는 말이다(함석헌전집19, 292쪽). 육체로부터 감춰진 영을 탈은폐하여 보여주기, 삶으로 확장하여 영이 자라는 것을 보여주기가 종교가 추구하는 근본이다. 물론 거기에는 신(神)을 보여주기가 되어야 하는 것이지, 신이 되는 것을 보여주려는 것은 금기이다. 인간이 아무리 초월자의 모상을 가지고 있다고는 하나 신이 될 수는 없다(함석헌전집19, 293쪽). 자칫하면 말하기와 보여주기 모두가 오만이 될 수 있기 때문이다. 신을 보여주는 것과 신이 되는 것은 분명 차-이(dif-ference)가 있다. 동일하고자 하는 것에서 은폐성과 탈은폐성이 서로 투쟁을 한다. 끊임없는 자기부정이 신의 은폐성으로, 혹은 탈은폐성으로 나타난다. 자기부정을 할 때 초월자가 보이지만 반면에 자기부정은 초월자를 은폐시키기도 한다. 은폐하기 위해서 자기부정을 하는 것이다. 예수는 자기부정을 통해 초월자를 말하고 보여준 산 인격이다(함석헌전집19, 293쪽).

예수의 자기부정을 통해 말하기와 보여주기가 일치되었다. 자기부정은 말하기와 보여주기의 극치이다. 자기부정은 초월자 말하기와 보여주기에 무한히 열려 있다. 자기부정은 항상 사건이다. 자기부정은 이야기가 발생하면서 운명이 결정되어지는 종교 사건이다. 예수의 자기부정은 역사적 현존으로서 초월자를 보여주었다. 그것은 함석헌이 말하고 있듯이, '윤리적 자기해명', '윤리적 종교행위', '윤리적 자기-됨'으로 보여 준 것이다(함석헌전집19, 294쪽). 예수의 자기부정은 윤리를 통해, 윤리적인 삶을 통해 초월자를 열어 밝혀주었다.

그러므로 자기를 무(無, nichts)로 여길 수 있어야 한다(함석헌전집19, 294쪽). 자기가 무가 되는 것이 자기 신앙언어요 초월자의 개현으로서, 그 무에서 존재 자체와 일치한다. 무가 존재의 심연이 아니라 존재의 충만인 이유가 거기에 있다. 자기 자신을 절대적으로 무로 인정하면 절대유가 상승한다. 은폐되고 정지된 양태로부터 개현과 운동의 양태로 존재가 변화한다. 이러한 변화로 인해서 참 종교의 말하기와 보여주기가 증명된다. "참 종교는 [……] 예수를 믿음"이다(함석헌전집19, 294쪽). 예수가 초월자를 보여준 것이다. 예수는 초월자의 근접적 존재, 가장 가까운 존재이다. 그러므로 그를 믿는 것이 초월자를 믿는 것이나 다름이 없다. 예수를 믿음이 초월자에게로의 상승을 의미합니다. 그렇다면 그 상승은 무엇으로 확신할 수 있는가? '십자가'이다. 수난의 예수가 신앙의 비약을 가져온다. 수난의 십자가가 초월자를 멀게 하는 것이 아니라 초월자를 가깝게 한다. 그래서 십자가는 초월자의 근접성이다. 십자가의 삶을 산다는 것은 초월자와 가까워지는 길이다. 그리스도교에서 십자가 없이 초월자를 오롯이 드러내는 길은 없다(함석헌전집19, 294쪽). 수난당한 예수 안에 초월자의 뜻-말함과 인격-보여짐이 있다. 그리스도의 생애에 신이 말하고자 하는 의지를 엿볼 수 있기 때문에, 그리스도의 삶을 닮고자 하는 이들에게는 새로운 삶의 기획과 사건(발-현, Er-eignis)이 발생한다. 이에 함석헌은 "하나님의 영은 십자가의 정신이다"(함석헌전집19, 295쪽)라고 역설한다. 신의 정신과 십자가의 정신은 같은 맥락으로 보아야 한다. 신의 뜻, 초월자의 의지가 다른 곳이 아닌 십자가에서 발생한다는 것이요, 십자가의 정신이 고난과 죽음, 정의와 사랑이라면 초월자는 바로 그러한 정신으로 보이는 것이다. 또한 십자가의 정신대로 사는 이들에게는 초월자의 영 안에서 살게 된다는 것이요, 자신의 삶 안에서[삶을 통하여] 초월자를 말하기와 보여주기가 된다는 것이다.

따라서 십자가의 정신은 자기비움을 통하여 그리스도와 함께 고난의 짐을 져야 한다. 고난 없이 십자가의 길을 따르는 것 아니요, 초월자의 정신을 보여주는 것 아니다. 고난은 의로운 고난, 하느님을 위한 고난, 사랑의 고난이어야지 사적(私的) 이익을 위한 고난이 아니다(함석헌전집19, 295쪽). 자기비움은 사적 이익을 내려놓는 데서 발생하는 사건이다. 자기비움은 공적(公的)이요 우주적이며 타자를 위할 때 초월자의 탈은폐가 생긴다. 자기비움은 초월로의 무한한 열림이다. 초월을 향해 열려 있을 때 모든 것을 사랑하게 되고 그러한 눈으로 바라보게 된다. 신은 인간을 비롯한 우주만물을 사랑하는 존재 사건으로서 자기비움의 심연으로 내려간다. 그로인해 자기비움이 자기 공허나 신의 부재로 인식될 수 있으나, 기실 자기비움은 신의 자기-말하기, 신의 자기-보이기, 신의 자기-지시(가리킴)이다.

자기비움의 언어가 함의하는 사랑은 만물의 창조원동력이자 우주지지의 원리요 우주를 완성하는 목표이다. 그 궁극적인 삶의 모습을 보여주신 이가 예수이다. 예수는 자기비움의 완성이다. 예수는 초월자의 정신이요 그렇기 때문에 그 예수를 나로 삼는 것이다(함석헌전집19, 295쪽). 삶의 토대는 바로 거기에서 나온다. 살아야 되는 명분도 거기에서 나온다. 예수가 자기비움으로 초월자를 말한다(saying)는 것은 음성적 · 발성적 기관을 통한 말하기(speaking)가 아니다. 굳이 구분하자면 말하기(saying)는 곧 뜻-말하기이고, 말하기(speaking)는 소리-말하기이기 때문이다. 발성기관을 통한 말하기는 초월자의 자기비움을 다 표현(Ausdruck)한다고 장담할 수 없다. 예수의 자기비움이라는 발화는 뜻-말이지 소리-말이 아니다. 들을 수 있을 때 소리-말을 발성한다는 측면에서 볼 때, 오히려 뜻-말은 소리-없음, 즉 무로서 그 의미를 확증하는 경우가 많기 때문이다. 그러므로 발성행위보다 더 큰 의미를 지닌 행위는 아무것도 말하지 않을 때이다. 그런 의미에서 예수의 자기비움은 아무것도 발성하지 않으면서도 그 뜻-말을 무한하게 증폭시키는 사건이다. 그것은 말(speaking)로서 보여주는 것이 아니라 말(saying)로서 보여주는 사건이다.

말하기가 발생한다고 해서 자기 소유가 될 수 없다. 발성적 소리-말이 저지를 수 있는 오류가 말로서 초월자를 소유하고자 하는 욕망을 배제할 수 없다는 점이다. 소리-말(speaking)은 잘못 말해질 수도, 잘못 들을 수도 있기 때문에 언제든지 초월자를 은폐시킬 수 있는 위험이 도사리고 있다. 뜻-말은 초월자의 있음을 있는 그대로 드러내기 위해서 무(아무것도 아닌, nothing)인 채로 말하고/보여주려고 한다.[8] 그저 '주어져 있다'(es gibt), '발생한다', '일어난다'는 것만 보여줄 뿐이다. 초월자의 십자가, 초월자의 자기비움의 언어는 지금 우리에게 사건이 발생하고 있다는 것을 말하고 있을 뿐만 아니라 보여주고 있다는 것을

8 Michael Roth, *op. cit.*, pp. 61-77.

알 수 있다. 더 나아가서 그것은 초월자의 자기개현의 언어를 알아듣는 모든 사람도 자신의 삶을 통해서 소리-말이 아니라 뜻-말을 말하고 보여주면서 그렇게 살라는 사건이다. 그러므로 종교인은 보여줌으로써 말해야 한다!(saying as showing)

2장

종교의 생명존재론

2장

종교의 생명존재론

종교 사건은 새로운 질서의 도래이다. 그 질서의 편입은 단 하나의 종교에 의해서도, 또 일정한 종교에 속한 존재에게만 해당되는 것은 아니다. 모든 종교에 대해서 타자이면서 동시에 동일성을 지닌 공속성(Zusammengehörigkeit, 共屬性)을 간과할 수 없기 때문이다. 모두를 위한 구원과 해방의 종교는 탈물리적(meta-physics)인 사건이요, 산 자와 죽은 자의 염원과 발원 속에서 함께-있게 된다. 우리는 그것을 부활, 즉 새로운 존재로의 변화라고 말하며, 실존적 변화를 갈망하는 고백으로 이어진다. 고백은 늘 새로운 존재의 도래의 현재화하기(presencing)로서, 그것을 통한 지속적인 생명 사건에 대한 의미의 발생은 개별적 사건, 자신의 사건으로 인식한다. 그러한 의미의 무한성으로 산 자와 죽은 자는 공속성의 차원 안에 머문다. 더 나아가 의미의 무한성은 살고자 하는 욕구를 말살하지 않는 생명공동체의 의사소통적 합의와 배려, 교육으로 확장·실현되어야 한다. 그러한 생명 해석학을 통한 생명담론은 현대 사회의 '잉여인간'이 될지도 모르는 현실을 넘어서게 만들며 생명의 영성, 관조적 삶을 통하여 생명에 대한 뿌리 깊은 사유를 갖게 한다. 그뿐만 아니라 나의 생명과 더불어 타자의 생명 또한 중요하다는 생명적 존재 일반에 대한 깨달음은 종교 본연의 생명성, 종교적 생명의 계몽을 다시 확인시켜 준다.

1. 예수 사건: 산 자와 죽은 자, 그리고 현실과 관념의 공속성

예수 사건은 인류 역사에서 획기적인 의식 변화의 사건임에 틀림이 없다. 그것은 함석헌이 말하고 있듯이, 우주적인 새로운 사건이자 새로운 질서의 도래이다. 예수 사건은 그것을 받아들이는 이들에게는 분명히 존재 변화의 경험을 가지고 온다. 예수 사건은 존재 사건, 즉 있음의 사건이요, 의미의 사건이지만 역사 속을 꿰뚫고 들어오는 예수는 인류에게 낯선 타자요 동시에 타자가 아니다. 그는 역사-내-존재와 만나는 순간 타자가 아니다. 모든 존재와 더불어 있는 공속성(Zusammengehörigkeit, 共屬性) 혹은 공속관계의 존재가 되기 때문이다. 공속성은 동일자(the same, to auto) 혹은 동일성(sameness)을 전제로 한다. 이 타자인 동일자는 존재 그 자체로서 사유되는 즉시, 시간 안에서 발생하는 즉시, 이해의 차원, 가변의 차원으로 인식된다. 그렇다고 해서 동일자가 사물성(Dinghaftigkeit)을 말하는 것은 아니다. 서로 목소리를 들을 수 있는 존재는 동일성 안에 놓여 있을 수 있다. 하지만 존재 그 자체로서의 자기-동일성의 존재는 모든 존재자와 사유보다 앞선다. 타자의 목소리는 들을 수도 있고 들을 수도 없는 혹은 잘못 들을 수도 있다는 측면에서 함께 속해 있을 수도 있고, 함께 속하지 않을 수도 있다. 차이(다름)가 없지만 차이(다름)가 있다는 의미이다. 그런 면에서 자기-동일성은 타자이면서 타자가 아니다.[9]

함석헌은 '예수 출현에 의해서 우주에 새로운 질서가 생겨났다'고 보고 그 질서는 십자가 사건을 통한 화해의 질서, 화해의 사건이라고 말한다(함석헌전집19, 279-280쪽). 한마디로 예수 사건의 핵심은 화해라는 말이다. 화해는 인간이 결코 홀로 있지 않음, 내던져져 있지 않음이요 관심과 사랑의 존재임을 확증하는 예수의 행위이다. 우리는 이러한 관계 속에서 그리스도인의 죽음과도 연결 지어 볼 수 있다고 생각한다. 그리스도인의 죽음은 예수 사건으로서 '공속성의 존재로 있음'이다. 금세기 탁월한 성서신학자요 성공회 주교였던 톰 라이트(Tom Wright)는 "세상을 떠난 모든 이들은 '그리스도와 함께' 있음이요, '그리스도 안에서 잠듦'(1고린 7,39; 11,30; 15,6 · 8 · 20 · 51; 1테살 4,13-15)"[10]이라고 설명하고 있다. 여기서 그가 말하는 그리스도와 함께, 그리스도 안에서 잠듦이란 그리스도인이 살아서도, 죽어서도 그리스도와 함께[그리스도에] 속해 있음(belonging together)을 말하고 있는 것이다. 또한 그것은 그가 죄인인 인간을 자신의 생명적 존재로 인정하고

9 Michael Roth, *The Politics of Resistance: Heidegger's Line*, Northwestern University Press, 1996, pp. 19-23.

10 Tom Wright, 박규태 옮김, 톰 라이트 죽음 이후를 말하다, IVP, 2013, 47쪽.

받아들이는 화해라고도 볼 수 있다. 그의 화해사건이 유한한 인간으로 하여금 그리스도와 공속적 존재로 있을 수 있게 된 것이다.

그런 의미에서 함석헌은 예수 사건을 새 목적의 계시, 즉 세계와 인간의 진화, 질적 변화의 진보를 말하고 있다고 본다(함석헌전집19, 281쪽). 공속성은 질적 변화가 일어나지 않으면 불가능하다. 그 질적 변화에 대한 한 교리, 즉 연옥에 대해서 톰 라이트는 거부하지만, 누가복음 23,43절의 구원받은 강도의 이야기에서의 '낙원은 세상을 떠난 그리스도인의 마지막 목적지에 이르는 길에 자리한 아름다운 쉼터'[11]라고 말함으로써 그리스도인의 질적 변화, 예수 사건으로 인한 존재 변화[연옥의 상태와 비슷한 변화]를 적시한다. 이는 함석헌의 말에서도 드러나듯이, 예수는 그리스도인에게 새 생활의 원리인 회개와 신앙생활을 들고 있는 것과 맥을 같이 한다(함석헌전집19, 281-282쪽). 회개를 통하지 않고서는 아름다운 쉼터에 '오늘' 머물 수가 없기 때문이다. 더 나아가 '세상을 떠난 모든 그리스도인은 쉼을 누리는 행복한 상태에 있'[12]을 수가 없다.

우리는 여기서 신의 무한한 사랑의 계시를 발견하게 된다. 예수 사건은 이 세계와 인간을 위한 한없는 사랑의 징표이다. 그의 사랑으로 말미암아 인류의 사랑과 정신의 각성이 이루어질 수 있었으며, 새로운 도덕을 깨닫고 삶으로 승화시키려고 했다. 예수 사건이 인류가 살아가는 방식, 생각을 바꾸도록 한 것이다. 한 가지 짚고 넘어가야 하

11 Tom Wright, 위의 책, 48, 52쪽.

12 Tom Wright, 앞의 책, 63쪽.

는 사실은, "신약성경의 하나님 나라라는 말은 늘 어떤 장소가 아니라, 어떤 사실을 가리킨다. 즉 하나님이 다스리는 장소(하늘)가 아니라, 하나님이 왕으로서 다스리라는 사실을 가리킨다. [……] 즉 '오는 시대'가 '현 시대' 속을 뚫고 들어와, 저 멀리 형체도 없는 '하늘'이 아니라 바로 여기 이 땅에서 새 세계를 열리라는 것"[13]이라는 점이다. 새로운 세계의 열림을 가능하게 했던 예수 사건과 그의 행위는 역사를 뚫고 들어온 초월자의 계시이다. 그것을 믿고 받아들이는 이들에게 구원의 사건을 경험하고 지금 여기에서 하느님의 나라를 맛보는 행복을 얻는다. 새로운 세계는 결국 이 시대가 '신앙의 시대'로 열리는 것을 의미한다(함석헌전집19, 281쪽). 그래서 '하느님의 백성으로 죽은 이들은 하나님이 그 생명을 유지시킨다'[14]고 믿는 것이다. 신앙의 시대는 모든 익명적인 존재들을 포함한 생명적인 것들의 생명의 시대가 되지 않으면 안 된다. 그것은 공통의 생명적 존재가 예수 사건과 공속적 존재임을 경험·인식할 때 가능한 일이다.

현대는 위기의 시대, 위험의 시대이다. 표류하는 인류에게 좌표가 필요한 시기이다. 함석헌은 말한다. "현대는 예수 그리스도를 요구한다"(함석헌전집19, 283쪽). 이는 예수 그리스도의 유일성, 독보적 존재, 독단, 독재성을 말하려 하는 것이 아니라 다만 시대적 존재의 기반, 시대의 목표와 목적을 두는 잣대가 필요하다는 말이다. 달리 말하면 그리스도[혹은 覺者]로 수렴되는, 그리스도를 우주 진화의 목표로

13 Tom Wright, 앞의 책, 94–95쪽.

14 Tom Wright, 앞의 책, 115쪽.

인식하는 차원을 말한다. 모든 존재는 그에게로 환원된다. 모든 존재는 그에게로 향한다. 그러므로 그는 타자가 된다. 우리와 같으면서 다르기 때문이다. 이러한 타자에게 향하는 기도는 모든 산 자와 죽은 자를 긍정할 뿐만 아니라 의식이 연결되는 힘이 있다. "참된 기도는 사랑이 넘쳐흐르는 것이다. 만일 내가 누군가를 사랑한다면, 나는 그들을 위해 기도하고 싶을 것이다. [……] 하나님의 임재 앞에 그들을 품고 올려드리는 것이 가장 자연스럽고 적절한 일이기 때문이요, 어떤 유익이든 우리가 다른 사람의 유익을 위해 올리는 기도를 통해 하나님이 역사하신다고 내가 믿기 때문이다. 사랑은 죽음의 자리에서도 그치지 않는다. 그친다면 그것은 심히 빈곤한 사랑일 뿐이다! 사실, 비통은 사랑하는 대상을 잃었을 때 사랑이 대개 취하는 형태라고 정의할 수 있을 것이다. 그것은 빈 공간을 부둥켜안은 사랑이요, 희미한 공기에 입맞추는 사랑이며, 부재가 주는 고통을 느끼는 사랑이다. 그러나 사랑이 기도로 사랑하는 사람을 하나님 앞에 놓아두는 관행을 그만둘 이유가 없다."[15]

우리와 예수 그리스도가 공속적 존재이듯이, 산 자와 죽은 자는 기도로 함께-있음의 존재, 함께-속해 있음의 존재가 된다. 기도로 그들이 현재화되며, 기도로 그들은 우리의 기억 속에 있으며, 기도로 그들은 우리의 사랑을 받고 있으며, 기도로 그들을 초월자 앞에 놓아두고 있기 때문에 그들은 우리와 공속적 존재가 되는 것이다.

예수 사건은 탈-물리적(meta-physics; 형이상학적) 사건이다.

---

15 Tom Wright, 앞의 책, 116쪽.

metaphysics, 곧 지금 처해 있는 물리적 한계를 넘어서려는(meta; trans) 신앙적 몸부림이 될 수밖에 없다. 아니, 그래야만 신앙이라 말할 수 있을 것이다. 초월을 향한 몸짓, 초월을 지향하는 기도, 초월을 위한 예수살이는 물질적·물리적·가시적 한계를 신앙으로 넘어서려는 유한한 인간의 태도이다. 그렇게 될 때 비로소 우리와 예수, 그리고 산 자와 죽은 자의 공속적 관계를 좀 더 명확히 할 수가 있을 것이다. 설령 현실 세계와 관념 세계(초월 세계)가 떨어져 있고, 산 자와 죽은 자가 대면할 수 없다고 하더라도 예수 사건으로 인한 공속성은 궁극적인 인격체 전체의 부활의 희망을 연결시켜주는 끈이 될 것이다.

2. 부활, 생의 의미의 영속적 발생

하나의 사건이 발생하기 위해서는 이전의 사건을 부정(否定)하고 무화(無化)시켜야만 개별 사건이 될 수 있다. 그렇지 않으면 그것은 사건으로 우리 앞에 나타날 수 없다. 시간 속에서 하나의 사건이 되기 위해서는 반드시 일어남(ereignis)이 있어야 한다. 사건의 독특한 시간의식, 즉 역사성을 가지려면 계기적 순간(moment)으로서 현존해야 한다. 특수한 일어남이 단순히 연속적인 현상이라면 그것을 사건이라 말할 수 없기 때문이다. 그래서 일어남 혹은 사건의 발생은 눈으로(Auge) 바라봄, 눈으로 확인되는 시점(Augenblick), 눈앞에 현존함이라는 감각적·감성적 인식으로 다가오게 된다.

우리가 예수의 사건을 인류의 역사에서 매우 독특하고 특별한 사건으로 바라보는 이유도 여기에 있다. 예수의 사건은 목격(目擊, Augenschein)이라는 확증과 기억이라는 실제적·역사적(Geschichte) 토대를 두고 있기 때문에 단지 감성적 인식이 아닌 어떤 내적인 연관성과 개념, 그리고 관념을 통한 이성적 인식과 확신으로 자리 잡은 것이다. 특히 그리스도인에게 예수의 부활사건은 가능성을 넘어 현실성으로 받아들인다. 그 사건은 한낱 기억이 아니라 목격이라는 체험적 확신을 가진, 시간 속에서 이루어진 분명한 사실로 믿고 있다. 부활 전례 혹은 부활 의례는 매번 반복됨으로써 과거의 사건으로만 남아 있는 것이 아니라 늘 현재화(presencing)하는 사건으로 고백한다. 그것이 그리스도교가 자신의 정체성을 나타내는 것이라고 보는 것이다.

그런데 이 부활은 나날이 죽지 않으면 발생할 수 없다. 죽음의 운명을 받아들이게 되면 부활은 보냄(schicken)이라는 선물을 받는다.[16] 죽음의 사건이 없이 부활은 보냄이 될 수 없다. 죽음-받음은 곧 부활-보냄이라는 형식을 띤다. 이는 함석헌이 말하고 있듯이, 감추어진 지금에서 한 발짝 내디딤이라는 의미의 발생과 밀접한 관계가 있다(함석헌전집19, 386쪽). 죽음을 향해 내딛는 발걸음은 어쩌면 무(無)의 불안 속에 자신을 내던지는 것일 수 있다. 죽은 이후의 실존의 모습은 예수 사건의 독특한 경험적 기록과 증언에 토대를 둔 확신이지만, 개인에게는 그 확신이, 죽음에 의한 무의 불안 속에 넣지 않는 한 죽음으로부터의 부활은 일어날 수 없다. 그 한걸음은 '의미'의 발걸음이다. 부활

16 Michael Roth, *The Politics of Resistance: Heidegger's Line*, Northwestern University Press, 1996, p. 37.

사건은 발생 혹은 일어남의 현존(presencing)이라고 말했듯이, 지금 감추어진 자리를 박차고 무를 향해 내디뎌야 매순간 의미가 발생한다. 그것이 곧 부활사건의 의미이다. 단지 육체적 죽음과 소멸 이후에 새로운 육체를 입게 되는 신비적 사건으로만 인식한다면, 부활은 영원한 생명을 향유하려는 욕망에 지나지 않을 수 있지만, 육체의 한계라는 생물학적 구성물을 염두에 두더라도, 육체로만 한정짓기에는 좌절이 된다.

부활은 의미의 사건이다. 지속적이고 연속적인 의미의 발생이 부활이다. 내 인생을 한 발짝씩 옮겨가도록 역사 속에서 일어나는(geschehen) 사건이다. 그래서 그것은 역사(Geschichte)이다. 그것이 역사가 된다는 것은 자신의 것, 본래의 것, 특수한 것, 자신의 소유(eigen; eigentum)가 된다는 말이다. 나아가 그것이 역사가 된다는 것은 타당한 것으로 획득되어지고(eignen) 입증된다(ereigen)는 뜻이다.[17] 부활은 역사로서 자신에게 발생하는 실제요, 자신에게 다가오는 사건이다. 오직 자신의 삶을 통해서만 입증되고 확증되는 사건이라는 점에서 개인의 역사적 사건으로 볼 수 있지만, 그것은 시대적·역사적 발걸음의 의미가 되어야 한다는 점에서(함석헌전집19, 384쪽) 보편사적 사건이라 말할 수 있다. 그러므로 개인의 삶의 의미가 달라지고, 역사적 행위를 통해서 보냄(schicken)을 받은 자로서 의미 사건을 발생시킨다면 부활은 계속 일어나는 것이다.

따라서 이제 부활사건은 지금 숨겨져 있는 죽음을 부정(否定)하

17 Michael Roth, *ibid.*, p. 38.

고 생의 의미를 끊임없이 밝히려는 곳에서 발생한다. 생의 의미의 사건, 죽지 않고 일어나는 순간(Augenblick), 의미는 또 다시 우리에게 살도록 한다. 의미의 발생, 생의 의미의 발생이 살도록 추동하는 것이다. 그럴 때 부활은 가능성이 아니라 현실성이 된다. 앞에서 말한 것처럼 가능성의 차원이 아니라 현실성의 차원을 믿는 것이 곧 부활을 가져오는 법이다. 함석헌은 차원을 달리하는 것, 더 높은 차원으로 생을 고양시키는 것이 부활이라고 말한다. 육체적 부활의 욕망보다 우선시해야 할 것은 생의 의미의 차원을 높이는 것임을 분명하게 말한다(함석헌전집19, 364–365쪽). 예수 사건의 독특성, 예수 부활의 독특성은 보통 사람들은 다 죽어도 예수는 결코 안 죽고 부활했다는 데 있는 것이 아니라, 생의 의미를 반복적으로 차원을 달리 하며 발생시켰고, 개인의 죽음뿐만 아니라 사회적 죽음, 국가적 죽음, 세계의 죽음을 계속 부정–부인(否認)이 아니라–하면서 삶의 긍정으로 승화시켰다는 점에 있다. 사건의 발생한 이야기(Geschichte)가 끊임없이 이어질 수 있는 가능성은 죽음의 부정에서 비롯된다. 현재(presence)는 나타나도록 내버려두는 선물(present) 안에 있다. 현재는 선물로서 존재한다. 현재는 현재하도록 내버려두어야 존재한다. 부활은 산 자에게는 여전히 현재가 현재가 되도록 하는 힘이며, 죽은 자에게 현재하도록, 존재하도록 열려진 사건이다.[18] 그런 의미에서 부활사건은 미래의 사건이라기보다 현재의 사건이다. 산 자와 죽은 자에게 현재가 되기 때문에, 공속성의 시공간과 의식의 차원에서 모두 있음으로 존재한다. 항상 있음으로 존

---

18 Michael Roth, *op. cit.*, p. 38.

재하는 이들에게는 믿음의 차원은 초월의 차원이 될 수밖에 없다. 그런데 여기서 초월의 차원은 죽음 후의 새로운 세계로의 진입이라기보다 새로운 의미 세계로의 진입을 의미한다.

죽음은 소멸과 사라짐이라는 상실이다. 산 자는 그 상실감으로 인해서 평생 트라우마가 된다. 그러나 죽음을 통한 죽음의 부정이 없다면 부활이라는 생의 의미 차원의 고양도 있을 수 없다. 죽음이 예수 부재의 사건인 것처럼 생각될 수도 있다. 예수 부재의 사건인 듯한 그 절망의 발생을 뒤로 하고 의미의 현재를 현재화할 때 부활의 사건이 도래한다. 죽음의 사건 속에 꿈틀대는 부활의 사건, 죽음의 사건 속에 은폐되어 있는 부활사건은 의미의 반복을 통해 탈은폐되어진다(unconcealment). 따라서 부활사건은 생의 의미의 운동이다. 무한한 의미를 함축하고 있는 것이 부활사건이듯이, 부활사건은 무의 심연으로 떨어지지 않고, 되레 끝없는 의미의 무한함을 통해서 무로서의 죽음을 극복하면서 살아서 일어난다(Auferstanden). 무(無)를 이기고 무 위에서 다시 생의 의미를 세우고, 내리 무가 생의 의미를 부정하는 순간, 또 다시 그 위에 생의 의미를 세움으로써(stasis) 무는 영원히 극복되는 것이다. 달리 말하면 죽음으로서의 무(無)와 생의 의미로서의 유(有)의 긴장과 투쟁은 이 세계가 사라지는 순간까지 지속될지 모르나 결국 의미의 사건, 즉 생의 의미의 차원과 무에 따른 생의 의미의 변화는 예수 존재성 안에[에 의해서] 영원히 열려 있음이 된다는 말이다. 루가복음사가는 이렇게 기록하고 있다. "주께서 확실히 다시 살아나셨다"(Herr ist wahrhaftig auferstanden; 24,34). '믿음의 차원'에서 보면 예수의 살아남은 여전히 참이다.

3. 의사소통의 합리성을 통한 종교적 생명윤리 구축

일찍이 하버마스(J. Habermas)는 "어느 누구도 출생 이전의 인간 생명이 지닌 본래적 가치를 의심하지 않을 것이다"[19]라고 말한 것처럼, 인간 생명의 본래성에 대해서는 종교나 철학 모두가 한 목소리이다. 또한 함석헌도 모든 것은 곧 생명을 위해 일고 깨지는 것이라고 말하면서 간절한 생명의 의지, 생명의 욕구, 살고자 하는 근원을 저버리지 말아야 한다고 주장했다(함석헌전집19, 296−297쪽). 이렇게 생명윤리가 제기된 원인은 아마도 과학이 인간이라는 존재론적 지위의 아킬레스건을 건드린다고 판단되기 때문이라고 본다. 다시 말해서 과학이 인간의 삶의 편리성과 윤택함을 가져다준다는 목적으로 인간 존재의 궁극적인 존엄성의 한계를 넘어서고 있다는 위협의식에서 문제를 지적하고 있는 것이다. 특히 그 무엇보다도 생명에 대한 존엄성을 강조하고 있는 종교에서는 이것을 그저 방관할 수 없는 문제일 것이다. 그래서 생명윤리와 생명과학, 그리고 종교교육의 상관성을 규명하고자 시도하는 것이다. 생명윤리와 종교(교육)의 동일한 맥락적 시선은 초월자의 생명부여성이라는 믿음 아래 그 생명적 존재인 인간의 존엄성이 상실될 수 있는 위험이 도사리고 있다고 여긴다. 이와 같이 철학에서도 마이클 샌델(M. Sandel)은 인간 복제에 대해서는 반대하는 입장이

19 J. Habermas, 장은주 옮김, 인간이라는 미래. 자유주의적 우생학 비판, 나남, 2003, 70쪽.

지만 한편 치료를 위한 목적에서는 찬성을 한다.[20] 논의를 넓혀 본다면 이것은 나중에 우생학의 문제, 즉 인간 종차별의 문제까지 확산이 될 가능성이 크다. 이 때문에 하버마스는 원천적으로 인간 복제를 반대한다. 이는 익명의 인격체인 "몸은 인격적 실존을 구현한다"는 원칙과 함께 "미래의 인격체의 지위, 즉 지위의 평등성을 손상시킨다"고 보기 때문이다.[21]

모름지기 생명윤리는 인간의 삶의 질을 높이기 위한 것이기도 하다. 그렇다면 공동체적 입장에서 생명을 죽이고 살리는 문제는 이성을 가진 사람들의 충분한 합의와 공감, 그리고 설득이 있어야 한다. 원치 않는 임신으로 낙태를 하고 싶더라도, 치료비를 감당할 수 없어서 안락사를 시키고 싶더라도, 태아가 장애를 가진 상태에서 출산이 된다 하더라도, 공동체가 그러한 약자들에 대해서 제도적·정서적·정책적으로 배려하는 의사소통이 이루어져서 공동체가 용인하고 받아들이겠다는 의지를 표명한다면 개인의 고통을 경감시키면서 사회 공동체적인 짐을 같이 질 수 있을 것이다. 인간의 생명은 결국 개인의 생명이기도 하지만 동시에 공동체적 생명이라는 인식을 심어줌으로써 사회 공동체가 공속적(Zusammengehörigkeit) 생명공동체 및 생명윤리를 공유하는 합의의 장으로서 기능할 수 있을 것이라고 본다. 다시 말하면 "서로 연대책임을 지고 상호간에 평등한 존중을 기대할 수 있는 그런 규범적 존재"[22]로서의 의식이 필요하다는 것이다. 그 중심에 종교가 있을

20 M. Sandel, 강명신 옮김, 생명의 윤리를 말하다, 동녘, 2010, 84쪽.

21 J. Habermas, 앞의 책, 105, 132, 149, 154쪽.

22 J. Habermas, 위의 책, 45쪽.

수 있다면, 종교교육을 통해 종교 내에서 뿐만 아니라 종교 외의 사람들에게 생명공동체의 장을 넓힘으로써 합의와 설득, 이성과 영성을 통한 생명공유의 인식의 확산에 기여할 수 있을 것이다.

이를 위해서 각 종교의 생명윤리에 대한 입장 차이를 좁힌다는 것은 매우 어려운 일이다. 게다가 그 보편적 생명윤리라고 하는 것이 단지 종교에만 국한시켜서 될 문제는 아니다. 생명과학을 통해서 개인의 수혜를 받고자 하는 측면을 고려하지 않고서는 보편적 합의를 이끌어낸다는 것은 결국 종교 내의 담론으로만 그치게 될 공산이 크다. 따라서 보편적인 의사소통 합의 공동체는 설령 종교를 중심으로 하더라도 수혜자의 욕구와 욕망(정자 제공, 낙태, 존엄사 등)에 대해서 공동으로 합의를 하지 않는 이상 종교적 생명윤리는 한갓 탁상공론에 빠지기 쉬울 뿐이다.

더 나아가서 보편적 생명윤리의 판단 기준은 종교(교육)를 넘어서야 한다. 그것은 보편적이라고 할 때, 종교적 교리로만 해결할 수 있는 문제가 아니라 이미 사회적 공동체 전체의 보편적 합의가 있어야 한다는 말이다. 종교의 교리가 사회적 공동체의 보편적 잣대가 될 수 없다. 자칫 종교의 생명윤리적 발언이 금지의 권력으로 비쳐질 수 있기 때문이다. 따라서 다만 종교도 사회 전체의 다양한 생명윤리의 합의 구성체의 하나가 되어 생명윤리경시에 대해서 개입하고 조정할 수는 있을 것이다. 종교가 주도해서 생명윤리의 문제를 적극적으로 대처해 나간다는 것은 매우 고무적인 일이다. 그러나 생명윤리는 교리적 잣대 이상의 상황과 의미를 지니고 있다는 것을 간과해서는 안 된다. 그것이 사회 공동체와의 논의 구조 속에서 교리를 중심으로 하는 또 하나의 종교교리교육으로 전락할 경우, 그리고 사회 공동체의 생명논리와 별개로 교육이 이루어질 경우에는 설득력을 상실하게 된다. 종교교육 혹은 종교교육 담당자는 이 문제를 가볍게 지나쳐서는 안 될 것이다. 반드시 종교교육은 사회 공동체와의 연대를 통해서, 더군다나 생명교육은 사회 공동체의 생명 어젠다의 흐름을 숙지하고 이루어져야 한다. 사회적 문제를 종교교육으로 다 해결하겠다는 오만을 넘어서 교류하고 소통하고 함께 교육하면서 공통의 문제를 잘 대처해 나가는 동시에, 기본적으로 종교적 입장을 전달하고 또 향후 미래 세대를 위한 생명교육이 이루어져야 할 것이다. 대부분 피임을 하고 있는 실정인데, 피임을 하면 안 된다, 낙태가 공공연히 이루어지고 있는데, 하면 안 된다가 아니라 종교도 그 심정과 고충을 충분히 헤아린다는 것을 주지시키고, 사회 공동체 및 국가 공동체가 그 약자를 배려하도록 종교가 주도적인 역할을 할 수 있어야 한다.

종교가 하는 생명윤리 교육은 일관성이 있어야 한다. 어떤 사안에 대해서는 인간에게 유익이 된다고 생각하기 때문에 찬성을 하고, 어떤 사례에 대해서는 유익이 되지 않기 때문에 반대를 한다는 것은 자칫 윤리적인 모순을 초래할 수 있다. 특히 종교가 바라보는 시각에 따라 사회에서 벌어지는 생명윤리 경시 문제를 왈가왈부하는 것이 (특정) 종교의 (교리적) 입장만을 반영하는 듯이 비추어질 수 있다.

종교의 생명윤리적 규범이 설령 옳다 하더라도 사회의 생명 시스템에서는 달리 작동할 수 있다. 게다가 종교 간의 생명윤리적 견해에 대해서도 다른 입장을 취할 수 있다. 이에 따라 생명윤리를 위한 범종교적 연대는 매우 중요한 사안이 될 수 있다고 본다. 그럼에도 불구하고 그 연대는 종교(교육)와 시민이 함께 참여하는 생명윤리적 거버넌스(governance)까지 염두에 둘 필요가 있다고 생각한다. 하버마스는 "도덕적 존재의 공동체는 규범적 규제가 필요(하며) [……] 이 공동체의 성원만이 서로에 대해 도덕적으로 의무를 지고 서로에게서 규범을 준수하는 태도를 기대할 수 있다"고 말하면서 "도덕적 인격이 공유한 인류 전체의 자기 이해"의 필요성에 대해서도 절감했다.[23] 종교교육은 결국 생명윤리를 위한 도덕적 규범 원칙들을 마련하는 잣대가 될 수 있을 것이다. 더불어 종교교육은 각 종교의 경전을 토대로 한 도덕적 인격을 함양하여 생명을 존중하는 인간이 되는 데 있다고 할 것이다.

종교교육은, 샌델이 생명철학을 위한 도덕적 지평을 "겸손(humility), 책임(responsibility), 연대(solidarity)"로 규정한 것과 거의 같은 맥락에서 이루어질 수 있을 것이라고 본다.[24] 그것은 사회화된 개인, 사회적 현위치, 인간의 개인의 위치를 발견하는 노력이 종교(교육)에서도 동일하게 사회적 거버넌스를 이끌면서, 종교(교육)의 생명윤리적 차원의 독특한(특수한) 장소/자리에 대한 무감각(no sense of place)에서 생명윤리의 감각을 마련하는 것과 크게 다르지 않을 것이다.[25] 곧 종교(교육)의 생명윤리담론의 장이 종교(교육)라는 장에서 끝나는 것이 아니라 사회적 차원에서 이루어지는 담론의 장이 확장되어야 할 것이다.

23 J. Habermas, 위의 책, 70–71쪽; 81쪽.

24 M. Sandel, 앞의 책, 131쪽.

25 J. Habermas, 한승완 옮김, 공론장의 구조변동, 나남, 2001, 54쪽.

4. 새로운 종교적 생명담론, 생명은 곧 깨달음이다!

2014년, 4·16 세월호 사건 이후 우리는 인간 실존의 절망과 위기, 그리고 공포에 빠져 속수무책의 상황에 내던져진 듯한 감정을 느꼈다. 아무리 생각을 해봐도 이해할 수 없는 생명에 대한 무관심은 무엇으로도 해명이 안 되는 영원한 숙제로 남겨놓을 수밖에 없는 사건이 되었으며, 민중 각 개인이 겪은 트라우마는 치유될 수 없는 지경에 이르렀다. 그럼에도 불구하고 우리는 잊지 말자고 했지만, 지금도 잊고 있고 마침내 잊고 말 것이다. 그것을 인간에게 주어진, 아니 우리나라의 백성에게만 주어진 유전자적인 수혜라고 받아들여야 할지도 모르겠다.

그렇다면 이러한 상황에서 종교적 생명담론은 어떻게 구성해야 할까? 지금까지 종교가 생명에 대해서 숱하게 말해 왔지만, 이번 사건을 통해서 새로운 담론을 제시할 수 있어야 한다. 생명에 대한 국가 철학, 민중 각 개인이 갖고 있는 생명철학/생명영성이 없는 가운데 종교는 새로운 생명 담론을 내놓음으로써 다시는 반복된, 거칠게 표현해서 대량 학살–그 사건은 한 사람도 구해내지 않고 그대로 묵인·방치했으니 학살이나 다름이 없다–이 일어나서는 안 될 것이다. 무엇보다도 이 사회가 여전히 만연되어 있는 물질만능주의는 인간의 생명보다 자본을 우선시 하는 태도에서 인간의 생명 존중은 뒷전이 되고 만다.

사회학자 지그문트 바우만(Z. Bauman)이 말한 것처럼, 지구화시대의 인간은 이제 "쓰레기와 같은 사람들" 혹은 "잉여인간"[26]에 불과한다. 공교롭게도 세월호에 타고 있었던 승객들 대부분은 '생산자 사회에서 노동력을 유용하게(이득이 되게) 사용될 수 없는 사람들'[27]이었다. 존재감을 갖지 못한 인간은 자본의 수단이요 국가의 도구로 전락하는 부속품에 지나지 않기 때문에 각 개별적 존재가 지닌 생명이라는 특수한 성격은 중요하지 않다. 국가의 철학이나 자본의 철학(그들에게 철학이 있기나 한 것인지)에서 작동되는 시스템에서는 인간은 지배하고 관리해야 하는 기계에 지나지 않는다. 그런 의미에서 세월호 사건은 분명 지배권력계급, 정치경제적 소산물이다. 그들은 자본의 논리에 의해서, 권력이성에 의해서 철저하게 배제된 사람들이다. 그들의 신체(시체)는 국가의 것도, 자본의 것도 아닌 그저 잉여적 존재일 뿐이다. 거기에 생명에 대한 사유가 개입될 여지가 전혀 없는 것은 어쩌면 당연한 현상일 것이다. 이때에 종교는 무엇을 했을까? 불행하게도 종교 역시 생명이 먼저라고 말하지 않았다. 그리스도교는 말할 것도 없고–한스 큉(H. Küng)은 교회가 발육장애를 보이고 있다고 비판하였고, 몰트만(J. Moltmann)은 종교가 상품이 되어가고 있다고 한탄했다–[28], 심지어 불교조차도 양적 팽창, 물질적 페티시즘으로 일관하면서 인간 생명 그 자체에 대한 관심은 아랑곳하지 않았다.

외형은 세련되고 덩치는 커졌지만 그에 상응하는 생명의 영성, 정신적 삶, 관조적 삶은 저만큼 멀어져 있었던 것이다. 잘 알다시피 종교

26 Z. Bauman, 조형준 옮김, 빌려온 시간을 살아가기, 새물결, 2014, 180, 199쪽.

27 Z. Bauman, 위의 책, 201쪽.

28 J. Moltmann, 이신건 옮김, 나는 어떻게 변하였는가, 한들, 1998, 121, 142쪽.

의 근본정신은 '생명성'에 있다. 내면을 살피는 관조적 삶에 있다. 그것은 철학적으로 말하면 인간의 사유하는 정신을 말한다. 그런데 종교는 그 사유하는 정신을 깊이 있게 성찰하고 신도들에게 초월을 향한 마음으로 계도하지 않고 단지 종교의 소비자로서 자기만족에 빠져 있는 사람으로 만들었던 것이다. 제2차 세계대전의 전범 재판을 지켜본 정치철학자 한나 아렌트(H. Arendt)는 유대인 학살의 원흉이라 할 수 있는 아돌프 아이히만(A. Eichmann)에 대한 보고서에서, 유대인의 학살은 인간의 무사유, 사유 불능성(inability to think), 말하기의 무능성(inability to speak)에서 비롯되었다고 말했다.[29]

세월호 사건, 그리고 군대에서 벌어진 탈영병의 총기 난사사건은 인간의 무사유, 사유불능성, 말하기의 불능성의 맥락이라고도 볼 수가 있다. 생명에 대한 사유, 정신적 사유를 할 수 없는 인간은 판단이나 생각을 제대로 할 수가 없다. 종교나 국가, 더 나아가 자본조차도 인간의 생명성에 대해서 사유를 할 수 없다면 모든 것은 허구이다. 인간을 구성하고 있는 생명에 대한 애착이 없는 시스템과 메커니즘은 첨단의 장비를 가지고 있다고 하더라도 작동을 할 수가 없게 되어 있다. 평상시의 생명에 대한 이해, 인간의 생명성에 대한 근본적 성찰이 교육, 체득되어 있다면 만사를 제쳐놓고서라도 생명의 구원은 필수 사항이 되었을 것이다. 생명에 대한 감정이입, 체득, 타자의 입장에서 이해할 수 있는 태도가 결여되어 있다는 반증이다. 따라서 재난구조를 위한 통제 및 관리시스템의 문제가 먼저가 아니라 그 체제 속에 있는 인간의 생

29 H. Arendt, 김선욱 옮김, 예루살렘의 아이히만, 한길사, 2006, 106쪽.

명 의식의 문제를 먼저 짚어야 하는 것이 마땅할 것이다.

이러한 상황 속에서 도법 스님의 생명 담론은 매우 시사하는 바가 크다 할 것이다. 그는 한 논문에서 "그대는 내 생명의 어버이시고 나는 그대에 의지하여 살아가는 공동체 생명이니라"[30]라고 말한다. 인간은 "의지처", 즉 상호의존성이나 상호호혜성에 입각한 불일불이(不一不二)의 인드라망 세계관에 의해서 살아가는 생명적 존재라는 데에 필자도 동의한다. 자타(自他)가 서로 떼려야 뗄 수 없는 관계로 이루어져 있다고 하는 사상은 생명이 나의 것만이 아니라 너의 것, 동시에 너의 것은 결국 나의 것이기도 하다는 인정을 가능케 하는 것이다. 그의 논지는 분리해서 볼 수 있는 세계는 결단코 아무것도 없다는 것이다. 세계는 관계로 이루어진 곳인데, 우리는 이 관계를 무시한 채 서로 독립적인 타자의 우연한 사건으로 치부하는 경향이 많다. 관계적인 존재로 생각할 때 비로소 타자의 생명을 연민과 안타까움, 그리고 사랑으로 볼 수 있을 것이다. 이러한 현실에 비추어볼 때 우리의 가슴에 와 닿는 말을 언급해볼까 한다.

> "존재의 실상을 사실대로 통찰하면 시작도 끝도 없이 본래부터 인위이면서 무위, 무위이면서 인위, 시간이면서 공간, 공간이면서 시간, 따로이면서 함께, 함께이면서 따로, 홀로이면서 전체, 전체이면서 홀로, 내면이면서 외면, 외면이면서 내면, 정신이면서 물질, 물질이면서 정신, 나이면서 너, 너이면서 나, 인간이면서 자연, 자연이면

30 도법, "종교와 생명", 한국종교연합, 제72차 평화포럼 발표문, 종교와 생명, 2014년 7월 22일, 천도교수운회관, 10쪽.

서 인간인 불일불이의 공동운명체의 동반자입니다."[31]

"부처님은 그 보편적 진리를 논리적으로 '법의 실상', '존재의 실상', '생명의 실상'이라고 했으며, 인격화시켜 '청정법신불', '본래부처', '본래면목'이라고 개념화했다. 그리고 말했습니다. "여실지견(如實知見) 즉 그물의 그물코처럼 존재하고 있는 생명의 실상을 사실대로 보고 이해하라. 여실지견행(如實知見行) 즉 실상대로 사고하고 말하고 행동하라(동체대비행). 그렇게 하면 바로 지금 여기에서 그 삶이 자유롭다."라고. 또 다른 표현으로는 조건 없는 사랑의 삶, 지혜와 자비의 삶, 동체대비(同體大悲)의 삶, 무애자재(無碍自在)의 삶이라고 했습니다."[32]

여기서 더 나아가 도법 스님은 실천적 지침으로 〈생명평화 백대서원 절명상〉과 〈세월호 참사, 참회와 서원의 기도〉를 제시한다. 이를테면 "14. 상대의 아픔을 자기 아픔으로 인식할 때 비로소 생명평화의 길이 시작됨을 믿으며 절을 올립니다. 26. 돈의 노예가 되지 않는 가치의식과 삶의 방식을 확립하는 것이 생명평화의 길임을 확신하며 절을 올립니다"[33] 등이다. 타자의 아픔을 공감하는 인식을 할 수 있어야 하며, 자본에 물들지 않기 위해서 몸과 마음이 깨어 있어야 한다는 "생명평화수행론"에 깊은 인상을 받는다.

몰트만(J. Moltmann)은 "생명을 진실하게 사랑하는 사람은 시장

---

31 도법, 위의 글, 16쪽.

32 도법, 위의 글, 16-17쪽.

33 도법, 위의 글, 18-19쪽.

으로 변하는 사회의 규범들과 결별합니다"[34]라고 말했다. 또 예술철학자 르네 위그(Rene Huyghe)는 예술이란 "영혼의 번역"[35]이라고 했다. 마찬가지로 종교도 "정신의 번역"이자 "생명의 번역"이나 다름이 없다. 예술과 종교가 추구하는 것은 결국 인간 정신의 재현(represent)이다. 오늘날 생명의 위기, 정신의 위기를 경험하고 있는 현실 속에서 종교는 정신의 재현을 위해서 생명을 재번역하는 일에 앞장을 서야 할 것이다. 더 나아가 어떻게 하면 종교가 "복음의 빛 안에서 계몽"(E. Jüngel)[36]을 할 것인가 혹은 "불법(佛法)의 빛 안에서 계몽"을 할 것인가를 고민해야 할 것이다. 다시 말해서 이는 생명이 곧 깨달음에 있다는 것을 더욱 분명히 해야 할 시점에 와 있다는 것이다. 과거 불교나 그리스도교의 처음은 경전을 바탕으로 하는 철저한 깨달음에 입각한 소승(영지주의의 도마복음, 하느님과의 일치를 추구하는 '영혼의 혼례식', 부유한 엘리트 공동체)에서 출발을 했다. 하지만 대승(사도교회의 가난한 문맹자 공동체)은 그와는 다른 방식의 포교(선교)를 시도함으로써 폭발적인 성장과 맹목적 구원의 성취 가능성을 낳았다.[37] "오직 믿음만으로"(sola fide), "오직 부처만으로"를 외치며 민중들의 호감을 사면서 성장주의 신학과 성공지상주의 종교를 낳고, 타자의 생명과 아픔을 나누지 못하는 구원신학은 개별적 존재의 깨달음을 추구하는 것과는 다른 길을 걷게 된다. 오히려 우매하게 만든다. 그에 따른 부작용이

---

34 J. Moltmann, 이신건 옮김, 나는 어떻게 변하였는가, 한들, 1998, 143쪽.

35 Rene Huyghe, 김화영 옮김, 예술과 영혼, 열화당, 1979 참조.

36 J. Moltmann, 앞의 책, 23쪽.

37 최병수, 초대교회와 도마복음, 도서출판 아우름, 2013, 259–263쪽.

나타나고 있는 현재 상황에서 다시 깨달음을 추구하는–문자 맹신주의의 종교가 아닌–종교, 진정한 자신의 깨달음과 초월자의 일치를 향한 몸부림이 있어야 할 것이다. 그렇게 깨달음을 위해서 전력하게 될 때 종교 본연의 생명성에 눈을 뜨게 될 것이고 "양심을 정치화"(D. Sölle)[38] 할 수 있는 여지가 생길 것이다.

종교는 이제 단순 믿음과 안위에서 깨달음, 깨우침으로 나아가야 한다. 그 종교를 통한 생명은 깨달음에서 비롯된다. 함석헌도 "내 마음에 정성이 있으면 내 말과 살림이 같은 훌륭한 스승이나 또는 그렇지 못한 경우의 사람에게서도 내 정성에 따라서 바로 내 속의 스승에 따라서 모든 것을 배우고 받을 수 있습니다. [……] 내 속의 스승을 만나지 않고서는 그 어떤 이의 말씀도 아무 소용이 없습니다"(함석헌전집 19, 376쪽)라는 말을 했다. 도법 스님의 주장 또한 한갓 종교적 생명담론을 말한 것이기보다는 그것을 넘어선 깨달음, 지금 여기에서 깨어–있음을 말한 것이라 본다. 우리가 잊지 말아야 할 것(잊지 않을 수 있는 것)은 늘 깨어–있음에서 비롯된다. 생명이 깨어 있어야, 하늘이 살라고 하는 명령은 나만이 아니라 모두에게 해당되는 것이라는 자리이타심(自利利他心)이 생겨날 것이다. 그런 의미에서 도법 스님의 다음의 말을 기억해야 한다. "생명 위기, 평화 위기의 원인이 내 생명의 정체성에 대한 무지 때문임을 돌아보며 국가·민족·종교·이념 등 그 무엇보다도 우선하는 가치가 생명평화임을 확신하라."[39]

---

38 J. Moltmann, 앞의 책, 40쪽.

39 도법, 앞의 글, 18쪽.

3장

종교의 아나키즘적 사유

3장

종교의 아나키즘적 사유

종교의 특수한 발언들, 이른바 종교적 메시지는 결코 사적 발언일 수 없다. 설법이든 설교 혹은 강론이든 그 말의 근거들은 경전의 본질적인 말의 올바른 해석을 토대로 이루어진 공적 발언이어야 한다. 상업적인 언어가 난무하는 종교 공동체라면 그곳의 언어는 이미 삶을 변화시키는 설득의 수사학이 아니라 그저 마음만 사고파는 시장의 언어, 경제적인 언어로 전락하고 말뿐이다. 인간의 의식이 발전하기 위한 종교적 언어는 영혼을 위한 거래나 매매의 수단이 아니다. 더군다나 종교 체제를 유지하기 위한 선동적인 언어도 아니다. 종교적 언어가 발화하는 순간 신앙의 본질을 되새기면서 그러한 정신으로 살아가는 존재를 계몽하는 진리의 각성이 되어야 한다. 체제, 조직, 교리 등을 목적 그 자체로 놓고 그것을 보존하기 위해서 급급한 종교는 종교적 발화 혹은 발언, 자신의 진정성 있는 고백적 언어와 서술조차도 거짓이 되고 만다. 함석헌은 그것을 좌시하지 않는다. 본질, 본래적인 종교 정신으로의 회귀를 하려면 종교적 발언은 상업적 언어를 통한 민중의 의식을 혼란에 빠뜨리는 선동과 왜곡의 언어를 멈추어야 한다는 것이다.

설법, 설교 혹은 강론의 언어뿐만이 아니라 종교 간 대화의 언어행위에도 진정성과 의미를 가지고 종교 공동체 간, 개별적인 신자 간의 '보편적 다수성' 혹은 보편적 단독성을 존중하지 못한다.[40] 종교 간 대화에서 발생하는 신앙의 수사학과 신앙의 현상학은 종교 공동체 간에 열린 자세로 상호 수용하고 존중할 것을 요청한다. 종교 공동체는 그것을 간과해서는 안 된다. 그것은 종교 공동체가 외물(外物)이 아닌 자기 자신의 내면에 관심을 기울이면서 동시에 그 속알맹이의 참 언어를 발화하는 데서 시작될 것이다. 또한 그 속뜻의 만남은 경전을 우려내고 그 말뜻에 담긴 존재를 밝음의 상태로 이끌어 내려는 노력에서 영혼들이 공적으로 조우하게 될 것이다.

1. 복음의 상업화와 자본화를 넘어서 복음의 아나키즘을 향하여

복음(福音)은 그리스 어원적으로 '기쁜 소식'(euangelion, good news) 혹은 '좋은 소식'을 의미한다. 그리스도교적 시각에서 보자면 예수 그 자체가 기쁜 소식이 될 수 있고, 예수에 대한 이야기가 기쁜 소식이 될

40 A. Badiou/ S. Zizek, 민승기 옮김, 바디우와 지젝 현재의 철학을 말하다, 도서출판 길, 2013, 39–55쪽.

수 있다. 예수가 민중들에게 기쁨과 구원과 해방과 화해를 가지고 온 것처럼, 예수에 대한 이야기를 들을 때도 동일한 결과를 가져오기 때문이다. 본질적인 측면에서 종교에게는 그야말로 순기능적인 역할이 있는 것이다. 그런데 함석헌은 헐값에 "복음이 팔린다"고 비판한다. 복음이 터무니없는 상술적인 자본의 가치에 매매가 되고 있다고 보는 것이다. 복음이 타자의 기쁨, 구원, 해방, 화해를 위해서 존재하는 것이 아니라, 하나의 상업 행위로 전락이 되어 버렸다. 판매하는 복음상인도 문제이거니와 복음을 사서 사적인 이익을 취하려는 복음의 구입자도 문제이다. 그들 모두가 복음을 왜곡하고 매도하고 복음을 퇴색시키는 부정적인 역할을 하고 있는 것이다(함석헌전집19, 312-313쪽). 함석헌은 더 나아가 복음은 증거될 뿐이지 강요하거나 판매될 것이 아니라고 강력하게 말한다. 그뿐만 아니라 복음상인은 "영혼을 구할 능력도 권세도 없다"라고 본다. 복음은 몸으로 증거하고 마음으로 새겨야 한다. 복음은 타자에게 강압적으로 반드시 받아들여야만 한다고 말할 수 없다. 그렇게 되면 복음은 자칫 판매가 된다. 공자는 『논어』「술이」편(「述而」編)에서 '묵이지지'(默而識之)라는 말을 했다. 진리를 알게 되었다고 경박하게 떠들어 댈 것이 아니라 우선 마음에 두고두고 새겨야 한다. 증거라고 하는 것이 마치 입으로, 말로 떠들어 대는 것 같지만, 예수의 말씀과 행업을 몸으로 살아내지 않고는 무용지물이다. 복음도 해석학을 통하여 이해하고 감정이입이 되어야 한다. 말을 이해하고 문자를 알아듣기 위해서는 나의 눈과 마음을 언어 사용자의 눈높이로 맞춰야 한다. 그뿐만이 아니다. 그 복음을 해석해서 말을 전해야 하는 대상, 즉 타자가 누구인지, 나와 마주 서 있는 타자가 누구인지를 해석해야 하고, 그보다 앞서 나 자신에 대한 해석이 이루어져야 나에 대한 이해와 타자에 대한 이해를 통하여 적절한 복음이 발생하는 적합한 장이 형성되는 것이다.

그것을 전제하지 않고, 해석학적 이해가 없이 복음을 말만 한다는 것은 위험천만한 일이며, 약장수와 같은, 물건을 팔기 위해 인간을 수단으로 여기는 매매 행위만이 발생할 뿐이다. 여기에서 복음을 위한 상도(商道)를 말하고자 함이 아니다. 어차피 상도를 말한다고 해도 복음을 매매하기 위한 상술에 불과할 것이니 말이다. 복음은 사건(ereignis)이요 발생(geschehen)이다. 예수의 이야기를 듣는 사람에게 독특하면서 획기적인 사건이 일어나야만 한다. 이것이 증거가 말로만 하는 행위로 보지 말아야 하는 이유이다. 칸트(I. Kant)는 교회의 순수성, 혹은 참된 교회의 자격과 특징에 대해서 이렇게 말한다. "도덕적 동기 이외의 어떤 다른 동기도 가지지 않는 결합"[41]이라고 말이다. 그런데 복음이 시끄러운 소음으로 들리고 불쾌한 감정을 불러일으키는 것은 복음을 종교 사업의 수단이요 교회 규모의 확장 수단으로 생각하는 복음 판매 상인들의 태도 때문이다(함석헌전집 19, 314쪽). 지금까지 교회는 복음을 교회 사업을 위해서, 교회 세력을 불리기 위해서 말해왔다. 타자의 마음과 상황과 처지가 어떠한가는 중요하지 않다. 복음 판매 상인의 자기 성찰적 해석도 필요 없다. 오로지 복음을 소비해주는 청중이 중요할 뿐이다. 어떻게 복음을 소비하도록 할 것인가에만 관심

41 I. Kant, 신옥희 옮김, 이성의 한계 안에서의 종교, 이화여자대학교출판부, 1984, 131쪽.

이 집중되어 있다. 함석헌은 말한다. "복음은 사는 것이라고 생각하여서는 안 된다. 살 수도 없고 살 필요도 없다. 일정한 대가를 지불하고 얻을 수 있는 것이라면 복음이라고는 할 수 없다. 복음이 복음된 소이는 대가 없이 누구나 받을 수 있다는 데 있다"(함석헌전집19, 314쪽).

복음은 무상(無償)이다. 복음은 무차별적이다. 그러니 복음이 기쁜 소식이 될 수 있는 것이다. 만일 복음이 대가가 있는 것이라면 복음은 복음이 될 수 없었을 것이다. 복음은 부자나 가난한 자, 지배자나 피지배자, 남자나 여자, 어른이나 어린이 등 누구에게나 열려 있는 이야기이다. 예수는 누구든지 만날 수 있었고, 예수는 어느 누구도 배제하지 않았다. 하지만 지금 예수에 대한 이야기, 즉 복음을 들으려면 화폐라는 대가를 지불해야 한다. 복음에 값을 지불하도록 한 것이다. 복음을 통해서 사람의 근본을 바꾸게 하는 것이 아니라 신자가 되도록 하는 모집 수단으로 이용하고 있다(함석헌전집19, 315쪽). 복음은 돈이 있고 계급이 있다고 소유할 수 있는 것이 아니다. 내가 자본가라고 해서 복음을 마음대로 살 수 있는 것도 아니다. 복음은 대가가 없다. 파는 것이 아니다. 모두가 삶으로 구현해야 할 이야기이다.

복음은 그리스도의 멍에를 메고 배우는 것이다. 복음에는 대가가 없지만 듣는 이의 성찰과 행동변화를 요구한다. 그리스도의 멍에를 메고 그의 삶을 남김없이 배워서 또 한 사람의 예수로, 또 한 사람의 예수 따르미로 살아야 한다. 그것은 무엇을 말하는 것일까? 거듭난 존재(순수의식)로 살아가는 것이다. 부모, 처자, 형제자매 등을 버리는 어떠한 희생을 치르더라도 포기와 따름의(이 수반되는) 삶을 살아야 한다. "기독교는 수양도 아니요 개량도 아"니다(함석헌전집19, 316쪽).

"예수를 믿어 풍부한 교양을 얻으려는 자는 가라. 사회에 유익한 사업을 하려는 자도 가라. 무슨 이익을 얻으려는 자는 첫째로 가라. 예수는 오직 자기와 함께 십자가에 못 박히고 자기에 의하여 새로 살기를 원하는 자만을 허락한다. 크리스천은(문자대로) 생명을 버리는 자가 되어야 한다"(함석헌전집19, 317쪽). 종교인은 거짓된 자기 자신을 축조하지 말고 오직 신앙의 진실된 자기 자신을 축조하도록 해야 한다. 종교를 교양의 도구로 생각하고, 종교를 사업의 수단으로 여기고, 종교를 통해 이익을 취하려고 하는 이들은 거짓된 자기 자신을 축조하는 사람이다. 참 종교인은 그러한 모든 것을 십자가에 못 박고 오직 예수에 의해 자기 자신을 축조하고 참된 자아를 형성하는 것이다.

십자가는 매매의 대상이 아니라 모든 것의 포기, 심지어 생명의 포기를 의미한다. 십자가는 타자를 헌금의 대상이나 세력 확장으로 환원시키지 않는다. 십자가는 타자와 더불어 한 몸이 되는 상징이기 때문이다. 십자가는 예수(覺者)로 인해서, 깨달은 자로서의 새로 삶만이 존재한다. 그것은 그리스도인의 생명을 버리는 데서 시작된다. 생명의 포기는 다시 생명이 살아나기 위해서이다. 포기해야만 얻을 수 있다. 십자가는 소유가 아니다. 복음이 매매의 대상이 되기 위해서는 사적 소유를 전제해야 한다. 그러나 복음이 사적 소유가 되어 판매 및 구입, 소비가 될 수 없는 것은, 그것이 공적이기 때문이다. 모두를 위한 기쁜 소식, 좋은 소식이 값싼 대가를 지불하고 살 수 있다는 것은 종교에 대한 모욕이다. 대가라면 오직 고통과 죽음, 그리고 그로인한 생명과 구원이다. 하지만 그것은 돈을 주고 사는 것이 아니라−그것은 교양이다−깨달음에 의한 의지(will)만이 작동될 뿐이다. 깨달음의 의지가 강할 때 매매의 의지와 욕망을 극복할 수 있다. 함석헌의 깨달음의 의지, 십자가의 의지는 지배도, 독식도, 강제도 없는 적극적인 개인의 자유를 위한 것이기에 아나키즘적이다. 어느 누구도 매매를 위한 특권이나 권리를 주장할 수 없다.

정치학자이자 저널리스트였던 크리스토퍼 히친스(C. Hichens)는 "신도들을 속여먹기 좋은 장난감쯤으로 취급하는 종교는 상상할 수 있는 가장 잔인한 광경을 우리에게 선사한다. 두려움과 불안감에 휩싸인 인간에게 불가능한 것을 믿으라며 이용하는 광경. 그렇다면 기도를 둘러싼 논쟁에서 도덕적 위기가 가까이 다가올 것 같은 순간에 우리 무신론자들이 가엾다는 표정을 짓더라도 너무 놀라지 않기를 바란다"[42] 고 말했다. 히친스는 속이는 종교, 인간의 두려움을 감소시키고 위안을 주는 대가로 복음을 판매하는 종교에 대해 냉소를 퍼붓는다. 죽음의 상황에서도 그가 종교에 대해서 끝까지 무신론적 입장을 고수한 것은 무엇이었을까? 혹 종교의 기만과 거짓, 그리고 술수로 복음을 헐값으로 취급하는 복음판매상과 복음구매자 때문은 아니었을까? 우리가 의지(will)하고 의욕하는 복음은 좌판대에 진열되어 있는 상품으로서 거짓을 진실인 것처럼 포장한 시뮬라크르(simulacre)가 아니다. 복음판매상과 복음구매자는 모든 그 시뮬라크르를 판매·소비하고 있다. 포이에르바흐(L. Feuerbach)의 스승이었던 프리드리히 슐라이어마허(F. Schleiermacher)는 종교란 우리가 완전한 인간이 되도록 돕기 위해 만들어진 순수한 인간의 발명품이라고 말하면서 이렇게 덧붙였다. "종교

42 Christopher Hichens, 김승욱 옮김, 신 없이 어떻게 죽을 것인가, 알마, 2014, 48쪽.

가 제대로 작동한다면 그보다 더 중요한 인간의 발명품은 없다."[43] 종교와 종교인에 대한 조소와 조롱이었을까? 진정한 종교인은 말한다. "나는 원한다. 십자가에의 의지를!", "나는 행한다. 생명을 버리는 의지를!"

2. 내적 삶의 구원과 종교적 발화의 진정성

인간이 종교-내-존재 혹은 신앙-내-존재로서 살아갈 수 있다면, 그것은 어떻게 가능한 것일까? 그것은 말로서만도 아니요 글로서만도 아닌 행동으로서 증명해내는 일이 필요하다. 다시 말하면 종교는 말하기와 글쓰기를 넘어서 행동하기 이기 때문이다. 그 행동이 종교 안, 신앙 안에 있다고 말해준다. 그런데 오늘날 종교가 종교 노릇을 못하고 인간의 존재가 종교의식, 즉 종교 내적 존재로서의 삶을 산다는 것이 아예 무의미한 것처럼 보이는 그런 시대가 되어 버렸다. 그 이유를 함석헌은, 그리스도교가 민중의 의식, 민중의 정신을 선도하지 못하고 감격을 주지 못하면서 단지 현상유지에만 급급하기 때문이라고 말한다(함석헌전집19, 319쪽). 모든 인간은 아니라고 해도, 적어도 종교인 혹은 그리스도인만이라도 종교 내적 삶이 가능하도록 해야 하는 그것은 고사하고, 민중의 정신을 깨우지 못하는 종교가 되었다고 하는

43 Davidson Loehr, 정연복 옮김, 아메리카, 파시즘 그리고 하느님, 샨티, 2007, 223쪽.

것은 종교적 실존의 가능성을 상실한 것이나 다름이 없다. 종교는 다른 것이 아니라 바로 정신이고 의식이고 영이다. 종교가 그것을 표현할 능력이 없다, 그래서 사람들에게 감동을 주는 힘이 없다면 인간의 정신 성장은 기대하기가 어렵다. 문사철(文史哲)의 종말을 고하는 이 때에, 그나마 명맥을 유지한다는 것이 겨우 자본의 시녀 역할이나 하고, 자기 계발의 수단으로 전락해버린 상황에서 종교는 고도의 정신세계를 그려줄 수 있고 제시해줄 수 있는 보루가 될 수 있어야 한다. 정신적·감정적 감격을 불러일으키려면 자기 자신에 대한 근본으로부터의 성찰이 전제되어야 호소력이 있다.

종교가 종교 본연의 역할, 즉 정신적 계몽은 하지 않고 도리어 조직과 체계와 건물과 형식을 유지하기 위해서만 안간힘을 쓴다면 종교는 희망이 없다. 인간이 근본적으로 종교 내적 존재라고 주장하면서 종교 지향적 삶을 살고, 종교를 갈구할 수밖에 없다고 말할 수 있는 토대는 오직 종교가 정신에 목적을 두고 있을 때 설득력이 있는 것이다. 함석헌은 종교가 종교 노릇을 제대로 하기 위해서는 조직체로서의 종교가 죽어야 한다고 역설한다. 조직·체제·건물·외형·물질 등의 가변적이고 가시적인 데에 치중하는 종교가 본질에 충실할 수 없다는 것을 분명히 한 것이다. 민중의 의식은 변하고 또한 변화를 요구하고 있는데, 종교는 여전히 외양의 큰 건물, 세력 확장, 예산 증액, 자본주의적 성공신화, 성과위주의 목표를 지향한다면 시대를 역행하는 것은 물론이거니와 시대를 잘못 읽고 있는 것이다. 함석헌은 '부흥이나 개량가지고서는 안 된다'고 비판한다. 철저한 회개와 자기 성찰이 있지 않으면 안 되며, 근본부터 새로 움트는 것이 아니면 안 된다고 말한다. 이것은 처음으로 돌아가 토대부터 새롭게 만드는 것을 의미한다. 이제는 예전에 고수했던 구태, 즉 부흥론을 벗어던지고 신앙의 초심으로 돌아가야 한다. 예수나 함석헌이 말했듯이 죽어야 하고 썩어져야 한다. 썩어서 본 모습이 사라지고 새로운 형태로 탈바꿈되어야 하는데, 그래야 본질이 살고 본질로 인해서 새로운 생명으로 성장할 수 있는 것인데, 죽지 않으려고 하니까 문제가 된다(함석헌전집19, 320-321쪽).

낡은 종교를 해체해야 한다. 본질에 부합하지 않는 기업형·상업형·자본형·홍보형·관광형 종교를 해체하여 새롭게 재구성해야 한다(함석헌전집19, 321쪽). 앞에서 말한 것처럼 정신을 앞세우고 정신을 우선으로 여기지 않는 종교는 모두 해체되어야만 비록 소수라 할지라도 종교적 실존의 올곧은 모습이 드러난다. 그것은 시대가 다 타협을 하고, 시대가 자본을 중시하고, 시대가 무비판적이고, 시대가 진보하지 않고 안주하고, 시대가 맥락을 잘못 해석하더라도 종교는 그것들을 무한히 끊임없이 초극하려는 의지를 가질 때 가능하다. 역사적으로 보면 종교가 자신의 시대를 초극하려고 할 때 발전이 있어왔다. 자신의 시대를 넘어서는 종교만이 살아남았습니다. 시대에 안접(安接)하고 타협하려고 했던 종교는 역사 속으로 사라져버렸다(함석헌전집19, 323쪽).

그러면 어떻게 해야 종교가 살 수 있을까? 어떻게 해야 이 시대를 초극할 수 있을까? "갈릴래아 어부의 씨", "소박한 자유 독립의 신앙"을 가진 실존이 되는 일이 중요한다(함석헌전집19, 324쪽). 갈릴래아의 정신적 바탕, 갈릴래아 제자들의 감동을 간직한 종교인, 갈릴래아 제자들의 순수와 열정을 계승한 종교인, 처음 즉 신앙의 본질을 찾고 그것에 충후(忠厚)한 종교인이 되어야 표본이 되고 사표가 된다. 정신의 좌표, 신앙의 기수가 될 수 있다. 또한 그 어떤 체제·강제·조직·계급과는 상관없는 자유로운 종교인이 요청된다. 종교는 자유이다. 종교는 억압(抑壓)이나 농반(籠絆)이나 기속(羈束)이 될 수 없다. 자신의 종교적 삶에 대해서 자기의지를 가지고 스스로 책임을 지는 종교인이 될 때, 종교가 성숙할 수 있다. 당분간의 지지와 의존, 지도는 필요할지는 몰라도, 정신의 성년이 되었을 때는 더 이상 자유로운 신앙을 좌지우지할 수 있는 것은 아무것도 없다. 오직 개인이 신 앞에서 단독자가 되는 것이다. 종교가 건강하고 성숙하려면 개별적인 종교적 실존들이 제대로 깨어 있어야 한다. 개인이 깨어야 종교 총합의 정신이 깨이게 된다. 우리의 실존적 토대와 근거는 오직 예수에게만 두면 된다. "예수는 진리의 세계, 생명의 세계를 말한다"(함석헌전집19, 329쪽). 진리와 생명을 깨우쳐 주는 종교가 참을 지향한다. 종교 발언과 종교 신앙의 방향이 항상 근원으로 돌아가려고 할 때 종교 본연이 색깔을 잃지 않게 된다. 그래서 종교가 참 종교인가 거짓 종교인가의 판별을 종교가 추구하는 본질을 지속적으로 묻고 그에 부합하려고 하는지에 두고자 하는 것이다.

종교 논리의 참 거짓의 여부는 종교의 형식·규모·교리·조직에 있는 것이 아니라 종교의 본질, 종교 그 자체, 종교 그 원형, 종교 그 사태로 자꾸 거슬러 올라가려는가에 달려 있다. 종교가 담지하고 있는 최초의 그것이 무엇인가를 질문하는 종교가 종교 발언과 종교 행위도 정직할 수 있다. 그러므로 종교의 본질을 주관적 신념과 계획된 발언, 의도된 방향에 두지 말고 내면과 영혼 속에 두어야 한다. "하나님을 만나는 곳이 있다면, 우리 영혼 속에서요, 하나님께 예배드리는 것이 있다면 속임 없고, 껍데기 없는 우리 영혼밖에 없다"(함석헌전집19, 333쪽). 종교적 언표는 즉흥적일 수 없고 자의적일 수 없다. 종교 전문가 혹은 종교 지도자라 할지라도 종교적 언표에는 책임과 겸손이 뒤따라야 한다. 언표 속에 진심과 진실, 진리가 내포되지 않고 단지 거짓된 언표와 자의적 해석에 입각한 진리 선동적 발화로 일관할 경우 초월자의 만남이 오해가 되거나 잘못된 정보와 확신이 될 수 있음을 명심해야 한다. 종교적 발언을 자유롭게 구사하는 종교인이라 할지라도 내면의 초월자, 내면의 누미노제(Numinose/Numinous)와 진정한 만남을 통한 숙고된 발언이 아니라면 진정성이 결여된 것이라고 말할 수밖에 없다. 그러므로 그들이 하는 종교적인 공적 발언과 언표, 곧 전도는 지극히 개별적이고 주관적 확신에서 나온 사적 진리 체험의 행위라고 단정지을 수밖에 없다. "전도는 너희 위해 하는 것도 아니요 씨 뿌린 자 위해 하는 것도 아니요 아버지를 위해 명하신 대로 하는 것이다"(함석헌전집19, 335–336쪽). 이렇듯 겸허한 언표만이 타자를 배려하는 종교가 될 수 있고 타자를 이해하는 종교적 실존이 될 수 있다. 종교적 선교가 사(私)가 아니라 공(公)이 되고, 노력이 아니라 초월자에 대한 헌신된 태도로 비치기 위해서는 각 개별자 안에 있는 종교적 신념을 존중해야 한다. 진리는 공동체와 공동체, 개별자와 개별자 사이의 소통불가능한 아포리아가 아니다. 사르트르(Jean-Paul Sartre)가 말한 것처럼, "진리는 선물"[44]이다. 그러므로 진리 언표의 주장에 대해서 자신의 절대적 언어놀이 공간이 중요한 만큼 타자의 진리 언표 주장에 대한 공간을 선물로

44 Jean–Paul Sartre, 정소정 옮김, 존재와 무, 동서문화사, 2009, 9쪽.

서 인식, 공유할 수 있는 종교적 진리 담론의 상호주관적 의사소통공동체가 되어야 할 것이다.

3. 종교의 난맥상과 한계

종교 간 대화란 허상일까? 각 종단의 수장(首長)들이 만나서 웃으며 악수를 나누고 함께 사진촬영을 하는 것으로 종교 간 화해·이해·일치가 이루어진다고 볼 수 있을까? 필자는 시간이 갈수록 회의적이기만 한다. 사실 그들만의 잔치 혹은 종교 간에 화합을 도모한다는 홍보용 모임에 지나지 않는다는 생각마저 든다. 지나친 생각일까? 사실 조금만 더 깊이 들어가 보면 가톨릭과 개신교, 정교회와 개신교, 성공회와 개신교, 개신교와 개신교 사이에 넘을 수 없는 심연들이 존재한다. 전통이라는 것을 가장한 배타성을 띤 경계와 울타리들이 있어서 서로 남보듯 한다. 이런 이유로, 타자적 이해, 타자의 입장에서 타자를 배려하는 것은 있을 수 없는 게 오늘날의 현실이다. 수장들이 모인 것은 자신들의 밥그릇을 위협하지 않는 권력자들이 경계심을 풀고 우리는 그런 뜻이 없다는 하나의 형식상의 만남에 불과하다.

가톨릭과 정교회가 개신교의 세례나 성직 안수(성직 자체에 대한 회의)를 인정하지 않는 것은 명분상으로 사도계승에 대한 단절이라는 이유에서라고는 하지만, 그것을 넘어서지 않는 한 서로를 인정한다는 것은 어불성설이다. 사도계승이라는 명분이 과연, 교회사적으로 초월자의 현존과 함께 수장들에 의해서 이루어져 왔는지를 살펴보면, 사도계승 자체가 반성과 회의의 시선에서 바라보지 않을 수가 없기 때문이다. 이에 대해서 아무리 신학적 토대를 통해 정교한 체계로 변론을 한다고 하더라도 교회사는 명과 암이 공히 존재한다는 사실을 바로 봐야 한다. 그럴 때 사도계승이 형식이 아니라 의미, 즉 그것이 갖고 있는 함의와 질료적·내용적 측면으로 본다면 각 종단의 세례와 성직은 나름대로 분명한 역사적·초월적 의미가 존재한다는 것을 간과할 수 없을 것이다. 교황수위권을 인정하고 안 하고는 두 번째 문제이다. 교황은 내부에서조차도 때로는 '교종'(敎從)으로 봐야 한다는 시각이 있는 것이고, 성공회처럼 하나의 로마 교구를 담당하는 '주교'로 본다면 크게 문제될 것도 없다. 마치 개신교의 노회장이나 지방회장처럼 말입니다. 물론 약간의 성격은 다를 수가 있을 것이다.

각 종단이 종교 간의 대화를 말할 때는 하나의 색깔이 아니라, 다양한 색깔을 받아들이고 인정하자는 것이 출발점이다. 그런데 종단과 종단 사이의 색깔 문제를 차치하더라도, 내부에서조차도 종단의 색깔은 하나의 색깔만이 있는 것은 아니다. 그래서 기실 하나의 색깔로 물들이고 길들이는 경우도 있다. 강압이고 폭압이며 내부의 자유란 전혀 존재하지 않는 것입니다. 여러 색깔이 공존해야 아름다운 그림이 나온다. 하나의 색깔로 그림을 그린 것보다 여러 가지 색깔로 그림을 그린 것이 아름답다. 자연도 하나의 색깔이 아니라 여러 색깔이 조화를 이룰 때 아름다운 것처럼 말이다. 아름다움은 자연을 닮는다. 자연에서 비롯되고 자연에서 배워야 하는 것이다. 종교의 공부도, 종교의 연구나 대화도 결국 다양한 색깔 자체를 통해서 공존적 시각에서 보지 않으면 소용이 없다. 그렇지 않으면 학자들의 말잔치이고 권력자들의 헛

웃음, 가식적인 웃음에 불과한 것이다.

종교 간의 대화는 분명히 내면의 생각들, 내면의 신앙들을 서로 교류하고 화합하겠다는 의지의 발로이다. 그런데 여기서 종교 간의 대화를 넘어서 종교 그 자체를 넘어설 수 있는 종교 포용성을 통한 종교 인정(투쟁)과 종교 동등성(성직자 동등성), 종교 평등성으로 더 나아가야 한다. 그러기 위해서는 종교적 교만에 사로잡히거나 자신의 종교가 가장 우월하다는 닫힌 생각이나 의식에서 벗어나야 한다. 미국의 탁월한 종교학자 조너선 스미스(Jonathan Z. Smith)는, 종교의 실체는 애초에 확정되거나 규정된 것이 아니라 학자의 연구 책상에 자료가 놓이고 분석되어질 때 종교가 무엇인지 알게 된다고 주장한 바 있다. 종교의 투신성이나 전통적 관념보다 실증적·교차적이고 객관적인 연구가 곧 종교의 초월성이 내포된 본질과 실체를 가늠할 수 있다는 것이다. 믿고자 하는 바 혹은 삶의 투신성과 헌신을 통해서 생애 전체를 초월성에로 내던지고자 하는 의지가 종교를 만들어 낼 수 있다. 그러나 그러는 즉시 그것 아닌 다른 것에 대해서는 종교가 아닌 것으로, 자기 것(동일성의 폭력이 여기서 작용한다)이 아닌 것으로 규정하고 마는 우를 범하고 만다. 부처도 자신을 교주로 삼지 말고 교단을 만들라고 한 적도 없는데, 불교교단을 만들어 불교 바깥의 중생들에 대해서는 배타성을 띠는 것을 볼 수 있다. 종교라는 것이 진리를 배우는 것 말고 체제와 권위를 내세우고 종단을 유지하는 것이 더 중요한 것일까? 탐욕과 욕망에 사로잡힌 종교, 사업을 하는 종교는 아무짝에도 쓸모없는

그야말로 신을 배반하는 행위이다.[45]

"인간은 향락을 위한 모든 것을 생산해서 소비하게 합니다. 사람이 만일 실질적으로 나만이 아니고 딴 사람도 똑같이 살아가야지 하는 생각을 표준으로 하고 어떤 사람도 같이 살아가야 된다는 것을 우리가 깨닫는다면 비교적 살기 쉬울 것입니다. 곧 우리의 삶이 깊어질 것입니다"(함석헌전집19, 376쪽). 함석헌의 "같이 살기" 철학은 삶의 기본적 토대일 뿐만 아니라 종교의 동등성을 위한 결행이다. 같이 살기는 자신의 본능적 욕망은 말할 것도 없고 자아와 초자아까지도 넘어서야 한다. 같이 산다는 것은 어느 때는 특정 개인의 본능 혹은 특정 집단의 본능이 강할 때는 살육과 전쟁을 불사하기 때문이다. 자아의 합리성은 본능과 초자아를 중재하지 못한 채 무력하게 타협을 하고, 종교적 초자아는 본능 앞에 무너져 버린 경우가 허다하다. 사실 이렇게 말하면 인간이라는 존재와 인류 역사에 대한 허무로 결론을 맺을 수 있지만, 같이 산다는 궁극적 이상만큼은 포기할 수 없는 것이기에 본능적 욕망과 자아의 합리성은 애써 가려보고 종교적 초자아에 기대보려는 것이다. 하지만 여기에서도 문제가 없는 것은 아니다. 종교에서 성직자, 즉 교황을 비롯한 사제이든, 목사이든, 스님이든 그들의 자아를 내려놓지 않고서 텅 빈 초자아를 운운하는 것은 아무 소용이 없다.

종교(지도자)가 추구하는 바가 자기 비움일진대, 에고(ego)의 역사성이 강하면 강할수록 자아와 타자가 모두 고통스럽다. 그런데도 어느 본능적 욕망이 발동하는 순간, 초자아는 타자를 재단하는 무서운 무

45 김영국, "누가 진리의 반역자인가!", 공동선, 2014년 7–8월, 117호, 72–74쪽.

기로 돌변하고 만다. 초자아는 자아를 넘어서는(super-ego) 것이 아니라 오히려 자아를 강화하는 수단으로 변하게 된다. 이럴 때 같이 살기는 유명무실해진다. 가톨릭은 '갈라진 형제들'이라 명시하고 있는 교회문헌들조차도 언어적 한계를 뛰어넘을 수 있는 포용성과 관용성을 보여주어야 한다. '갈라짐'과 '형제들'에 의한 가톨릭의 트라우마는 갈라짐이라는 상처를 계속 끌어안지 못하고 형제라는 의미지향과 제도지향으로 나아가지 못한다면 교회사적 한계, 정치적 한계를 벗어날 수 없다.

종교현상의 다양성을 인정한다면 종교 아닌 것이 없었고 종교 없었던 적이 없었다. 이데올로기조차도 종교로 작용하고, 본능적 욕망을 토대로 한 문화와 문명조차도 종교화되었다. "이제 욕심대로 살아가는 것이 그 규모로 보아서 나라로 말할 때에는 전쟁이 곧 욕심의 결과로 나타났습니다. 공산주의와 자유주의의 전쟁이라고 하지만, 서로의 이익을 다투는 바로 그것 때문입니다. 옛말에 이르는 대로 검소하게 알맞게 사는 것이 문제를 쉽게 해결할 수 있을 것입니다만, 바로 이 욕심이 현대인의 종교가 되었는데, 이 종교 아닌 종교가 현대인을 꽉 움켜쥐고 있는데, 신문, 연극장, 레스토랑, 다실, 이 모든 것이 이 종교에서 태어난 것입니다"(함석헌전집19, 376-377쪽). 개인의 자율성과 사회적 표현은 관습과 습관에 의해서 의례(ritual), 즉 종교(성)가 된다. 욕망이 고착화되면 욕망을 실현하기 위해서 반복된 의례가 생겨나고, 그 의례는 개인과 사회적 성격의 종교적 징후가 되는 것이다. 여기서 징후는 외양과 맹목성이 아니다. 사제나 목사, 스님의 맹목성이 타자를 경직, 고립시키는 의례가 된다면 타자에게는 폭력의 감정을 유발할 수 있다. 자신의 의지와 정신이 어떤 의미를 가지고 '관점과 시선'을 견지할 것인가가 그래서 중요하다. 그런 의미에서 교황, 스님, 사제, 목사 등의 '관점과 시선'은 어디에 있는가 묻고 싶다. 그들의 시선은 정신적 의지와 의미, 그리고 감각적인 요소들이 결합된 '너그럽고 여유로운 시선'을 보여주어야 한다. 그들의 언어적, 감각적 직관 능력도 보이기/보기로 일관한다면 그저 의례는 퍼포먼스에 불과한 것이 될 것이기 때문이다.

믿음의 서술, 신앙의 서술은 자기 욕구에 의한 노력 없이는 애초에 신앙의 수사학적 진술은 불가능하고 신앙 근처에까지 가기가 어렵다. 이것은 "내가 힘써 믿기를 결정하면, 그러면 믿어지는 자리에 갈 수 있"(함석헌전집19, 378쪽)다는 함석헌의 말이 반증한다. 신앙의 현상학에 가려져 있는 것은 맹목성이나 무모성 혹은 도전성과 투신성이 아니라, 인간의 노력이다. 계시의 주체성과 계시 현상을 논하기에 앞서 신앙의 자리는 인간이 점유해야 하는 자발적 성찰의 자리이기 때문에 신앙의 부재는 처음부터 노력과 의지라는 심리적 서사를 빼놓고는 말하기가 어렵다. 그래서 우리가 분명한 텍스트, 가시적인 텍스트로서의 존재가 없기 때문에 신앙적 상상력이라는 것은 반드시 필요하다. "아버지가 살아계신다면 내가 각별한 정성을 쏟지 않더라도 아버지 말을 듣고 아버지를 대할 수 있지만 아버지가 멀리 떠나시고 안 계실 때, 내가 정성을 기울여 내 편에서 아버지 생각을 하지 않고서는 어떤 감동에 이르기는 힘들 것입니다"(함석헌전집19, 379쪽).

절대타자 혹은 초월자에 대한 상상력을 발휘한다고 해서 죄와 벌이 되는 것은 아니다. 함석헌은 초월자에 대한 상상력의 수행이 신앙 감정의 사건이 발생된다고 믿는다. 상상력은 개별자들에게 모두 주어져 있는 자율성이지 특정 계층에게만 허용된 것이 아니다. 그러한 자유로운 사건과 행위를 막아서도 안 된다. 그러나 그러한 상상력과 그에 대한 해석, 그리고 신앙 지침은 특권 계층에게 있는 것처럼 통제하고 선언하는 것이 문제이다. 그들의(THEIR) 해석학을 통해 상상력을 독해하기 전까지는 개별자의 신앙 감정 혹은 신앙 체험은 잠재적·잠정적인 채로 머물러 있게 된다. 기실 "아버지의 생각"을 "내 편에서" 할 권리가 우리에게는 없다는 말인가?

그와 달리 신앙의 현상학은 앞서 간 신앙 선조들에 의해서 오롯이 나타난다고 볼 수 있으니 그들의 발자취를 따라 예수에게로 한 걸음씩 옮기면 된다. "이제 우리는 육신으로는 거리가 떨어졌고 성령으로 또 역사상으로 나타난 이들을 통하여 그들의 발자취를 마음에 모아 그들을 믿고 될수록 예수에게로 가까이 하여 실감이 나는 데까지 가야 합니다"(함석헌전집19, 380-381쪽). 매우 간단한 신앙 사건의 가능성을 일정한 권위 위에 두려고 하는 것을 볼 수 있다. 신앙의 가능성은, 신앙의 정신화는 그 자체가 과도하게 오염되어 있거나 개인화되어 타자를 불편하게 하지 않는 한 적법한·적절한 서사가 될 수 있다. 특권의 계층, 그들 자신의 정신화도 아닌 권위로 도배가 된 신앙의 양식만이 마치 신앙 사건이 될 수 있는 것처럼 호도하는 것은 모든 종교인을 어린이 취급을 하는 것이나 다름이 없다. 역사적 선조들의 발자취는 독단의 아버지나 초자아적 아버지가 아니라 목가적·유목적 아버지이다. 그러므로 아이는 학습되거나 검열되거나 거세당할까봐 두려워하는 존재가 결코 아니다. 특권 계층은 거짓말을 통해서라도 그들의 욕망을 억압하려고 하지만, 아이는 더 이상 자신의 결핍을 위험이라고 보지 않는다.

모두에게는 신앙의 서술(서사) 양식인 경전이 있다. 우리는 그것을 열린 마음으로 받아들이기만 하면 된다. 마음을 열기만 하면 그 참 진리를 알 수가 있다. 종교 서사의 범주와 내용은 만인에게 열려있고 침묵하지 않는다. 더군다나 우리가 그 서사와 진리 서술을 삶과 현실로 번역하고 옮길 때, 즉 삶으로 살 때 그 자체가 드러난다는 것을 잘 알고 있다. "성경을 깨달으려면 우리 마음이 열려야 합니다. [……] 우리 마음이 열리지 않고는 성경의 참 가르침은 드러나지 않습니다. [……] 철두철미하게 현실에 참여하여 그 속에서 하나님의 참 말씀을 드러내는 것"(함석헌전집19, 381쪽) 또한 중요하다. 종교의 서사 범주와 내용인 경전은 생활세계에서 침묵을 지키는 것이 아니라 삶과 세계를 복원한다. 그뿐만 아니라 독자는 종교의 서사와 내용을 강박적으로 이해하지 않고, 증발해버린 삶을 도식화하고 축조하려고 한다.

> "마르셀(G. Marcel)에 의하면, 신앙과 자유 간에는 내적 연관이 있습니다. 신앙은 그 자체 다른 사람들과 신에게 약속을 이행을 다짐하는 자유로운 활동입니다. 따라서 신앙은 명제적 진리에 대한 지적(知的)인 동의로서 기술되기보다는 신뢰로서 기술됩니다. 마르셀은 '~라고 믿는 것'과 '~을 믿는 것'을 구별합니다. 신앙은 '~라고 믿는 것'과 관련되는 일이 아닙니다. 신앙은 '~라는 명제'들을 향하고 있는 것이 아닙니다. 신앙은 '~을 믿는 것'을 통해서만 표현됩니다. 다른 사람을 믿는다는 것은 그 사람 안에 신뢰감을 심어 준다는 것입니다. [……] 나는 그대가 나의 희망을 저버리지 않을 것이고, 나의 희

망에 보답할 것이며, 나의 희망을 성취시켜 줄 것을 확신합니다. 또한 신을 믿는다는 것은 신과의 신뢰관계를 수립하는 것이라고 마르셀은 말하고 있습니다. 인간은 신뢰와 약속 이행의 접합을 간절히 기원하면서 자유롭게 신과의 계약관계에 들어갑니다. [……] 마르셀에게 있어 초월은, 시간상의 초월(단순한 수평적 초월)이 아닙니다. 초월에는 수직적 차원도 있습니다. 그것은 바로 영원한 것에로의 초월입니다. 초월의 경험은 초월적인 존재자의 삶에 참여함으로써만 성취됩니다."[46]

유한적이고 시간적인 것을 넘어서서 영원한 것에로의 초월을 추구한 마르셀의 존재철학처럼, 지금까지 교황을 비롯한 성직자들이 종교서사와 서술, 그리고 그 내용을 생활세계에서 살아보려고 무진 애를 쓴 것을 잘 알고 있다. 하지만 그럼에도 여전히 개인의 자율성과 신앙의 현상과 판단, 그리고 타자에 대한 본능과 초자아의 갈림길에서 잘못된 선택과 이기적인 발언을 하는 경우를 종종 보아왔다. 시간이 갈수록, 그리고 종교의 현실이 어두울수록 종교지도자들의 불신과 이중성은 날로 더해가는 듯하다. 바로 그러한 상황을 간파한 교황이 자신의 사목적 행보를 통해 전 지구적 차원에서 가톨릭의 신앙 쇄신을 꾀하려고 한다는 것을 잘 알 수가 있다. "조셉 캠벨은 언젠가 진정한 사람 하나가 세상에 다시 활기를 가져다준다고 말했"[47]다. 만일 그렇다면 프란치스코 교황의 사목적 언행과 실천이 세계를 바꾸는 계기와 실증이 되도록 해야 한다. 또한 그의 현존재적 종교 행위, 그리고 사목적

---

46 전재원, 로고스와 필로소피아, 경북대학교출판부, 2014, 90-91쪽.

47 Davidson Loehr, 정연복 옮김, 아메리카, 파시즘 그리고 하느님, 샨티, 2007, 80쪽.

결단과 발언마저도 한갓 종교와 신앙의 허위, 종교적 가식이 되지 않아야 할 것이다.

4. 종교적 세계의 몽롱한 경지

종교적 지향성은 바깥(외적) 세계의 관심보다 오히려 내적 세계 혹은 내면세계에 있다. 그래서 종교는 항상 외물(外物)을 향하여 있음이 아니라 인간 안의 정신·영혼을 향하여 있음을 지향한다. 함석헌이 '홀로-있음'이라는 존재론적 신앙 태도를 강조하는 것도, "홀로"라는 종교인 내면의 자기 투쟁적인 헌신이 필요하기 때문에 그런 것이다(함석헌전집19, 396쪽). 홀로라고 하는 것이 자기 고립과 자기 소외를 자처하는 것이 아니라, 더욱이 독단적이고도 독선적인 코기토(Cogito)를 말하려는 것이 아니라 자기 종교의 속으로 들어가는 침잠을 의미한다. 자기 확신이나 자기 판단도 없으면서 공동체적인 맹신과 맹목으로 은거와 자기 침묵을 수행하지 못하는 종교인은 자기 자신에 대한 신앙의식과 신앙인식을 바로 대면하지 못한다. 종교적 지향성을 달리 해야만 종교 본연의 신앙 내용과 실천이 나올 수 있다. 그러기 위해서는 종교는 그 무엇보다도 철저하게 자기 자신을 상대해야 한다. 자기 자신을 진지하게 파고 들어가야 한다. 함석헌이 지적하듯이, 자기 자신, 곧 "나를 문제로 삼아"야 한다. 그렇지 않으면 "겉살림"으로만 일관할 것이다(함석헌전집19, 396쪽).

무릇 종교현상은 그것을 통하여 나의 나됨과 세계의 규명, 즉 진정한 나와 세계(속의 나)와의 관계를 알아보려고 하는 것인데, 그중에서도 나에 대해서 깊이 인식하자는 현상학적인 태도일 수 있다. 세계에 대한 의식과 인식에 앞서서 나를 지각하거나 알지 못하는 한 세계를 늘 왜곡된 상태로 볼 것이다. 겉살림이나 바깥 세계에 대한 관심은 지각된 나, 지각하는 나, 의식된 나, 의식하는 나, 그리고 지각과 의식을 넘어선 존재에 대한 관심에서 출발해야 한다. 따라서 종교인은 고독해야 한다. 세계와 사물에 앞서 자신의 신앙의식이 나타남이 무엇인지를 근본적이고 본질적으로 알아야 하기 때문이다(함석헌전집19, 399쪽). 세계와 사물을 추방하고 자기의식과 생각을 분명하게 드러내고자, 지각된 존재 그 자체, 의식 그 자체를 밝히려면 고독·은둔·침묵·관상을 회피하거나 거부하지 말아야 한다.

함석헌은 이를 이렇게 풀어간다. "동양의 『주역』에 있는 말로는 성인이란 마음을 씻어서 깨끗한 데 이르는 분이라 하였어요. 그래, 그럼 마음을 씻는다면 어떻게 씻을까? 그럴 때의 한 가지 할 수 있는 말이란 "마음을 가라앉힌다"예요. 잡념이 여러 가지 있지만 마음을 가라앉혀서 평상을 하면 하느님을 접할 수 있다[……]"(함석헌전집19, 400쪽). 마음을 가라앉힘, 평상심을 가짐, 깨끗한 마음을 소유함, 순수한 의식, 순수한 마음으로 들어갈수록 초월자와 가까워진다는 것이다. 초월자의 나타남은 다른 곳이 아니라 바로 나타난 곳 마음속이기에, 그곳으로 들어가야 초월자의 나타남을 볼 수 있다. 의식의 바깥에 온갖 혼란스럽고 탁한 것, 불투명하게 지각된 것, 불확실한 현상으로 흔들리는 순수의식을 가능한 한 깨끗한 상태로 유지하기 위해서 노력할 때에 종교 본질의 현상을 경험할 수 있다. 함석헌은 한 걸음 더 나아가 마음의 근본이 되는 마음, 마음 중에 가장 순수한 마음을 양심으로 보면서 초월자를 양심보다 더 큰 이라고 규정한다. 그러면서 마음이 깨끗해야 초월자를 볼 수 있다고 주장한다(함석헌전집19, 402−404쪽). 사실 초월자는, 사르트르(Jean-Paul Sartre)의 말을 빌려 말하면, 나타남은 나타나는 대로 있다. "나타남이 나타날 뿐입니다."[48] 그러므로 의식을 순수하게 할수록 초월자는 오롯이 지각되는 것이다. 어쩌면 헤겔(G. W. F. Hegel)이 말한 '윤리적 실체로서의 개인'은 순수한 의식과 순수하지 못한 의식이 지속적으로 싸워야 하는 모험을 감행해야 할지도 모른다.

의식은 순수하지 못한 것에 관심을 기울이면서 자신이 지각하는 것이 순수하지 못한 외물적 관심이라는 것을 의식하지 못한다. 의식과 지각은 매순간 순수의식을 자각하려 하지 않는 이상, 예기치 못한 맹목, 칼 마르크스(Karl Marx)가 말한 "종교적 세계의 몽롱한 경지"[49]로 빠져버릴 수 있다. 따라서 순수한 의식과 생각, 반성적 신앙의식을 향해 의식과 실천을 지향하려는 노력을 경주해야만 맹목과 몽환, 그리고 환상으로부터 자유로울 수 있다. 종교인이 의식하고 있는 것이, 종교인의 사고방식이 순수하게 나타남 그 자체에 의해서 영향을 받은 지각된 것 그 자체인가를 매순간 깨닫지 않으면 의식의 부재(absence) 상태가 될 수도 있다. 그러지 않기 위해서는 자기의식이 만들어 놓은 초월자의 형상이나 표상을 배거해야 한다(함석헌전집19, 404−405쪽). 그

48 Jean−Paul Sartre, 정소성 옮김, 존재와 무, 동서문화사, 2009, 18쪽.

49 F. Moretti, 조형준 옮김, 공포의 변증법, 새물결, 2014, 247쪽.

것을 순수의식의 나타남이라고 착각하고 믿음의 본질로 받아들이게 되면 편견과 아집, 오류의 신앙진술만이 난무하게 된다. 그것을 참이라고 믿게 되는 것이다.

함석헌은 "하나님의 말씀은 "올바른 말", "자유를 주는 말", "어려움 속에 있어서도 용기를 나게 하는 위로가 되는 말", "장래를 보고 희망을 가지는 말""이라고 단언하면서 오늘날 종교 현실을 보면 거짓말만 있고 진실은 없다고 한탄하고 말씀의 기근 속에 있음을 비판했다(함석헌전집19, 407쪽). 자칫 종교적 언어가 그 의미를 상실하면 "그리스도교의 죽음"으로까지 치달을 수 있다. 물론 말은 많이 있다. 그러나 진실한 말은 없다. 상업용 언어, 마케팅 언어, 값싼 언어 등으로 초월자를 개시하고 현시하려고 하지만 그런 언어로는 초월자의 나타남, 초월자는 현상하지 않는다. 그럼에도 불구하고 말씀이 존재한다고 잘못 인식하여 말씀의 배후에 무언가가 숨어 존재한다고 철썩 같이 믿는 것을 보면 종교는 죽음의 현상을 경험하고 있는 것이나 다름이 없다.

참말은 옳은 말이다. 종교의 언어는 옳은 말이어야 한다. 말씀의 기근 속에 참된 말을 발견하기 위해서 다시 "마음의 지하수"를 캐야 한다. 순수한 마음으로 다시 들어가 그 속에서 참말을 만나야 한다. "모든 물의 근원은 비에 오는 거지만 지금은 당장 내리지 않아도, 않았으면 않았을수록 땅을 깊이 파는 겁니다. 깊이 파야 샘이 나는 겁니다. [……] 종당은 깊은 물을 팠던 사람만이 살아남습니다"(함석헌전집19, 408쪽). 신앙의식의 근거는 참말이다. 신앙의식의 법칙은 옳은 말이다. 속 깊은 말속에, 순수한 말 속에서 나타남 그 자체를 만날 수 있다. 그 속에서 말이 터져 나와서 그야말로 말씀을 말하는 이를 알아볼 수 있어야 한다.

종교현상, 신앙현상은 종교 언어와 종교적·신앙적 사건에 의해서 일어난다. 하지만 그 속에 참말이 있는지, 거짓말이 있는지는 "경전"을 비춘 말인지 아닌지를 보면 알 수가 있다. 말하는 주체, 곧 발화자가 종교서술, 종교 서사를 말할 때는 반드시 "경전을 비추어가면서 우물을 깊이 파는"(함석헌전집19, 409쪽) 자가 되어야 한다. 종교경전에 참 길이 있고 신앙의식의 발현 가능성이 있다. 그것을 벗어난 말은 거짓이다. 해석은 있을 수 있으나 순수의식에 의해서 나타난 그 존재를 있는 그대로 말하지 않는 발화자는 거짓이다. 종교인을 모두 거짓된 길로 인도하는 것이고 삶의 근거를 거짓말에 의해서 구성되도록 의도하는 것이다. 여기 우리가 미처 생각지 못한 길, 아련한 기억 속으로 사라져 가는 참된 길을 말해주는 시가 있다.

잊혀진 길

한 때는 무수한 사람들이 오고 가던 소란한 길이었다
사람들의 발길에 차여 크지 못하던 질경이와
그 질경이 같은 뚝심으로 일어서는 아침 햇살, 현란한 광채를 꿈꾸며
길은 뻗어 있었다
어딘지 모를 먼 미래 쪽으로, 혹시 우리들이 갈 수밖에 없는
운명의 길인지도 모를 그 시간 속으로
길은 선명히 뻗어 있었다

언제부턴가 그 길은 침묵 속에 잠겨 있었다
무수한 사람들의 소란스럽던 발길은 끊어지고
대신 크지 못하던 질경이와 그 질경이의 뚝심 같은 햇살이
길을 덮고 있었다

하나둘 포근한 하늘 속으로 들지 못한 넋들이
그 길가에 서성이며 수런수런 풀들의 흐느낌으로 묻혀갈 때
난 알았다. 그 길을 열고 닫는 건 아직도 낯선 길가에 서성이는
생명의 귀한 넋들이란 것을

유진택, 아직도 낯선 길가에 서성이다, 문학과지성사, 1996, 12쪽에서 인용.

예루살렘의 아이히만처럼, 사적 정신에 따라서 공적 정신을 파괴하는 행위가 종교(적 현상) 에서도 일어날 수가 있다. 마치 사적인 영혼에만 관심을 기울이거나 반대로 사적인 영혼을 무지하게 만드는 종교 혹은 공적인 영혼을 좌지우지 하는 종교로 인해서 공적 영혼은 병들고 사적인 영혼은 깨어나지 못하는 삶으로 치닫게 될 것이다.[50] 앞에서 종교지향성은 외물이 아니라 내적 세계라고 했다. 다시 말해서 의식이다. "현란한 광채를 꿈꾸는" 정신이다. 가능한 한 순수의식이어야 한다. 마음의 근저에 순수함과 맞닿아 나타남 그 자체는 인간의 삶과 신앙을 계도한다. 말로써도 순수한 나타남 그 자체를 다 서술할 수 없다. 그렇기 때문에 우리가 할 수 있는 한 내면의 의식의 심층으로 내려가 완전한 고독 속에서 초월자를 독대해야 하는 신앙태도가 요구되는 것이다. 말을 조심해야 한다. 더불어 말을 듣는 것에도 주의를 기울여야 한다. 말이 거짓인지 참인지 분별해야 한다. 발화자가 나타남 그 자체, 존재 그 자체와 상관하면서 나타난 말씀인지를, 신앙 반성에 입각

50 Hannah Arendt, 김선욱 옮김, 예루살렘의 아이히만, 한길사, 2006, 200쪽.

한 말인지를 잘 인식 · 파악 해야 한다. 더불어 아직 한 번도 가본 길이 아니지만 그 낯선 길을 경전에 기대어 가보도록 안내하고 그 경전에서 '생명의 길'을 발견하려고 노력하는 발화자와 청자가 되어야 할 것이다. 그렇게 될 때 진리의 길, 낯선 길은 침묵만 하지 않고 모두가 함께 "수런수런", "두런두런" 소리를 내고 있다는 것을 알게 될 것이다.

4장

함석헌의 무교회주의와 아나키즘

4장
함석헌의 무교회주의와 아나키즘

종교도 민중이 변화의 주체로서, 행동의 주인으로서 인간의 자유를 담보해 줄 수 있으며, 더불어 그 자유를 위한 연대가 가능한 것일까?[51] 종교적 호명이 절대성을 갖게 된다면 아마도 자유나 해방, 개별 신자가 주체가 되는 종교는 불가능할 수도 있다. 종교적 호명이 동일성과 정체성, 그리고 공동체적 안전망을 갖게 해준다면, 개별 민중은 그 호명을 자기와 동일시하면서 또 다른 존재를 배타적으로 인식하게 될 것이다. 그 동일성을 유지하려는 집단은 교리, 체제, 조직 등으로 개별 신자의 자유, 주체적 신앙, 해방으로서의 구원과 신앙적 판단까지도 구속하고 통제하려고 할 것이기 때문이다. 그러한 배타성의 양면성이 바로 동일성인데, 그것이 강화되면 될수록 사회적 공격과 방어는 더 심화되기 마련이다. 그에 따라서 마이클 폴라니(Michael Polanyi)가 말한 것처럼, 사회에서 요구하는 도덕적 기준이나 요구를 받아들이

51 하승수, 아나키즘, 책세상, 2008, 21-22쪽; 151-152쪽.

지 않으면 안 되게 되어 있다. "현대인의 예민한 비판력은 무엇보다도 세속적 기반에 근거하여 무한정 요구되는 도덕적 조건들을 만족시켜야만 합니다. 종교적 계시처럼 약화된 권위는 이러한 요구를 충족시킬 수 없으며, 오히려 종교적 권위는 도덕적 요구를 충족시킴으로써 보강될 수 있을 것입니다."[52] 종교가 사회가 요구하는 도덕성을 갖추게 된다는 의미는 적어도 종교 공동체가 인격적인 공동체가 되어야 한다는 상식적인 의지를 수용하겠다는 것으로 풀이된다.

종교가 도덕 공동체나 인격 공동체가 되어야 함에도 불구하고 여전히 동일성과 정체성을 유지하기 위해서 개별적 존재를 억압하고 통제, 강제하는 교리, 체제, 조직 등의 권위로 일관하는 것은 종교적 아나키즘을 부추기는 필연적 원인으로 작용한다. 종교적 아나키즘은 앞에서 말한 것처럼, 사회적 약자를 돌보는 사회적 연대와 자유, 그리고 상호부조를 지향한다. 함석헌은 자본화되고 상업화되는 종교를 비판하면서 개별 신자의 신앙적 자유와 반권위주의, 반조직주의를 적극적으로 옹호한다. 이른바 무교회주의 운동이다. 함석헌이 그렇게 종교적 권력과 권위에 강한 저항과 반발 의식을 나타내는 데는 자본의 노예, 자본의 종교로 전락하고 개별 신자에 대한 성직자 중심주의에 의한 지배와 피지배 관계가 형성된다고 보았기 때문이다. 따라서 무교회주의 혹은 종교적 아나키즘은 초월자 앞에서 개별 신자가 홀로-있는 단독자가 되어야 한다는 점을 강조한다. 단독자로서의 민중은 단지 자본의 수단으로서 계량화, 획일화, 평균화할 수 없는 인격적 존재를 일컫는다.

52 Michael Polanyi, 김정래 옮김, 암묵적 영역, 박영사, 2015, 95쪽.

각 종교 안에서 인격적 존재인 개별 신자를 인정하고 승인한다는 것은 자신 안에서 현존하는 초월자의 인식과 그에 대한 깨달음의 서술과 실천을 존중한다는 얘기일 것이다. 함석헌의 표현을 빌린다면, "신앙민주주의"가 실현되는 것이다. 이러한 신앙민주주의는 상호간에 적으로 규정하고 제거의 대상, 살육의 대상, 전쟁의 대상으로 인식하는 "상호 악마화"[53]라는 존재 규정을 거두고 종교 간의 평화, 세계의 평화를 가져올 수 있는 좋은 단초가 될 수 있을 것이다.

1. 함석헌의 무교회주의 특성과 교회론

함석헌은 그리스도교가 계시의 종교라는 것을 긍정한다. 그러나 일반적으로 초자연적인 현상을 의미하는 종교성이 아니라 그것을 넘어서는 생명적인 데에서 찾는다. 생명적이라 함은 단순히 사유나 사상이 아니다. 그렇다고 생물학적 우연성이나 우발성도 아니다. 그것은 사실적이며 역사적인 현상으로 나타나는 것을 뜻한다. 종교, 즉 그리스도교가 바로 그렇게 생명적인 진리로 나타난다고 하는 것이다. 그렇기 때문에 그리스도교는 인격의 종교, 생명의 종교가 될 수가 있다. 함석헌은 인격이나 생명을 인간의 사유와 비교하면서 사유에 국한된 종교는 한계가 있음을 명확히 하고 있다. 다시 말해서 사유 속에서 존재

53 요한 갈퉁-박한식, "서방-IS, 서로 '넌 악마야' 여기면 절대 해결 안 된다", 한겨레신문, 2015. 11. 25. 16면.

하는 종교가 아니라 구체적 사실로서 존재하는 필연성이고 현실태라는 말이다. 그 사실로서, 또는 역사로서 나타난 것은 교회라는 구체적인 현실과 제도이다. 물론 그것은 하늘나라, 하느님의 나라를 이 땅에 구현하기 위한 잠재태에 불과하다(함석헌전집3, 109쪽).

하지만 그렇다 하더라도 종교는 개인적이다. 하나의 생명으로서 개인에게 계시되는 초월성은 집단적 성격을 배제할 수는 없으나, 개인의 생명적 신앙을 집단에 가두려는 말씀의 수용적 주체성과 진리의 주체적 인식은 철저하게 개인적이라 해야 할 것이다. 그런 측면에서 공동체성에서 종교인의 호명이 종교인의 정체성을 가르는 척도냐 아니냐 하는 것은 오늘날 별로 의미가 없다. 또한 종교인의 호명과 소속, 그리고 종교적 호명(로마가톨릭교회, 장로교회, 루터교회, 침례교회 등)조차도 종교의 절대필요론을 부르짖기 때문이 아니라, 그것은 이미 하나의 문화적 현상이기 때문임이 분명해지고 있는 것이 사실이다. 그렇다고 무교회주의가 종교무용론을 주장하거나 신학적 이론(異論)을 거론하는 것이 아니라, 하나의 역사적 필연성을 논한다는 점에 주목해야 한다. 특히 이것은 그리스도교에서 말하는 교회가 천상(天上)의 교회를 뜻하는 것이 아니라, 불완전한 잠재태인 지상의 교회에 절대적 종교로 확정짓고자 한다면 더욱 비판을 해야 한다. 교회란 모름지기 "신령한 인격적인 단체"이기 때문에, 곧 하늘나라는 모든 인간을 초월한 절대적인 전체라는 점에서 보면 반드시 지상교회만이 절대적 종교라고 주장할 수가 없는 것이다. 여기에는 개개인의 신앙적 고백이 분명한 신자라 한다면 하늘나라의 일원이요, 교회의 일원이라고 인정해야 한다. 중요한 것은 신자가 그리스도로 말미암아 영으로 거듭났느냐 그렇지 않느냐가 관건이 되어야 하지, 앞에서 언급한 것처럼 특수한 종교적 호명과 종교인의 호명에 자기의 존재 유무가 결정되어서는 결코 안 된다는 것이다(함석헌전집3, 110–111쪽).

일정한 종교적 호명은 고정된 것이 아니라 변화, 생성되는 것이다. 종교가 필연적으로 반드시 그것이어야만 할 필요는 없다. 더군다나 인간의 자유를 구속하는 종교라면 그 종교는 더 이상의 종교로서의 가치를 상실했다고 말해야 한다. 개인의 의식과 체험을 존중하지 못하는 종교가 고착화된 호명으로 신자의 신앙 의식과 인식, 그리고 체험과 실천을 옭아매는 역할을 한다면 그 종교는 개인에게 초월적 진리와 말씀, 그리고 개인의 역사성을 지나치게 공동체에 제한을 두려고 하는 폭력이 될 수 있다. 따라서 종교적 호명과 거기에 속한 종교인의 호명이 초월자와 자유로운 관계에서 하늘나라의 시민으로서의 의식을 가지고 삶을 살아가기를 원한다면, 종교적 호명에 대한 비판적 반성이 뒤따라야 한다. 결국 개인의 자유로운 신앙 인식이냐 아니면 공동체적 신앙 인식이냐의 갈등이 수반될 수밖에 없다.

함석헌이 우려하고 있는 것이 바로 이것이다. 현실교회가 마치 천상의 교회와 동일시하거나 절대적인 것으로 여기면 안 된다는 것이다. 마찬가지로 한스 큉(Hans Küng)도 "하느님은 개인을 신앙에로 부른다. 그러나 개인이 신앙공동체 없이 신앙에 이르는 것은 아니다. [……] 신앙도 교회도 절대화해서는 안 된다. 절대화된 신앙은 교회를 붕괴시킨다. 이것이 프로테스탄트의 위험이다. 절대화된 교회는 신앙을 파산시킨다. 이것은 가톨릭의 위험이다"라고 지적한다. 그리고 "공동체의 신앙은 개인의 신앙을 자극하고 촉진하며 계속 감싸주고 이끌어준다. 이리하여 개인의 신앙은 공동체의 신앙을 받아들이고 공동체의 진리에 참여한다"고 말하면서 현실교회에 대해서도 긍정을 한다.[54] 이처럼 현실교회가 천상교회의 그림자라고 주장하는 신학자가 전혀 없는 것은 아니다. 또 그것을 무교회주의가 부정하는 것은 아니다. 다만 그가 말하는 것처럼 지상교회, 곧 현실교회는 인간적인 한계가 있다는 것을 부인할 수 없다는 것이다. 게다가 현실교회가 천상교회를 모방한 것에 지나지 않음에도 불구하고 기계적이고 제도적인 데에 그친다면 그 또한 생명적인 교회라고 말할 수가 없다. 참다운 의미의 교회가 되려면 그러한 것들을 극복하고, 인간적인 것을 부정하고 영적인 공동체가 되지 않으면 안 된다. 어떤 의미에서 영적인 교회, 신령한 교회가 되는 것이 무교회주의가 추구하고 있는 교회의 바탈이자 가치라고 말할 수 있을 것이다. 무교회주의는 인간적, 기계적, 제도적이라고 하는 가시적, 인위적 형태를 뛰어넘어 자유로운 영에 의해서, 개인의 자유로운 신앙 고백에 의해서 정립된다(함석헌전집3, 111-112쪽). 그래서 함석헌은 이렇게 말한다.

> "고로 지상의 현실교회가 진정한 의미로 천상의 그림자이고자 한다면, 일체의 인간주의를 포기한 사람의 단체가 아니면 안 된다. 인간적 기술이 있어서는 안 된다. 인간적 열심히 있어서는 안 된다. 그리하여 그리스도의 빛으로 하여금 호림 없이 인간 속에 들어오게 해야 한다"(함석헌전집3, 112쪽).

54 Hans Küng, 이홍근 옮김, 교회란 무엇인가, 분도출판사, 1978, 58-59쪽.

오로지 그리스도의 빛이 인간 안에 투영되고 머물 수 있도록 해야 한다는 그의 논지는 종교쇄신자들이 그렇게 부르짖었던 '오직 그리스도'(Sola Christus)로 해석할 수 있다. 당시 그들은 제도적인 종교로부터 탈피하고 오직 성서와 그리스도, 그리고 은총으로 환원할 것을 강력하게 호소하였다. 하지만 지금 현실교회는 오히려 그와 역행하여 더 제도적이고 권위적이고 권력적인 종교가 되어버렸다. 함석헌의 무교회주의에 대해서 오해를 하지 말아야 할 이유가 여기에 있다. 거듭 말하지만, 그가 지상교회는 천상교회의 투영이라는 점을 완전히 무시하지 않았다. 다만 지상교회가 천상교회인 양 인간적, 권위적, 제도적, 권력적, 폭력적으로 나타나고 있는 점에 대해서 통렬하게 비판하고 있는 것이다. 따라서 함석헌에 대해서 무조건 비판하고 있듯이, 그가 교회무용론을 들고 나온 것이 아니라 '여러 수식어가 달라붙어 있는' 교회절대론을 경계했음을 다시 한 번 상기할 필요가 있다.

그는 "그리스도 본위(本位)에서 교회 본위로 기울어지"는 것을 염려하면서, 교회 안에 있는 교회주의, 인간주의를 경고하였다. 교회주의나 인간주의를 표방하는 교회는 그리스도의 생명성을 상실할 수밖에 없다. 그럼으로써 생명적인 신앙, 역동적인 신앙을 경시하고 제도적, 외형적, 세속적 교회로 나아가게 된다. 더 극단적으로는 상업적, 사업적 교회로 전락하고 마는 것이다. 교회가 무슨 사회구제나 하는 단체, 도덕적 공동체에 불과한 것이 되면 인격적인 교회와는 멀어지고 교회 본질과는 상관없는 것이 되고 만다. 함석헌이 그리스도의 교회, 그리스도가 살아 있는 교회가 되어야 하는 것은 교회가 그리스도와 인격적 관계를 맺는 공동체가 되어야 한다는 것을 염두에 두었기 때문이다(함석헌전집3, 112쪽). 아나키즘이 인간 개인의 자유를 우선으로 하고 그것을 구속하는 어떠한 것도 거부하듯이, 함석헌이 제도적, 인간적, 상업적, 권위적인 교회를 부정하는 것은 그리스도를 통한 자유로운 인간을 지향했기 때문이라고 말할 수 있다. 그런 의미에서 무교회주의야말로 그리스도 중심의 신앙을 견지하려 했던 신앙적 색채를 지향했다고 평가를 해야 한다.

교회는 바리사이적인 것을 버려야 한다. 그뿐만 아니라 교회는 하느님 아닌 것에 대해서는 철저하게 포기를 해야 한다. 교회를 위한다고 하면서 "교회절대본위주의"를 고집한다면 마침내는 하느님을 넘어서게 되는 것이다. 교회 안에 사회적 군중심리로 저급하기 짝이 없는 신자의 감정을 선동하여 다수의 집단 논리로 소수의 사회적 약자들을 몰아내고 자신들의 교회로 만드는 것은 교회의 본질에서 크게 벗어난다. 그러나 함석헌이 말하고 있듯이, 그리스도야말로 사회적 약자들과 함께 하고 있고 또한 하느님의 진정한 교회는 천시 받는 개개인에게 이미 살아 있다는 사실을 기억해야 한다(함석헌전집3, 112-113쪽). 따라서 교회가 진정으로 아나키스트 행동으로 나타나기 위해서는 사회적 약자를 위해서 적극적으로 참여해야 한다. 아나키즘은 연대와 유기적인 사회, 자유와 자발적인 참여를 강조한다. 특히 아나키즘이 내세우는 아래로부터의 권력(밑바닥의 권력)을 지향하기 위해서는 위로부터의 권력에 맞서 공동체의 참여자에 의해 견제되는 대표와 밑바닥의 권력을 통한 소수의 사회적 약자를 배려하는 운동을 전개해야 한다. 더불어 이 시대가 요구하는 교회, 이 시대에 적합한 교회, 자유와 상호부조를 스스로 만들어 갈 수 있는 동력은 교회가 교회로서의 역할, 즉

자기 역할을 제대로 할 수 있을 때 가능한 일이라는 것을 잘 알아야 할 것이다.[55]

2. 무교회주의와 조직화된 종교 비판

함석헌은 조직화된 종교에 대해서 거부한다. 앞에서 언급한 것처럼, '오직 그리스도만'이 신앙의 모토가 되어야 한다. 신앙은 조직 속에서 찾아지는 것이 아니라 그리스도라는 신앙 대상으로부터 연원한다는 것을 분명히 한 것이다. 잘 알다시피 그리스도뿐만 아니라 원시 그리스도교 공동체는 조직화된 교회의 모습이 아니었다. 조직은 역동적이며 신앙의 생명성이 사라지는 순간에 그 생명성을 형식적으로라도 유지하고 나타내기 위한 수단으로 등장한다. 따라서 교회의 거대 조직이 곧 신앙의 본질이라고 말할 수 없다. 그리스도에 대한 신앙 대상과 신앙의 역동성이 건물 혹은 조직 안에서 화석화되는 경향이 있기 때문이다. 모름지기 신앙은 역동성, 생명성에 있다. 인위적인 조직 안에서는 신앙의 대상조차도 조직화된 논리, 신앙의 교리 안에 갇히게 마련이다. 함석헌의 논지대로 "조직은 인간주의의 표현이다." 거대 조직과 그 조직에서 발언하는 종교담론은 그 인위적인 조직을 위한 담론으로 흐를 수 있기 때문에 신앙은 인간주의로 귀결될 수밖에 없다. 거대 조

55 Avram N. Chomsky, 강주헌 옮김, 촘스키, 점령하라 시위를 말하다, 수이북스, 2012, 85-88, 109쪽.

직을 유지하기 위한 신앙담론은 종교의 진정성, 혹은 그리스도에 대한 발언의 진정성을 상실할 수밖에 없다. 신앙은 "인격적 생명의 약동"으로 나아가야 함에도 불구하고 생생하게 현존하는 그리스도의 모습이 인위적인 조직 안에 구속되는 종교의 이상 현상(異常 現狀), 종교의 병리가 발생한다(함석헌전집3, 113쪽).

인간의 불완전성으로 교회의 조직화를 통해 그것을 보완해보려고 하는 것은 교회현실주의이다. 하지만 조직화란 결국 화석화 혹은 고착화나 다름이 없다. 불완전성을 일정한 신앙 공동체 안에서 해소하기를 원하는 순간, 주객이 전도되어서 인간을 변화시키는 조직이 조직 자체의 논리에 순응하는 인간으로 변함으로써 그 본질이 퇴색되는 것이다. 조직을 위한 담론, 조직을 위한 발언, 조직을 위한 신앙 대상의 변질화, 조직을 위한 신앙의 합리화가 진행되는 것은 피할 수 없는 과정이다. 그렇다고 신앙 공동체 자체의 필연성에 대해서 부정을 하는 것은 아니다. 그것은 함석헌도 "신앙 모임"이라는 분명한 개념을 사용하고 있듯이, 종교인이 신앙을 체화하는 조직화되지 않은 공동체, 무형의 공동체가 있어야 하는 것은 사실이다. 함석헌의 종교적 아나키즘, 즉 무교회주의가 그것까지도 완전히 부정하는 것은 아니라는 것을 알아야 한다. 다만 교회가 현실만을 고려해서 그리스도가 가진 이상주의(理想主義)가 감색(減色)되는 일이 없도록 해야 한다(함석헌전집3, 114쪽). 이것은 그리스도가 현실영합주의자나 건물지상주의자, 조직우상주의자가 아니었다는 것을 시사하기 때문에, 오늘날 교회도 그리스도처럼 철저하게 이상주의가 되어야 한다는 것을 의미한다.

우리가 주목해야 할 것은 그리스도의 이상주의적 교회와 조직화된 교회는 서로 어울리기가 어렵다는 점이다. 왜냐하면 조직화된 교회 역시 크게 보면 물질주의와 전혀 다를 바가 없기 까닭이다. 그리스도가 배척한 물질주의가 오늘날 교회가 그대로 답습하고 있는 것은 그야말로 아이러니가 아닐 수 없다. 조직은 유형의 구체성을 띤 역사적 산물이기에 물질을 동반한 구조와 담론을 생산하게 된다. 그러므로 신앙 담론도 이상화를 추구하기 보다는 물질화로 치닫는 수순을 밟게 되는 것이다. 신앙 담론의 물질화는 그리스도에 대한 발언이 이상주의로의 발언을 하는 데 장애가 되는 것은 어쩌면 당연한 현상일지 모른다. 조직이라는 말이 함축하는 범주를 좀 더 넓게 잡는다면, 교회의 상업주의, 맘몬주의와 연결된 기이한 비본질적인 종교의 모습이라고 볼 수 있다.

그런데 이와 같은 비본질적 종교 현상은 종교의 물질화에서만 나타나는 것은 아니다. 바로 뿌리 깊은 '권위주의'가 비본질적인 종교 현상에 한몫을 하고 있는 것이다. 교회의 권위가 개인의 이성과 자유, 개인의 신앙과 의식 위에 있으면서 억압하고 통제하면서 획일화하려는 것은 종교의 폭력성을 여실히 드러내는 것이다. 교회의 신앙적 발언은 곧 권위가 되어서 그 공동체에 속한 개개인의 의식을 구속하고 복종하게 한다. 함석헌이 교회의 권위주의에 대해서 속 깊이 비판을 가하는 것은 교회의 비본질적 신앙과 발언의 수위가 개인의 신앙을 자유롭게 하지 못한다는 데에서 기인한다. 심지어 그는 "교회의 통치권"이라는 말도 서슴지 않고 사용한다. 그것은 교회라는 조직이 그리스도를 표방하기보다는 되레 교회를 앞세우는, 그래서 참다운 신자를 교육하는 공동체가 아니라 "교회원"을 만들기 위함이라는 것이다. 조직화된 교회는 참다운 그리스도인이 되기 위한 공동체가 아니라 절대교회주의에

동의하는 구성원을 확보하는 데 그치고 만다. 더군다나 절대교회주의에 동의한다는 것은 교회의 성직자의 권위에 복종한다는 것과 동일한 맥락으로 보게 된다. 여기에 현대 교회의 모순이 자리 잡고 있다(함석헌전집3, 114-115쪽). 이 권위가 개인의 신앙을 종속시키는 것이라면 그것을 탈피하고 신과의 자유로운 관계를 지향해야 한다. 종교적 권위에 동의하면서 자신의 의지와 자유를 향유할 수 있다는 것은 매우 어려운 현실이다. 종교의 계시와 종교적 언명에 대해서 자유로운 의지로 판단하고 실천할 수 있는 가능성을 열어 놓고 어떤 사람에게도 복종하거나 억압, 통제받지 않을 권리를 신앙 안에서도 찾아야만 할 것이다.

신앙을 일정한 권위를 가지고 있는 사람의 발언에 의존하는 것은 바람직하지 않다. 신앙과 신앙 담론의 형성은 교회의 권위자에 의해서 형성되고 반드시 그의 권위에 복종하는 것만이 신앙이라는 것은 어불성설이다. 해석의 자유, 신앙인식의 자유는 개인이 구원을 얻기 위한 자기 신앙을 신이라는 시험대 위에 용기 있게 올려놓을 때 얻을 수 있다. 해석의 힘, 해석의 권위에 머리를 조아리고 공포와 명령에 의해서 자신의 신앙이 정립된다는 것은 개인의 근원적인 신앙의 기원을 신에게 두고 있지 않다는 것을 뜻한다. 함석헌이 말하고 있듯이, "신앙은 공포로써 생기는 것이 아니요 사랑으로써 생긴다"(함석헌전집3, 116쪽). 따라서 신앙의 번역은 사랑이어야 한다. "진리는 고정되어 있지도 않고, 또 일정량의 잘 서술된 언표에 의해 단숨에 실증적인 것으로 되지도 않기 때문이다."[56] 실증적인 진리를 생산하기 위해서는 권위에 의

56 J. Habermas, 이진우 옮김, 현대성의 철학적 담론, 문예출판사, 1994, 220쪽.

해서가 아니라 사랑에 의해서만 나타난다. 아무리 권위적인 진리를 발언한다고 해도, 그 발언이 일정한 타당성을 갖는다 해도 그 한계는 인간의 해석이라는 점을 명심해야 한다. 권위는 인간의 권위이지 신의 권위일 수 없다. 아무리 신학적 언표가 성직자의 권위의 발언을 정당화시켜준다고 해도 그 역사성에 의한 변증 또한 인간의 조직과 제도에 의한 것임을 간과해서는 안 된다.

개인은 자신의 신앙적 자유를 위해서 조직화된 종교에 대해 대척점을 만들고 신을 사랑하는 것만이 진정한 의미에서 신앙이라는 것을 깨우쳐야 한다. 그 해석과 독해를 성직자의 권위, 교회의 권위에 일임할 경우 각 개인의 신앙적 사고는 조직화된 교회에 종속된다. 교권을 가진 이들에 따르면, 조직화된 교회는 그리스도로부터 전승된 것이라고 주장을 한다. 게다가 자신들의 교권 역시 그리스도로부터 기원을 갖는다고 말한다. 하지만 그리스도는 어느 누구에게도 대표자 자격을 부여한 적이 없다. 그가 이 땅에 온 이후로는 모든 사람들이 신에게 나아갈 수 있는 자유와 의지를 주었다. 이른바 권위자라 하는 사람들에 의해서 그가 죽은 것도 그러한 일체의 권위를 거부하고 모든 이들에게 평등한 신앙 행위가 가능하도록 열어놓았기 때문이다. 그가 죽임을 당한 이유는 반권위주의, 반조직주의에 대해서 항거를 했기 때문이다. 즉 교권으로부터의 해방, 교권의 해체를 부르짖은 것이다. 그러므로 다시 교권을 승인하고 동의하는 신앙적 행위는 예수가 지적한 잘못된 역사로 다시 회귀를 하는 것이요, “우리 생명의 약탈”을 방임하는 셈이다(함석헌전집3, 116-117쪽). 이미 예수는 역사적으로 당시의 유대교적 관념과 율법을 넘어섰으며 자신의 방식대로 일정한 공동체를 만들어갔다는 것은 거의 정설로 통한다. 그렇다고 해서 그가 오늘날 교회라고 하는 제도적 종교를 창시했다고 보기 어렵다. 다시 말해서 '직접' 교회를 창설하지 않았다는 것이다. 하지만 그 이후 예수의 제자들은 자신의 공동체를 유대교의 한 종파라는 인식을 하게 되었으며 그러면서 유대교 회당의 예배 형식을 따르다가 나중에는 유대교 안에 머물러 있는 것이 아니라 독특한 의례를 정립해 나갔음을 알 수 있다. 교회는 새로운 조직을 갖추면서 성장의 밑거름 역할을 하였지만 그러한 역사적 발전은 현대의 조직교회, 맘몬교회로 변질되기에 이르렀다는 것은 주지의 사실이다.[57]

오늘날 이렇게 변질된 교회를 탈피하기 위한 시도들과 운동들이 전개되고 있다. 이른바 무교회주의 운동, 혹은 가나안 운동('안 나가'를 뒤집은 말로서 제도 밖의 그리스도인, 교회는 다니지 않지만 그리스도인으로서의 정체성을 유지하는 사람들을 일컫는다)들은 이제 하나의 개인 신앙의 주체로서 어느 체제나 조직에 종속되지 않으려고 한다. 그들은 종교적 개인주의, 종교적 아나키즘을 통해 일정한 형식과 제도에 국한되어 무늬만 신자가 아니라 자신의 삶에서 진정한 신앙, 완전한 의미에서의 신자로서 살아가려고 하는 것이다. 종교적 아나키즘 혹은 종교적·윤리적 개인주의는 개인의 신앙적 자유를 통해서 신앙 공동체의 변화를 꾀하려고 하고 동시에 개인의 신앙적 의지가 복합적인 집단 신앙의지의 권력화에 저항하려는 것이라 볼 수 있다.[58] 이제 종

57 손석춘, 네가 정말 나를 사랑하느냐: 크리스천도 모르는 기독교 바로 알기, 시대의창, 2014, 37, 98-99, 102, 132쪽 참조.

58 양희송, 가나안 성도 교회 밖 신앙, 포이에마, 2014, 182-183쪽.

교는 개인화, 모나드(monad)화 되고 있다. 많은 종교인들은 각 개인의 신앙적 자유와 자신의 이성을 억압하지 않는 건강하고 건전한 종교를 모색하고 있는 것이다. 이때 생명적이면서 유기적인 신앙 공동체를 형성하기 위해서 종교의 모습이 어떠해야 하는가를 함석헌의 무교회주의 혹은 비권력적인 종교적 아나키즘에서 찾아보면 어떨까.

3. 종교적 아나키즘의 관점에서 본 신앙의 자유

몽테스키외(Charles de Secondat Montesquieu)는 자신의 저서 『법의 정신』에서 이렇게 명통을 찌른다. "국가, 즉 법이 존재하는 사회에서의 자유란, 원하는 것을 행할 수 있고, 원하지 않는 것을 강제당하지 않는 데 있는 것이다. [……] 자유를 향유하기 위해서는 각자가 생각하는 바를 공개할 수 있어야 하고, 자유를 유지보존하기 위해서도 각자가 그 생각하는 바를 서로 이야기할 수 있어야"[59]한다. 이는 법에 토대를 둔 인간의 자유에 대해서 역설하고 있는 것이라 볼 수 있는데, 그렇다고 그가 법에 의한 자유에만 초점을 맞춘 것이라고 보기 어렵다. 자유란 인간이 누려야 할 당연한 권리인데, 이를 법이라는 바탕 위에서 향유를 해야 한다고 볼 수도 있고, 또 도덕이라는 영역 안에서 행동해야 한다고 볼 수 있는 여러 측면들이 있기 때문이다. 종교적 측면에서는

59 Charles de Secondat Montesquieu, 이명성 옮김, 법의 정신, 홍신문화사, 2013, 160, 304쪽.

인간의 자유란 신의 범주 안에서 사유하고 행동해야 마땅하다고 강조할 것이다. 심지어 경전에 대한 해석과 그 해석학적 사고와 행동조차도 각 개인의 자유에 있는 것이 아니라 종교 혹은 교권(christendom 혹은 clericalism)있다고 주장한다. 물론 어떤 경우에는 각 개인의 무람없는 자유에 의해서 난발된 경험적 사유가 경전의 권위를 사분오열로 치닫게 하기도 한다. 그렇기 때문에 교권은 가능한 한 그 해석의 자유를 종교적 교권의 영역 안에 두려고 하는 것이다.

그러나 인간의 자유를 제한하기 위해서 종교나 법이 있는 것이 아니다. 오히려 반대로 인간의 자유를 잘 향유하도록 그러한 제도적 장치들이 있다고 해야 하는 것이 타당하다. 예수도 자신의 자유를 행사할 권리를 종교에서 찾지 않았다. 유대교의 경전과 율법을 자신의 자유를 통해서 해석하고 민중에게 또한 그 자유로운 신앙을 깨닫게 해주었다고 볼 수 있다. 인간은 선천적으로 무한 존재 앞에서 자유로운 존재라는 사실을 잘 알고 있었던 것이다. 오늘날 종교적 교권주의, 성직자주의에서는 각 개인이 경전을 해석할 자유에 대해서 지나치게 제한한다. 그만큼 경전이 갖고 있는 무한한 진리의 발현조차도 막고 있는 것이다. 이성이 깨이고 수많은 정보를 공유하고 있는 각 종교인들에게 경전 해석의 자유를 주지 않으려고 한다. 이러한 교권주의에 반기를 든 사람이 바로 함석헌이다. 그는 “만일 성경의 자유해석이 틀렸다면 예수도 틀렸다. 복음서를 보면 그가 얼마나 자유롭게(교회의 전통에 구속 안 되고) 성경을 해석했는지를 알 수 있다.” 그러면서 이렇게 덧붙인다. “또 안전이라 하지만 안전을 기하는 데 신앙은 없음을 알아야 한다. 신앙이란 영혼의 자유를 위하여 모험을 하는 일이다”(함석헌전집3, 117쪽).

신앙이란 위험을 감수할 때만이 영혼의 자유를 얻을 수 있다. 예수가 경전의 자유로운 해석을 통하여 민중들에게 자유로운 영혼을 안겨줄 수 있었던 것은 매우 위험한 일이었다. 하지만 그 위험한 독창적인 해석과 진리 인식이 자유로운 신앙을 갖게 하였다는 것을 기억해야 한다. 진리의 해명과 인식, 그리고 실천은 안전이나 안주를 뜻하지 않는다. 당대의 진리를 깨닫고 진리의 실천적 삶을 살고자 했던 사람들은 늘 위험을 불사해야만 했다. 따라서 종교인이 극락을 간다거나 하늘나라에 들어간다는 것은 각 개인의 신앙적 용기와 투신, 그리고 위험과 결단에 의해서 가능할 뿐이다. 그것은 어느 특수한 종교나 제도, 조직이 아니라 바로 종교의 창도자, 즉 그리스도만(불교의 경우 붓다)이 안내자가 될 것이다. 특수한 종교, 제도, 조직 등은 값싼 종교의 모습으로 전락하고 심지어 자본의 노예요 상품과 상점의 종교로까지 낙인이 찍히고 마는 것이니 오로지 개인의 진리의 현존에만 관심을 두어야 한다(함석헌전집3, 117쪽). 이런 의미에서 함석헌은 진리에 대한 의지란 개인의 자유와 결단에 달려 있는 것이지 특수한 공동체의 의지에 있지 않음을 상기시킨다.

"권위는 몽학(蒙學) 선생이다." 종교에서 권위란 인간 개인을 억압하고 통제하는 수단으로 작용한다. 함석헌은 이를 비판하는 것이다. 그리스도 이전에야 무한 존재에 대한 인식이나 깨달음이 없었으므로 종교의 권위를 통해서 그 존재를 알려줄 수밖에 없었지만 이제는 상황이 달라졌다. 그리스도는 권위가 아니라 사랑을 알게 해주었고, 그것을 기반으로 가르쳤다. 그리스도는 제도적 종교의 의례를 통해서 무한 존재를 알게 되고 그 안에 무한 존재가 있게 된다고 보지 않았다. 오로지 인간에게 사랑만이 자유로운 것이 된 것이고 각 개인이 무한 존재의 현존을 인식하고 체험하면서 그에게 속해 있을 수 있는 가능성이 열렸다(함석헌전집3, 117쪽). 개별적 종교인이 무한 존재를 만날 수 있는 자유로운 길이 생긴 것이다. 예수는 사랑만이 자유이고 바리사이적인 형식주의에서 벗어난 자유인은 이제 무한 존재를 개별적인 이성과 의지만으로도 사랑하게 되었다는 것을 과감하게 선언했다.

이러한 사시랑이처럼 바리사이적인 권위를 고스란히 답습한 현대 종교의 교권주의 혹은 성직주의는 인간이 지닌 자유로운 신앙 행위를 거부하고 엄격한 성과 속을 구별하여 개별 신자를 억압한다. 그럼으로써 성직자와 평신도 사이의 간격을 심화시키고 개별 신자를 지배하려고 한다. 종교의 상징이나 의식을 통해서 개별 신자들을 더욱 복종하게 하고 자신의 현존재에 대한 인식과 자각을 전혀 하지 못하도록 한다. 성직자의 권위는 일종의 특수한 신분과 진리의 담지자로서 자부하게 하고 개별 신자의 신앙 경험을 그들의 권위에 종속하게 만든다(함석헌전집3, 118쪽). 이러한 위계적 질서 속에서는 개별 신자뿐만 아니라 성직자조차도 자유롭지 못하다. 인간의 자유로운 신앙적 결단을 통하여 무한 존재를 발언하고 체험하는 것조차도 전부 의식(儀式)과 형식에 지나지 않게 되기 때문이다. 이것을 극복하기 위해서는 성직자의 권위인 경전 해석과 체험의 검증, 그리고 진리 발언에 이르기까지 개별 신자의 자율성을 무한 존재에 대한 주체적 사건으로 인정할 수 있어야 한다.

그것을 신앙의 파시즘으로 흐르게 할 때 개별 신자의 신앙적 자유는 여전히 구속되고 자신의 사유와 행위는 교권에 의해서 좌지우지 될 수밖에 없다. 그렇게 된다면 신앙의 실존적 결단은 겨우 심미적, 쾌락적 단계에 머물고 말 것이다. 그러므로 교권은 키에르케고르(S. Kierkegaard)식으로 말한다면, 개별 신자의 신앙적인 실존적 결단을 종교적 단계로 나아갈 수 있도록 도와야 한다. 교권에 종속된 개별 신자의 신앙은 늘 불안과 두려움에 놓이게 되고 자신의 실존적 신앙은 여전히 어떤 안전한 장소를 찾기 위해서 다시 교권에 기대게 되는 악순환을 겪게 될 것이다. 교권은 그런 개별 신자를 위해서 무한 존재에 의해서 부여된 양심에 기대기를 강력하게 호소할 수 있어야 한다. 양심이야말로 개별 존재들이 가지고 있는 모나드로서 독립적이면서 소우주적인 생명적 유기체적인 성격이기 때문에 그것을 통하여 무한 존재와의 소통이 가능하다는 것을 알려주어야 한다. 이것은 교권이 지도해야 한다는 뜻이 아니라, 개별 존재 안에 현존하는 무한 존재를 일깨워주는 역할을 충실히 해야 한다는 것을 뜻한다. 교권이 발언하는 진리내용이 마치 전부인 양 호도하고 거기에 강압되어 개별 존재 안에 있는 무한 존재를 인식하지도 못하도록 하면 안 된다는 것이다. 그런 의미에서 이제 성직자는 특수한 공동체의 대표자로서 어떤 마법을 지닌 존재가 아니다(함석헌전집3, 118-119쪽). 단지 무한 존재를 양심을 가지고 공동으로 만날 수 있는 개별 인격이요 개별 의지라고 봐야 할 것이다.

교회주의를 통해서 의례(ritual)를 객관화하는 것이 마치 대단한 경건이 있는 것처럼 생각하는 것은 오류이다. 교회에서 말하는 경건은 의식주의와는 전혀 상관이 없다. 함석헌이 말하고 있듯이, "예수의 종교는 원격(遠隔)의 종교가 아니요 면접(面接)의 종교이며, 신비의 종교가 아니요 평이의 종교이다. 사람을 하나님에 접근시키는 것일수록, 진리를 수식 없이 간명하게 드러내는 것일수록 진리다"(함석헌전집3, 119쪽). 무한 존재를 쉽게 대면할 수 있는 종교, 무한 존재나 성직자 자신을 너무 신비화시키지 않고 누구나 경험 가능하고 접근 가능하도록 만드는 것이 참 종교이고 그 안에 진리가 있다는 것이다. 오히려 극단으로 상징적이면서 포장된 형식주의로 일관하는 종교의 모습이 인간주의 냄새가 날 수 있다. 함석헌은 그러한 인간주의가 참된 종교의 본질인 것처럼 착각하여 상업주의로 퇴색하고 관료적으로 변질된 종교의 모습을 알아차리지 못하는 개별 양심이 되는 일이 없도록 해야 한다고 경고한다. 어쩌면 무한 존재의 온전한 현존을 느끼도록 해주는 일, 종교의 인간주의를 철저하게 배척하고 개별 양심에 따라서 무한 존재를 만나도록 안내하는 일이 오늘날 종교적 지도자가 해야 할 역할인지 모른다. 더 나아가서 현존재 자신이 종교적 실존이 될 것인가 말 것인가를 선택하는 것까지도, 개별 존재 안에 무한 존재의 빛이 있음을 발견하는 몫까지도 각 개인의 자유에게 맡겨야 할 용기를 가져야 할 것이다. 성직자 자신을 미화시키거나 특수한 진리에 대한 권력을 장악하고 있다는 인상을 불식시키기 위해서라도 말이다.

4. 단독자로서의 다중인 무교회주의자

종교가 특정한 권력(Macht)을 갖는 것이 과연 옳은 일일까? 권력이 성스러움을 빙자해서 갖는 것이든 아니면 아예 세속적 권력이든 그것이 종교의 본질은 아닌 듯하다. 권력을 내려놓고 모든 사람들이 정의롭고 평화롭게 서로 사랑하며 살아가자는 것이 종교 본연의 뜻이라면 위계적 질서와는 전혀 부합하지 않는다. 종교 공동체 안에서 무한 존재 이외에 머리를 숙여야 할 존재는 아무도 없다. 심지어 불교에서는 '붓다를 만나면 붓다를 죽여라'라는 간화선(看話禪)의 화두(話頭)와 같이 어떤 것에도 얽매이지 않고 스스로 깨달음을 얻기 위해서 분투해야 할 것을 극단적으로 나타내는 경우를 보더라도 개인의 신앙과 수행은 종교에서 매우 중요하다. 따라서 종교에서 교권(敎權)이니 의식(儀式)이니 하면서 개인에 대한 집단의 권위와 권력을 수직적으로 내세우는 것은 집단 규율과 집단 정신의 형식으로 개인의 정신과 신앙을 억압하는 수단이 될 수밖에 없다. 성숙한 종교일수록 인간이란 무한 존재 혹은 궁극적 실재 앞에선 단독자(單獨者; Der Einzelne), 홀로-있음의 존재를 강조한다.

함석헌은 무교회주의가 개인주의 혹은 단독자를 주창한다고 해서 사회적 고립을 자처하거나 개인의 영혼만을 외치는 것이 아니라고 말한다. 무교회주의가 진정으로 신앙하는 것은 하느님의 나라가 이 땅에 임하기를 바라는 것이다. 그러기 위해서 이 땅의 봉건군주와도 같은 존재에서 탈피하는 것이다. 신앙이란 신 앞에 선 개인이 죽어야 한다는 것인데, 거기에 욕망의 상징 권력과 권력을 지닌 존재에게 충성을 해서는 말이 안 되기 때문이다(함석헌전집3, 119-120쪽). 신앙적 단독자는 자기가 자기 자신이 되어야 하는 게 마땅하다. 인간이란 어떤 집단 이데올로기나 집단적 신앙에 감염이 되어서 자신을 잃어버리고 그 집단과 동화되거나 동일시되는 경향이 있는데, 이것은 자기 자신으로서의 신앙을 스스로 만들어가는 악이 되고 만다. 그래서 함석헌은 "무교회주의자로 하여금 개성의 존엄을 새로이 부르짖게 하는 것은 개인주의가 아니요 교회라는 물질적 권위 하에 인간을 굴복시키는 교회주의다"라고 갈파한다. 그러면서 그리스도교는 단독자가 가진 개성을 없애는 것이 아니라 그 가치를 더 확고히 해야 한다는 것이다(함석헌전집3, 120쪽).

단독자를 다중(multitudo)이라고 달리 표현할 수 있다면, 이 단독자로서의 다중은 인민(people)이나 대중(masse)과 구별된 피지배자를 포괄하는 확장적 존재 개념으로서 "독특성들의 집합이면서 동시에 그 차이가 동일성으로 환원될 수 없는 사회적 주체, 차이로 남아 있는 차이를 뜻한다." 다시 말해서 "인민이 주권에 의해 부과되는 통일성과 환원의 논리를 대표한다면, 대중은 수동성과 무질서를 표현하는 개념이다." 따라서 이들, 단독자로서의 다중은 이제 더 이상 피지배자로서 종속된 존재가 아니라 자율적으로 자신의 사회를 형성할 수 있는 주체적인 존재이다. 이제 다중은 진정으로 자율적 주체요, 정치적 주체로서 잠재력을 가진 단독자가 될 수 있는 것이다.[60] 여기에서 중요한 것은 다중은 피지배로서 자율적 주체요 공동체 형성의 주체가 될 수 있다는 점이다. 마찬가지로 무교회주의가 말하는 단독자 혹은 개인이라는 존재는 안토니오 네그리(Antonio Negri)와 마이클 하트(Michael H. Hart)

60 진태원, "'다중'은 새로운 공동체를 어떻게 건설할 수 있나", 한겨레신문, 2015년 1월 23일자 24면.

가 주창한 다중과도 소통될 수 있다고 본다. 무교회주의의 개인과 개성, 그리고 단독자는 지금까지 종교 공동체 혹은 종교 집단의 피지배의 성격을 지니고 있었다. 하지만 이제는 그로부터 탈피하여 새로운 공동체 형성의 주체가 될 수 있으면서 그 어떤 공동체에도 귀속되거나 환원되지 않을 수 있는 개인적 차이로서 존재하기 때문이다. 무교회주의가 개인과 개성을 중요하게 생각하지만 동시에 대안적 공동체성을 주장한다는 점에서 그들은 단독자이자 복수성으로서의 다중이라고 봐야 할 것이다.

그런 의미에서 함석헌은 이러한 단독자로서의 다중의 개성이 점점 더 교회 내에서 비중이 커질 것이라고 내다본다. 단독자로서의 다중은 교회 내에 종속되어 있는 존재가 아니라 오히려 그들의 개성을 통해서 교회의 존립이 결정된다는 것이다. 그럼으로써 기계적 권력관계의 교권을 부르짖던 세대는 과거의 산물이 된다. 물론 사회가 발전하면서 개인보다는 사회적 관계를 더 부각시킴으로써 인간을 한갓 공동체 내의 추상적 존재로 보기 때문에 개인의 발견(Entdeckung)이라는 과제 또한 갈수록 요구될 것이다. 하지만 개인을 사회 관계 속에서 고려하게 되고 이를 교회 관계 속의 개인으로 확장시키게 되면 교회를 떠나서는 신앙이 없다는 논리로 전개될 가능성이 있다. 이 점에서 간과되어서는 안 될 것이 교회의 권위, 혹은 신앙의 권위란 천상의 교회에서 나온다는 데 있다. 그러므로 다시 강조하거니와 교회의 조직적 관계 안에서 단독자로서의 다중을 볼 것이 아니라 단독자로서의 다중 안에 있는 "인격적인 교회"에 초점이 맞춰져야 한다. 단독자는 다중 안에 있고 다중은 단독자와의 관계 속에 있음을 부인해서는 안 된다. 각각의 독특한 주체로서의 인격의 총합이 다중이 되어 참된 신앙의 가능성이 열리는 것이다(함석헌전집3, 120–121쪽). 이는 교회적 조직 관계에 무한 존재 혹은 궁극적 실재가 함께-있음(Mit-sein)이나 곁에-있음(Sein-bei)이 아니라 단독자로서의 다중의 곁에 궁극적 존재가 함께-있음으로 나타난다는 것을 기억해야 한다. 교회의 진리는 단독자로서의 다중에 의해 발견되어지는 것(Entdecktheit)이고 열어-젖히는 것(ent-deckend)이지 교회의 조직 관계나 위계적, 권력적 관계에서 발견되어 있음이 아니다.[61]

이렇게 무교회주의는 개인에 의한, 단독자로서의 다중에 의해서 진리를 발견하고 열어 밝히려는 신앙적 태도 때문에 '주관주의'라는 평가를 받는다. 개인적 체험이나 주체의 소신에 의해서 드러나는 신앙이라는 것이다. 하지만 과학적 객관주의를 토대로 신앙을 논한다는 것은 신앙을 수치화, 계량화, 균질화하겠다는 발상이나 다름이 없다. 신앙은 과학적 객관성의 잣대로 인식하거나 체험을 평균화할 수 없다. 신앙은 "생명적인 진리"이기 때문이다. 과학적 객관성이 인간성의 반대되는 개념이라고 단정 지을 수 없으나 개별적 인간, 즉 위에서 말한 단독자로서의 다중의 인간 주체의 고백이 중요한 것이요 그것을 통해서 영혼을 살리는 일이라면 그것이 곧 궁극적 실재에 다다르는 것이다. 거듭하여서 신의 곁에-있음과 신의 함께-있음이라는 것이 단독자로서의 다중을 통해서 사람의 정신과 영혼을 살리는 일로 확인된다면, 그것이 곧 신앙의 객관성이라는 것이다(함석헌전집3, 121–122쪽). 개

61 Martin Heidegger, 이기상 · 김재철 옮김, 철학입문, 까치, 2006, 126–127쪽.

인의 신앙 고백이 객관성이라는 함정에 빠지게 되면 개인의 자율적인 고백은 전체주의라는 극단으로까지 치달을 수 있다. 종교적 파시즘이 평균화, 수량화, 계량화하면서 개인을 집단의 이념 속에 가두어두려고 할 때 개인이 지닌 신앙적 자유와 판단은 개별적 주체성을 상실하게 된다. 그렇기 때문에 무교회주의는 종교적 아나키즘의 성격을 띠면서 개인의 자유로운 신앙 고백과 실천, 그리고 개성과 주관적인 신앙 체험을 표방하는 것이다.

앞에서도 말했듯이 이 모든 객관주의를 신앙의 척도로 삼는 것도 "교회주의"라고 하는 획일주의와 맥을 같이 한다. 교회주의는 인간에 대한 사랑에 의해서 발생한 것이 아니라 인간적인 노력에 의해서 만들어가려는 인위주의이다. 인위주의는 무한 존재를 입버릇처럼 발언하지만 정작 무한 존재의 사랑과 인간 사랑에 대해서는 모순된 행동을 취한다. 이러한 인간주의와 인위주의에 언제든지 반대하고 거부하는 것이 무교회주의이다. 전통에 대해서 끊임없이 반항하고 비판하는 청년 정신을 가진 것이 무교회주의이다. 청년이 나이가 들면 보수가 되고 개혁적이었던 비판 정신이 퇴색되는 것처럼 교회주의도 처음의 프로테스탄티즘을 계승하지 못하고 말았다. 그러므로 청년 정신을 가진 무교회주의는 지속적으로 체제와 제도, 권력과 교권을 고정화하려는 것을 거부하는 이상주의로 나아가려고 한다. 무교회주의는 현실에 안주하지 않고 대안적 공동체를 꿈꿀 것이다. 안주하고 고착화되려는 종교 체제가 있다면 그것을 거부하고 반항할 것이다. 그렇기 때문에 무교회주의는 스스로도 거대 종교 세력이 될 수가 없다. 그것은 자신을 스스로 부정하는 자정능력을 통해서 체제화, 제도화, 권력화되려는 것으로부터 벗어나려고 하기 때문이다. 결국 무교회주의는 제도화된 종교를 향해서 외치는 예언자의 목소리로 남게 될 것이다(함석헌전집3, 123–124쪽).

그렇게 되는 동력에는 무교회주의의 "신절대중심주의", "하나님에 대하여 귀족주의"가 바탕을 이루기 때문이다. "저는 하나님의 절대 통치 하에 성립되는 신앙의 데모크라시를 주장한다." 신앙 민주주의 혹은 신앙 민중주의는 신앙의 주체성을 간직하고자 하는 몸부림이다. 단독자로서의 다중이 되어 주체적으로 자신의 신앙을 초월자와 맞대면하려는 부단한 시도라고 해야 할 것이다. 단독자로서의 다중은 신절대중심주의와 하나님에 대한 귀족주의를 통하여 오로지 독특한 자기 주체성을 확보한 자유로운 신앙의 영역 안으로 들어가고자 한다. 함석헌이 강력하게 말하듯이, "고로 저는 자기 신앙에 오는 일체의 간섭구속을 배척한다. 그러나 그는 권력의 데모크라시가 아니요 사랑의 데모크라시다. 하나님에 대한 절대복종에 의해 되는 절대 평등 절대 자유의 나라다. 나라라기보다 집이다. 교회는 국가적이기보다 가정적이어야 할 것이다. 법권(法權)이 지배하는 데가 아니라 사랑이 화합하게 하는 곳이다. 고로 하나님에 대한 절대 복종이라 함은 곧 하나님에 향하여 온전한 사랑을 드리는 일이다. 무교회주의는 하나님만을 사랑하자는 노력이다. 그를 위하여 교회를 버린다"(함석헌전집3, 124쪽).

역설적으로 '교회를 버리는 이유'는 '하느님을 제일로 사랑하기 위함'이다. 신앙의 자유를 간섭받지 않기 위함이다. 하느님의 통치 안에서만 머물기 위함이다. 이러한 통렬한 교회 비판과 자기 종교 성찰을 통하여, 오늘날 사목자들은 거대자본의 교회를 지양하고 가정교회로

가야 한다는 지금의 사목적 진단과 분석들의 선구자가 바로 함석헌이라는 사실을 기억해야 할 것이다.

2부

함석헌의 인간 현존재에 대한 해명

1장

몸 주체성과 실존적 인간

1장

몸 주체성과 실존적 인간

종교적 발화는 자기로서의 몸-나와 타자로서의 몸-나 안에 있는 깊이 속에서 서로 만나게 되어 있다. 그런데 몸-나 주체로서의 공통적인 종교적 혹은 정치적 주체들은 서로 자기 자신의 목소리와 의지로 포섭하려고 한다면 그것은 타자로서의 몸-나를 획일화하고 파시즘적인 강요로 비쳐질 수 있다. 이것을 관조해보면 자기로서의 몸-나 안에서 말하고 있는 내면의 목소리를 외면하고 바깥의 목소리를 통하여 타자로서의 몸-나를 자기 쪽을 향해 강제로 끄잡아들이려는 욕망임을 간파하게 된다. 그것은 종교적 언어의 특수성인 기도(祈禱; Gebet), 즉 자기 소원과 자기 충족성, 초월자를 향한 마음 지향성을 나타내는 언어에서도 읽을 수 있다. 자기 내면의 간절함과 의식을 표상하는 기도가 개별적 존재의 욕망의 투사로 일컬어진다면 아무런 소용이 없을 것이다. 초월자를 자기의 의지로 향하도록 강제한다고 볼 수 있기 때문이다. 그렇지만 그 언어가 무(Nichts)가 되지 않도록 하려면 타자로서의 몸-나를 배려하고 기억하는 내밀한 언어여야 한다. 타자로서의 몸-나의 연민과 사랑에 기반을 둔 종교의 사밀한 언어는 초월자의 개입을 가능하게 할 뿐만 아니라 마음의 언어와 초월자를 향한 의식의 표상이 환상이 아니라는 것을 증명하게 된다.

종교적 언어에서 무(無)는 역설적으로 버림과 저항이 될 수도 있다. 그것은 하나의 말이기 전에 행위이다. 절대 생명을 취하기 위해서 세계를 버리면서 정신을 취해야 한다는 강한 자기 언표이자 희망이라고 볼 수 있다. 정신을 택하는 것을 막을 수 있을까? 아니 정신은 오히려 진리를 택하려고 하는 강한 의지이다. 설령 세계가 무에의 의지를 통해 인간을 압도하려고 한다고 해도 정신은 그것을 거부하고 넘어서려는 주체적 언표가 더욱 필요하다. 인간은 그것의 현실을 기적이라고 부르고 싶어 한다. 그 기적의 서사나 삶에 대한 서사는 이미 같은 구조 속에서 경험으로 나타나고 있다. 정치경제적 현실 속에서 나약한 실존은 그러한 서사가 날마다 발생하기를 원한다. 따라서 고통과 불안의 실존이 이 세계 속에서 어떻게 의미 연관 구조를 사건화하고 의미화 할 것인가에 따라 존재의 의미가 달라질 뿐만 아니라 기적의 서사가 결단코 단순하다고 여기는 삶의 서사와 다른 맥락 속에 있지 않다는 것을 알게 될 것이다.

1. 몸-나의 발화적 진정성

발화(發話)는 몸-나(corpus ego)의 그때-거기와 지금-여기를 떠나서는 발생할 수 없다. 다시 말해서 발화는 자리, 즉 발생 자리와 상관없이 존재할 수 없다. 발화는 말을 밀어내기 때문에 공간성을, 나(자기)를 열어 밝히기 때문에 시간성과 떼려야 뗄 수 없다. 그것이 지도자의 정치적 발언이든, 개별적 존재의 일상적 말이든, 동물의 소리이든, 마찬가지이다. 문제는 발화를 단순히 말을 열거나 몸—나의 그때—거기와 지금—여기를 고려하는 맥락적 발언으로 보기보다 종교적 명법으로 인식하는 경우가 있다는 것이다. 종교적 명법은 항상 명령(imperative)을 한다. 경전을 빗대어 말하는 화자의 말은 도덕적 정결주의와도 같아서 청자는 그것을 진리로 받아들이고 엄숙한 선의 실천으로 가져야와 한다는 강박에 빠진다. 하지만 그것 역시도 발화하는 몸—나의 시공간의 한계를 벗어나지 못한다. 더불어 듣고 있는 몸—나의 시공간도 동일한 맥락에 존재하고 있어야 한다. 정치적 발언의 그때—거기와 지금—여기는 듣는 이로 하여금 맥락적으로 설득되지 않는다면, 발화 주체의 몸—나의 우월성과 일방적 커뮤니케이션, 심지어 폭력성으로 비추어지기 때문에 오히려 발화 주체가 가장하고 있는 도덕적 정결주의와 엄숙주의는 악이 됨으로써 청자에게는 수용 불가능한 것이 될 수 있다(함석헌전집19, 221쪽).

정치적 발화가 종교적 명법이 될 수는 없다. "선이란 것도 자기 보기에 선인 것뿐"(함석헌전집19, 248쪽), 그때—거기와 지금—여기의 한계를 넘어서지 못하는 몸—나의 맥락적 발화이기 때문이다. 발화가 되는 순간, 몸—나와 목소리, 몸—나와 말은 분리(depart)가 된다.[62] 타자

62 Jean—Luc Nancy, 김예령 옮김, 코르푸스-몸, 가장 멀리서 오는 지금 여기, 문학과지성사, 2012, 29—31쪽.

에게 제안하는 말조차도 몸-나와 떨어진 말을 듣는 몸-나를 가진 타자 역시 그 제안을 분리가 아닌 인격적 통합성으로 받아들이게 하려면 몸-나의 의식과 정치적 도덕성의 자기 증식이 있어야 한다. 달리 말하면 종교적 발화 주체이든, 정치적 발화 주체이든 그 발화는 이성의 자기 발화이어야 하고 내면적 자기 영혼과의 일치를 이룬 그때그때의 순수한 긴장이어야 한다. 몸-나의 자기 인식의 유한성을 인식하지 않고 사태를 몸-나 쪽으로 끄잡아 당기면서 타자의 몸-나를 배려하지 않는 강제와 강요, 강압적 발화로 일관한다면 그것은 타자의 몸-나를 나의 몸-나로 일방적으로 구성하겠다는 발상 이외에 아무것도 아니다. 거기에는 그야말로 몸-나의 지성과 영성의 조화를 이룬 발화이어야만 비로소 나의 몸-나와 타자의 몸-나가 교류, 교감할 수 있게 되는 것이다(함석헌전집19, 215, 220쪽).

몸-나의 발화가 진정성이 있으려면 속눈이 밝아져야 한다(함석헌전집19, 210쪽). 속눈은 나의 몸-나와 타자의 몸-나가 침투 불가능할 것 같은 공간과 시간까지도 꿰뚫을 수 있는 실존의 고유성이자 순수성이다. 이러한 상호주관적 실존의 순수의식의 연관성만이 공통적인 마음을 가질 수 있고 상호주관적 실존의 울림이 있을 수 있다. 그러므로 속눈은 몸-나의 더 깊은 몸-나 속에 있는 정신이다. 바깥으로(extra) 나 있는 정신은 감동과 설득을 불러일으킬 수 없다. 오직 몸-나 속의 정신으로만 타자의 몸-나 속의 정신을 열 수가 있다. 바깥은 여분에 지나지 않는다. 바깥은 결국 바깥 껍데기만을 접촉할 뿐이다. 마치 함석헌이 말하는 것처럼, '성경, 정신이 사는 생명의 양식이다'(함석헌전집19, 113쪽)라는 발화를 몸-나의 주체적 발화로 삼고자 한다면,

혹은 자신의 몸–나 발화가 종교적 명법과도 같은 효과를 낳고 싶다면, 정치적 발화는 몸–나의 상호주관적 정신이 사는 방식을 택해야 한다. 단지 자신의 몸–나 발화 하나만으로 '혼합' 혹은 '통일', '일치'를 가져올 수 있다는 오만은 버려야 한다. 자신의 몸–나 발화는, 앞에서 말한 것처럼, 그때–거기와 지금–여기의 유한한 맥락적 목소리(vox)이기 때문에, 그것이 뜻이 있는 목소리 혹은 뜻을 만들어 내는 목소리(vox significativa)가 되게 하기 위해서는 전체의 몸–나의 목소리로 확장하고 관통해야 한다.

그럼에도 자신의 몸–나 주체적 발화를 듣지 않는다고 분하게 여겨서는 안 된다. 종교적 명법에서도, 종교의 본질은 도덕이지만, 그것[好惡]을 넘어서야 하는 것처럼(그것 또한 상대적이기 때문에)(함석헌전집19, 212쪽), 정치적 발화 행위조차도 하나의 명법이 되고자 한다면, 양극을 넘어설 수 있어야 한다. 매체를 통한 극단적 발화 행위(스크린을 통해 비춰지는 한쪽의 부정적 모습들, 마치 발화에 반하는 적대 행위만 하고 적대 감정만을 토로하는 것으로 매도하는 조작적 · 조정적 발화)가 "사라(消)지는 것이 살아(生)지는 것"(함석헌전집19, 252쪽)이다. 몸–나가 발화를 통해서 말을 밀어내는 순간 몸–나가 사라지고, 발화가 살게(生) 될 때 상호주관적 몸–나가 사라져서(消) 전체 몸–나가 사는 것과 같은 이치이다. 하나의 몸–나가 죽음으로써 온 우주의 몸–나가 살았다. 그러므로 나의 몸–나는 우주의 몸–나와 왕래한다. 전혀 다르지 않다. 상호주관적 몸–나는 연결되어 있다. 아니 애초에 몸–나는 끈끈하게 이어져–있음으로 존재했다. 몸–나의 발화는 그것을 끊임없이 확인을 하고 의미를 만들어 가면 된다. 그것이 몸–나가 바라는 일이다.

함석헌은 말한다. "하나님의 뜻대로 안 하는 것이 궂은 것이다"(함석헌전집19, 212쪽). 몸-나의 속에 있는 진정한 자기는 날마다 소리를 낸다. 그런데 몸-나는 그것을 듣지 않고 자기 겉의 몸-나의 발화만 하려고 한다. 자기 몸-나의 뜻대로만 행위하려고 한다. 정치적 발화가 무분별하고 무책임하여 닫히고 폐쇄적으로 변하는 까닭이 여기에 있다. 몸-나 속의 자기(Self) 발화의 뜻보다 몸-나 겉소리/발화가 고유한 자기성을 갖는다고 생각하기 때문이다. 그러니 발화가 전달이 안 되고 침투가 안 되는 것이다. "몸-나, 코르푸스 에고에는 고유성이 없습니다. 이른바 '자기성'(egoite)을 갖지 않는 것입니다."[63] 몸-나는 서로 열려 있고 서로 만나고 전체로서의 몸-나이다. 그런 의미에서 몸-나는 고유성, 자기성이 아닌 공통성이 있다고 해야 할 것이다. 그래서 몸-나는 공통적인 몸-나, 전체의 몸-나 속의 진정한 자기의 목소리의 뜻대로 살아야 하고 행위해야 한다.

종교적 명법에 따라 사는 종교인이든, 그것을 발화하는 몸-나 주체이든, 또 그것을 모방하는 정치적 발화 주체의 몸-나로서 정치적 명법을 말하는 존재이든, 그것을 명심하지 않으면 발화 혹은 발화의 톤(ton)은 상호 공포, 상호 두려움, 상호 죄의식, 상호 죽음을 조장할 뿐이다.

---

63 Jean-Luc Nancy, 위의 책, 30쪽.

2. 환상 너머 공백과 꽉 찬 무

현상 너머에는 환영만이 존재하는 것일까? 매우 캄캄한 공간에는 암울한 침묵만이 짙게 깔리고 고통스러운 마음의 심연은 바다의 수심만큼이나 깊었을 것이다. 무엇으로 그 공간과 시간을 다 설명할 수 있을까? 어떻게 그 공포와 두려움, 그리고 죽음을 다 이해할 수 있을까? 아무도 모를 것이다. 거기에는 그저 공백, 무, 허무만이 드리워져 있을 뿐이다. 인간의 나약함, 안일함, 무관심, 방관 등은 충격적인 죽음/죽임으로 몰고 간다. 그 상황에서 할 수 있는 일이라는 것이 무능력한 정부의 허둥지둥 대는 꼴이라니 너무나도 어처구니없는 모습을 바라보는 것밖에 달리 아무것도 없었다. 가녀린 목숨들이 하나둘씩 죽어갈 때 무심한 산목숨들은 태연자약이라니 말이 안 되는 일이다. 이러한 사건을 바라보는 필자 역시 슬픔이 몰려오고 분노가 치밀어 오른다. 대럴 레이(Darrel W. Ray)가 이런 행위를 조롱하듯이 말은 했지만, 이 번만큼은 그 객관성이라는 논리를 내려놓으려고 한다.

"기도는 버튼을 누르는 행위다. 성경 읽기, 교회에 나가기, 기도용 깔개 위에서 기도하기, 찬송가 부르기도 모두 버튼을 눌러서 악마나 질병 같은 문제들이 다가오지 못하게 하고 내세에 보상을 받기 위한 방법이다"[64]라고 통렬하게 종교의 기도에 대해서 비판하더라도 기도가 가진 심리학적 효과를 반감시키기는 어려울 것이다. 설령 실제의 사건과 사실로 일어나지 않더라도 그것이 가지고 있는 함의는 삶의 세계에

64 Darrel W. Ray, 김승욱 옮김, 침대위의 신, 어마마마출판사, 2013, 38쪽.

서 발생한 사건을 무(Nichts)나 공허로 보지 않도록 한다는 데에 있다. 무는 인간에게 참기가 어려운 상황이다. 자신이 무가 아니라 유(Sein)라고 생각하는 데서 출발하여 타자와의 관계, 그리고 세계 자체에 대해 인식하는 인간은, 무를 돌파한다는 것이 어떤 것인지 잘 알고 있기 때문이다.

하지만 그곳은 결코 다다를 수 없는 허무나 무가 아니며 더군다나 환상이나 환영도 아니다. 지젝(S. Zizek)은 "'진리'는 빈 자리이며 '진리의 효과'는 (상징적으로 구조화된 지식의) '허구'의 어떤 조각이 이 자리를 차지하고 있는 자신을 아주 우연히 발견했을 때 발생한다"[65]고 말했다. 진리의 돌파구는 그 허구의 자리, 허무의 자리, 공백의 자리를 뚫고 들어갈 때 생기는 것이다. 진리가 아니라고 할 때, 진리가 없다고 할 때 오히려 진리는 효력을 발휘하는 법이다. 종교적 환상이라 여겼던 것들이 이제는 허무 너머, 공허 너머를 짚어 주고 그곳에 현전(現前, darstellung)하게 될 것이다. 어쩌면 진리의 현전을 믿는 이들의 마음이 허무와 공포 너머에 신앙을 던져 넣어야 할 때가 지금이 아닐까 싶다. "살아서 돌아와 다오!" 이것은 간절한 애원이 담긴 명령이요 진리이다. 허무를 뚫고 산 생명으로 돌아와야 한다. 이때 진리인 체 가장하지 말고 진리를 보여주어야 하는데, 무엇으로 그렇게 할 수 있을까?

"종교는 믿음을 강화하기 위해 수천 년 동안 상징적인 행위들을 이용해왔다. 이런 행위들은 강력한 심리적 도구다. 전투가 벌어지기 전에 병사들에게 자신이 무적이라는 기분을 심어줄 수도 있고, 엄마에

65 S. Zizek, 이수련 옮김, 이데올로기라는 숭고한 대상, 인간사랑, 2002, 323쪽.

게 자신의 아이가 초자연적인 보호를 받고 있다는 기분을 심어줄 수도 있고, 사람들에게 신이 그들의 질병을 치유해주었다는 확신을 심어줄 수도 있다."[66] 몹시 불편한 설명으로 들릴 수도 있지만, 분명히 종교는 현상 너머의 불행을 완화시키고 희망을 주어야 한다. 함석헌의 견해로 논박을 해보면, "역사란 결국 자연이라는 무대 위에서 신이라는 감독자의 지도 밑에 배우인 인생이 연출하는 일장극이라 할 수 있다. 고로, 초인간적 신비력을 무시한 역사는 평면화한 기록에 불과하다."(함석헌전집19, 277쪽)고 말할 수 있다. 따라서 종교는 연기나 공연을 하지 말고 현상 너머의 불길한 징조의 빈자리에 확신의 자리인 물 자체(Ding an sich)를 보여주어야 한다. 실체가 공허하다고 인식하지 않도록 하는 것이 괜한 희망을 제시해주는 것은 아니다. 당분간일 수는 있지만, 그러나 실존의 상황은 급박하고 절대적이다. 절대적 시간과 자리에서 종교가 강박증이 아니라 초감성적인 것의 현상을 숨기지 말고 내보이는 도래 사건을 기대해야 할 것이다. 무의 자리 뒤 베일에 숨겨져 있는 궁극적 존재는 이미 무와 공허의 자리에 함께 하고 있을 것이다. 숭고 그 자체인 존재는 그들과, 그 대상과 본질적인 속성으로 자리하고 있을 것이다. 그렇기 때문에 거기에는 환상이나 환영이 없다. 아니 공백이 없다. 무가 아니다. 남는 것은 완전한 무가 아니라 꽉 찬 무 자체, 초월적이면서 내재적 타자이다. 그가 그들과 더불어 고통을 받고 있다. 그래서 그들은 사물도, 객체도, 대상도 아닌 초월적 존재와 더불어 있는 생

66 Darrel W. Ray, 앞의 책, 38쪽.

명적 주체들이다.[67] 참 존재, 참 본질은 감추어져 있지 않다. 그래서 그들은 거짓된 이미지와 같이 있는 것이 아니기에 외롭지 않을 것이다.

이미 모든 민중의 상처가 되어버렸지만, 극한의 고통과 스트레스, 그리고 공포와 트라우마를 겪고 있는 사람들이 무와 공백이라 여기는 그 자리를 메우고 그 생명적 주체들이 즐거운 유희를 할 수 있는 자리를 마련해 주어야 할 것이다. 사라져간 이들의 지금과 살아있는 이들의 미래를 위해서라도 말이다.

3. 세계에 저항하는 정신

세상을 비워내고 부정하면 무엇이 남을까? 무(Nichts, 無), 실재의 허무뿐일까? 세상을 거부하고 그것의 객관성을 인정하지 않을 수 없는 것은 우리가 세계-내-존재이기 때문이다. 하지만 존재론적 위상의 문제와 세계의 거부는 세계 그 자체의 퇴폐에 있다. 따라서 존재 망각, 존재의 퇴락이 세계로 인해서 이루어지는 것이라면 세계에 대한 저항은 필연일 수밖에 없다. 더군다나 세계가 무사유로 일관하는 욕망의 동체라면 주체의 자기 자신으로서의 삶을 위해서라도, 정신의 히스테리 가능성을 떠나야 한다. 함석헌이 "세상을 버리면 정신값이 돌아오고 정신적 보화가 돌아온다"(함석헌전집19, 261쪽)고 했는데, 세계의 구성은 정신에 의해서 이루어져야 하는 만큼, 세계가 정신적 수치

67 S. Zizek, 앞의 책, 323-332쪽.

(羞恥)를 안겨주어서는 안 된다. 그 순간 정신이 갖고 있는 가치, 정신은 수치감을 견딜 수 없다. 타락하고 병들어버린 세계는 정신이 대면할 수 없기에 정신값의 고양을 위해서라도 세계는 버려져야 하고, 정신에 의해서 비워져서 삶을 곧추세울 수 있어야 한다. 정신이 세계를 버린다고 해서 분열증이 일어나는 것은 아니다. 다만 주체의 존재론적 위상이 달라지고 삶은 더욱 세련될 것이다. 더욱이 세계를 버린다고 해서 정신과 이분화되어 세계를 타자화시키겠다는 것도 아니다. 세계는 세계로서 존재할 뿐이지만, 더 이상 정신적 삶과는 무관하게 존재하고 있기에 세계를 무화시키는 것뿐이다.

그렇게 될 때 함석헌이 말한 '영생, 즉 세계와는 동뜬 살림'(함석헌전집19, 262쪽)의 삶이 도래할 것이다. 퇴락한 세계, 정신과 균형, 그리고 조화를 이루지 못하는 충동적인 세계를 무화시키는 순간, 새로운 삶의 세계가 열린다. 영 딴판의 세계, 정신의 무력함을 극복하고 펼쳐지는 삶이 생겨날 것이다. 영생은 지금의 세계와는 다른 모습의 삶이어야 한다. 그렇지 않다면 영생은 의미가 없다. 영생은 사물성(thingness)이 아니다. 그렇다고 죽음을 그리워하는 유희적 삶을 대망하는 것도 아닐 것이다. 다만 정신의 수치, 정신의 결여, 정신의 외설이 승화되어 더 이상의 의심과 의문이 남지 않는 순수한 정신의 세계, 정신적 삶의 지극함일 것이다. 종교인이든 비종교인이든, 인간이 바라고 꿈꾸는 궁극의 삶은 바로 이것이어야 한다. 그래서 종교인은 '따라나서야' 한다(함석헌전집19, 263쪽).

종교적 창시자의 삶을 부끄러워하거나(선망) 욕망의 화신인 것처럼 생각하여 추종하라는 것이 아니다. 종교인에게 있어서 창시자의 추종은 '질문'이다. 나 없는 초월자, 그리고 앞선 창시자의 삶과 정신세계에 대한 질문을 통한 해답 찾기가 되어야 한다. 질문은 나를 바로 세우고 의문을 해소하기 위한 가장 근본적인 종교적 태도이지만, 그것이 가지는 목표는 결국 나를 없애기 위한 자기 심층의 노출이어야 한다는 점이다. 그러면 창시자의 본의와 부합하여 따라나서기가 된다. 따르면서 자신이 서 있는 근본적 자리가 독단이나 권력의 자리가 아닌지를 묻고 선 주체의 위상을 올바로 정립해야 한다. 그래서 따라나설 때는 내 것이 있다는 소유 관념, 내가 있다는 존재 관념도 버려야 한다. 소유는 주이상스(jouissance)이다. 가짐을 통해서 마음과 몸의 향락을 즐기고자 하는 것이다. 그러나 주이상스는 인간 정신의 공백과 결여와 다르지 않다. 주이상스는 나의 정신적 결핍의 감정이나 다름이 없다. 다시 말해서 주이상스는 정신적 죄의식의 아프리오리한 결과이다. 인간의 무의식은 이 주이상스를 갈구하지만, 그것은 영원한 결핍으로 남아 있는 잔여물과도 같다. "욕망은 항상 욕망의 욕망"일 뿐이다.[68] 지젝은 다음과 같이 주장한다. "존재하지 않음에도 불구하고 일련의 속성들을 지니고 있으며 일련의 효과들을 산출할 수 있는, 그러한 역설적인 기괴한 실체로서 실재를 규정한다면 탁월한 실재는 향락이 될 것임은 자명하다. 향락은 존재하지 않는다. 그것은 불가능하다. 그러나 그것은 수많은 외상적인 효과들을 양산한다."[69] 향락은 비어 있음이자 실체가 없다.[70] 따라서 소유 관념, 존재의 관념을 무로 돌려야 진정한

68 S. Zizek, 이수련 옮김, 이데올로기라는 숭고한 대상, 인간사랑, 2002, 294쪽.

69 S. Zizek, 위의 책, 277–278쪽.

70 S. Zizek, 위의 책, 287쪽.

삶, 참 삶을 얻을 수 있다. 그것이 신앙의 도약이고, 초약(超躍)이다. 초월하면서 도약한다가 되는 것이다. 종교나 철학이 "넘어 뜀" 혹은 넘어-뜀이 없이는 그 궁극의 자리에 다다를 수가 없다. 절대 생명, 곧 영생을 얻으려면 상대적 세계를 넘어서 절대적 세계로 뛰어야만 한다(함석헌전집19, 264-267쪽).

우리는 세계와 정신의 양립불가능성, 불일치에 놓여 있을 수 있다. 정신과 세계가 분열되고 세계 때문에 정신이 사라지고, 정신으로 인해서 세계 변혁이 불가능해지는 상호장애물이 될 수 있다. 그럼에도 정신은 타협이 없다. 세계가 상실되고 장벽이 된다고 하더라도, 세계가 정신을 뒤틀리게 만든다면 단순히 정신을 개량하거나 세계를 개량하는 수준에서만 그칠 수는 없다. 온전하고 완전한 탈바꿈, 불가능성을 가능성으로 만드는 세계에 대한 부정의 부정성만이 세계를 살리고 정신도 살릴 수가 있는 것이다(함석헌전집19, 270-271쪽). 물론 세계와 정신이 유기적인 통일체로 존재하는 것은 사실이다. 부인할 수 없다. 그러나 전부 아니면 전무일 뿐이다. 부분일 수는 없다(함석헌전집19, 272쪽). 그러기에 더더욱 정신의 방해가 되는 세계라면 세계 그 자체를 비움으로 가져가야 한다는 것이다. 세계를 인식에서나, 존재에서 비워 있는 대상으로 놓아야 대립이 해소되면서 오히려 정신의 자유로움이 진리 그 자체를 드러낼 수 있다. 정신이 지향하는 것이 진리의 발현이고, 그것을 통해서 삶의 세계가 숭고해질 수가 있을 것이다. 그렇다면 우리는 지금 당장 정신을 선택해야 한다. 세계를 선택하면서 끊임없는 정신의 죄책감과 수치감으로 살아갈 수 없다. 세계는 정신에 의해서 해명되어야 하고 선함으로 구성되어야 하는 것이지, 정신을 축조하는, 정신을 조작하는 대상이 되어서는 안 된다. 정신의 자발성과 정신의 자유, 정신의 의지를 성숙한 삶의 전제조건으로 내세워야 하는 것이 인간의 본원적인 삶의 태도이다. 따라서 정신의 세계가 굴복하거나 세계의 힘에 의해서 정신을 배반하는 인간이 되지 말아야 한다.

그러기 위해서는 정신과 영혼이 온전해야 한다. 온전해야 한다는 것은 필연성이다. 초월자의 명령이다(함석헌전집19, 273쪽). 그러므로 지켜야 하고 구현해야 하는 의무이다. 정신 혹은 영혼이 세계와 평형상태로만 유지되는 것은 의미가 없다. 우리의 정신과 의식이 항상 세계에 앞서 있어야 세계 이전의 세계, 삶 이전의 삶을 지향할 수 있다. 하늘로부터 부여받은 인간 정신의 온전성, 삶의 숭고함을 지키기 위해서 모든 세계의 관념을 상대화시키고, 세계의 악과 타협하지 않는 자세가 필요하다. 세계로부터 이미 주어졌다고 하는 선험적 사실, 사건, 대상에 대해서도 정신은 의심의 시선을 견지해야 하며, 더불어 삶과 정신을 항상 변혁하는 해석학적 이해를 잊지 말아야 한다. 정신과 영혼, 그리고 의식의 온전함은 단번에 이루어지지 않는 과정적, 중단 없는 과제이다. 그것이 나의 실재, 나의 현실이 될 때까지 긴장의 고삐를 늦추지 말아야 할 이유이다.

4. 가상(假象)의 생철학적 기적과 실존적 의미 서사

"우리는 삶의 의미에 대해 묻는 것이 아니라, 거기에 대답해야 한다."[71] 종교적 서사(narrative)가 어떤 기적을 규명·표현하려고 하는 것은 당연한 것으로 보인다. 심지어 종교현상과 종교체험은 기적의 연속인 것처럼 생각하는 경향이 있다. 종교가 초월적인 존재에게 염원하는 바를 발원하면 자연 질서 속에서 강력한 기적이 일어난다고 믿는 것이다. 사람들은 이러한 기적이 '왜' 일어나는가에 대한 물음보다는 '어떻게' 일어나는가에 대한 관심에 더 집중되어 있는 듯하다. 어쩌면 기적에 대한 근본물음, 즉 '기적이 무엇이냐'라는 질문에 답을 구하기보다는 사적 관심, 사적 이익에 따라 개인의 신변을 유리한 쪽으로 변경하기 위해서 초월적 존재에 발원하는 경우가 많이 있는 것 같다. 바우만(Z. Bauman)은 이것을 그냥 지나치지 않는다.

"인간은 논리학의 법칙을 따르기 위해서가 아니라 기적 때문에 신을 필요로 합니다. 신의 투명성과 일상적 모습 때문이 아니라 불가사의함과 예견 불가능성 때문에 말이죠. 사건들의 흐름을 뒤집어버릴 수 있는 신의 능력 때문에 말이죠. 사물들의 질서에 노예적으로 복종하는 대신-인간은 그렇게 하도록 강요되며, 또 대부분의 인간은 대부분의 시간 동안 그렇게 하고 있지요-그것을 한 켠으로 밀어젖힐 수 있는 신의 능력 때문에 말입니다. 간단히 말해 인간이 전지전능한 신을 필요로 하는 것은 인간의 이해와 행동 능력으로는 가닿을 수 없는 저 모든 무시무시한, 겉보기로는 감각이 없고 말이 없는 맹목적 힘들을 설명하고, 바라기로는 길들이고 순치시키기 위해서입니다."[72]

71 Viktor E. Frankl, 박현용 옮김, 빅토르 프랑클 회상록. 책에 쓰지 않은 이야기, 책세상, 2012, 205쪽.

72 Z. Bauman, 조형준 옮김, 빌려온 시간을 살아가기, 새물결, 2014, 227쪽.

이를 가볍게 여기지 않은 함석헌은 다음과 같이 말한다. "기적의 의미는 '어떻게'에 있는 것이 아니라 '왜'에 있습니다. 예수님은 놀라운 기술을 보여주기 위해 기적을 행한 것이 아닙니다. 아무리 기적을 많이 행한대도 그것으로 인간의 건강문제, 경제문제, 정치문제가 해결되는 것은 아닙니다. 기적을 행하신 것은 그것으로 어떤 뜻을 드러내는 데 있습니다"(함석헌전집19, 355쪽). 기적은 이유와 까닭의 문제요, 뜻의 문제라는 것이다. 기적을 행하는 자가 발원하는 자를 위해서 마음껏 자기 실력과 능력을 뽐내는 것도 아니라는 것이다. 종교적 기적의 서사는 도대체 왜 그 사건이 일어났는가에 초점이 있다. 예기치 않은 사건 혹은 어느 정도 바랐던 사건이 일어난 배경에는 분명한 뜻이 있게 마련이다. 로고테라피(의미요법)의 창시자 빅토르 프랑클(Viktor E. Frankl)이 말한 것처럼, "어떤 사람에게 일어난 모든 일은 어떤 궁극적인 의미, 다시 말해 초월적인 의미를 가져야만 한다. 인간은 그 초월적인 의미를 알 수 없지만 그저 믿어야만 한다. 궁극적으로 중요한 것은 아모르 파티(amor fati), 즉 운명에 대한 사랑이다"[73]라고 받아들인다면, 기적에는 궁극적인 어떤 의미가 있다고 봐야 한다. 그러니까 "모든 일"에는 "초월적인 의미"로서 기적과도 같은 운명이 전개되는 것이다.

자신의 운명과 삶에 대한 서사는 이미 의미 연관 구조 속에서 기적을 경험하고 있다. 우리가 그것을 기적 서술과 기적 고백으로 할 것인가 말 것인가만 남아 있을 뿐이다. 앞에서 말한 것처럼, 마치 삶에서 뜻이 현현한다면, 삶에 뜻이 없는 것이 있을 수 없다고 가정한다면 삶

73 Viktor E. Frankl, 앞의 책, 79쪽.

은 기적의 연속이라는 말이 된다. 따라서 기적의 서술은 삶의 뜻을 발견하는 것과 크게 다르지 않다. 이것은 빅토르 프랑클이 생사가 오가는 죽음의 강제수용소에서 삶의 의미와 해답을 찾으면서 그것을 잊지 않으려고 했던 것을 보면 잘 알 수가 있다. 살아야 할 의지는 삶의 뜻을 발견할 때 매순간 기적 같은 사건들을 경험하게 된다는 것이다. 함석헌은 이어서 이렇게 언급하고 있다. "예수님이 기적을 많이 행하신 것은 우리로 하여금 낡은 질서 속에 평안하다 하고 있다가 말라죽지 않게 하기 위하여 그것을 깨치노라고 하신 것입니다. 이미 있는 질서가 깨지면 사람은 다시 깊이 생각하게 되고 생각하면 새 시대가 열리고 그 새 시대에 맞추려면 노력하게 되고 그 노력 가운데 역사의 진보가 있어 생명은 일단 높은 데 가게 됩니다"(함석헌전집19, 356쪽). 그가 말하는 속뜻은 기적이란 종래의 질서를 타파하고 새로운 질서, 생명의 질서, 진보의 질서를 전개하는 것에 있다는 것을 간파하게 된다. 사람들은 기존의 질서, 현 질서를 고수하려 하고 그것이 가지고 있는 한계를 인식하면서도 깨우쳐 꿰뚫고 나가려 하지 않는다. 다시 말하면 새로운 뜻, 새로운 의미를 위해 낡은 질서를 무너뜨리려는 의지를 강하게 하지 않는다.

기적이 일어나는 소이연은 사람들로 하여금 현 체제와 질서 속에서 죽지 않게 하기 위해서이다. 질서란 한 번 만들어지면 좋은 것도 있지만 사람을 부자연스럽게 억압하고 강제하는 것들이 있어서 결국 구속과 죽음으로 몰고 간다. 생명의 진보와 생명의 진화가 멈추게 된다. "이 세상의 근본 질서는 너, 나, 네 것, 내 것을 구별하는 데 있습니다. [……] 쓰면 없어진다, 네 것은 네 것이고 내 것은 내 것이라는 그대로

가 진리가 아니다 하는 것을 알려주자는 것입니다"(함석헌전집19, 357쪽). 질서는 구분, 구별, 차별로 치닫게 된다. 비판적인 시각에서 볼 때, 질서가 계급을 정당화하고 빈부의 격차를 당연시하며 통제를 가장한 폭력적 행위를 서슴지 않는다는 것을 잘 인식하지 못한다. 설령 그것을 깨닫는다고 하더라도 종래의 질서를 개혁하려는 의지와 행동이 좌절되곤 한다. 키에르케고르(S. Kierkegaard)는 말한다. "인간은 자기 자신에게 절망하고 싶어 하지 않는다."[74] 그러므로 기적은 그러한 것들을 뒤집는 데 있다. 예수의 기적 서사/사화가 말하는 것은 단지 자연 질서를 역행하는 비과학적 서술을 의미하지 않는다. 오히려 기적은 철저하게 삶의 왜곡된 현상에 대해서 바로 잡고자 하는 의지의 발현이라는 것을 알게 해준다.

"현대의 문제를 순 경제 정치적으로만 생각해서는 해결의 길이 없습니다. 문제가 문제되는 근본 까닭은 사람은 물질로만은 살 수 없다는 데 있기 때문입니다. [……] 인간의 인간이 된 점은 도덕적인 것이 그 인격의 핵심을 이루는 데 있습니다"(함석헌전집19, 357쪽). 오늘날 삶의 질서와 척도는 경제적 힘과 가치, 즉 돈에 있다. 그것이 이 세계의 근본 질서가 되어버렸다. 그러므로 사람들은 초월자에게 물질적 축적을 위한 발원을 하기 마련이다. 물질적인 축재가 이루어지는 과정에 대해서는 별로 깊이 생각하지 않는다. 오직 물질적 권력과 질서에 편승하기만 하면 되니 말이다. 빅토르 프랑클은 우리에게 다음과 같은 생각꺼리를 던져준다. "사람에게는 돈이 필요하지만, 돈을 소유하는

74 Viktor E. Frankl, 앞의 책, 71쪽.

진정한 의미는 돈을 생각하지 않아도 된다는 것에 있다는 것이 소박한 내 생각이다."[75]

돈을 생각하지 않는 새로운 질서를 만드는 것이 기적이다. 그것을 바로 오병이어의 기적을 통해서 예수가 보여주었다. 인간적인 질서는, 인간적인 삶은 도덕적 가치와 인격에 있다. 모든 삶은 그 바탕 위에서 이루어져야 한다. 물질적 토대 위에서 도덕이나 인격이 설 수 없다. 도덕과 인격의 구조 속에서 나눔과 베풂의 기적이 일어나는 것이다. 그래서 지그문트 바우만(Z. Bauman)도 다음과 같은 비판적 입장을 견지한다. "사회주의는 제게 불평등과 불의, 억압, 차별, 모욕 그리고 인간 존엄성의 부정에 대한 고양된 감수성을 의미합니다. '사회주의적 태도'를 갖는다는 것은 저 모든 잔인무도함에 반대하고, 그에 맞선다는 것을 의미합니다. [……] 국가는 두 가지 일을 해야 합니다. 먼저 노동력 구매에 필요한 돈이 부족할 경우 자본을 지원해주어야 합니다. 두 번째, 구매 가능한 노동력이 구매 가치가 있도록 보장하는 것입니다. 즉 작업 현장의 압력을 이겨내고, 육체적으로 건강하고, 제대로 음식을 섭취하며, 기술에 숙련되어 있고 품행도 방정한 등 산업에서의 고용에 필수불가결한 조건을 구비해야 하지요. 국가가 관리하는 보조금이 없다면 아무리 잘 나가는 자본주의 고용주라도 이 모든 지출을 거의 감당할 수 없을 것입니다. 그러한 비용을 떠안았다가는 노동력 고용 비용이 기준을 훌쩍 뛰어넘어 천정부지로 치솟을 것입니다."[76]

---

75 Viktor E. Frankl, 앞의 책, 184쪽.

76 Z. Bauman, 조형준 옮김, 빌려온 시간을 살아가기, 새물결, 2014, 32–33, 45–46쪽.

빅토르 프랑클의 다음의 말도 주목할 필요가 있다. “나는 니힐리스트들의 신랄한 냉소와 냉소주의자들의 니힐리즘에 반대한다. [……] 그 악순환의 고리(circulus vitiosus)를 끊기 위해서 필요한 것은 한 가지이다. 즉 폭로하는 자를 폭로하는 것 [……] 폭로를 멈출 수 없는 심리학에서는 인간의 진정성을, 즉 인간의 인간적인 것을 평가절하하는 무의식적인 경향만이 폭로된다.”[77] 인간적 세상을 위한 폭로. 폭로는 새로운 질서로의 편입을 가능하게 한다. 달리 말하면 기적 같은 사건이 발생하는 것이다. 종교적 기적이 기적이라고 말할 수 있는 것은 도덕적 가치, 인격적 성숙을 우선으로 하는 인간적인 세상을 이루게 될 때, 그렇게 인정, 서술할 수 있다. 초월자의 역사 개입을 통해 시공간의 잉여를 확보함으로써 삶의 허무와 공백을 메우는 것만이 기적이 아니다. 마술이나 요술도 아니다. 오히려 삶의 공백은 존재의 낡은 질서 속에 계속 머무르는 것이다. 낡은 질서는 바우만이 말하는 “인간 쓰레기”가 되는 것밖에 없다. 그것은 의미 없는 잉여인간으로 살아가는 것이나 다르지 않다.

“기적을 받아들이는 심리는 나의 판단을 완전히 버리고 순전히 전적으로 하나님의 뜻을 받아들이려는 태도입니다. 그럴 때 우리에게서 기적이라고밖에 할 수 없는 생명의 약진이 이루어진다는 것입니다”(함석헌전집19, 358쪽). 기적은 사적 이기심이나 이익을 벗어던지고 초월자의 뜻에 맡길 때 일어난다. 이른바 “생명의 약진”이 이루어지는 것이다. 인간이 할 수 있는 것은 기적에 자신을 맡기는 것이다. 생명이 계

77 Viktor E. Frankl, 앞의 책, 196-197쪽.

속 살도록 맡기는 일이다. 생명은 거듭 사는 것이다. 생명은 쉬지 않고 살게 되어 있다. "두 번째 인생을 살라고 생각하라. 첫 번째 인생을 잘못해서 모두 망쳤는데, 두 번째 인생을 살면서도 지난번의 과오를 되풀이하고 있다는 생각을 갖고 살아라. 실제로 책임감은 그런 가상의 자서전을 거쳐 진짜 자신의 삶으로 옮겨 가게 된다."[78] 의미의 연속, 의미의 질서가 깨지면 새로운 질서를 필요로 한다. 물론 하나의 질서를 깨고 또 다른 질서를 만드는 것은 인간의 실존적 불안을 야기할 수 있다. 그러나 인간의 기적은 그 불안을 극복하고 새로운 실존으로의 도약이라고 말할 수 있다. 수많은 종교적 기적의 서사 구조나 종교 기적 서술이 말하고 있는 것이 바로 그 실존의 변화이다. 상황이나 조건의 변화가 아니라 인간 자신의 실존적 인식의 변화가 기적이었다. 이것을 달리 실존적 의미 구조의 변화라고 말할 수 있을 것이다. 세계와 관계 맺고 있는 나의 의미, 관계적 의미를 새롭게 볼 것이냐에 따라 초월자의 뜻이 존재한다는, 내가 지금 존재해야 하는 초월자의 뜻/의미가 달라진다. 그럴 때 초월자의 뜻에 자신의 실존을 맡길 수 있게 되는 것이다.

78 Viktor E. Frankl, 앞의 책, 193쪽.

2장

새로운 인간학과 현존재의 인격 서술

2장
새로운 인간학과 현존재의 인격 서술

철학적 인간의 완성은 자기 개조, 곧 자기 존재의 내면을 뜯어 고치는 일이어야 한다. 철학적, 정치적, 종교적 실존의 공통점이 여기에 있다. 자기 바탈을 기호화하거나 실증적이고 논리적으로 규명할 수 없지만 자기 통찰의 가시적이고 형이상학적 행위 진술은 곧 바탈의 인격화와 바탈의 존재 변화로 드러나야 한다. 그렇지 않으면 정치적, 종교적 실존의 바탈은 대상화되고 평균적인 인간(das Man)이 되고 말 것이다. 개별 인격의 바탈과 국가가 정태적인 사물성(statische sachlichkeit)으로 전락하고 말 수 있다는 말이다. 그러므로 그 무엇으로도 명명될 수 없는 자기 본래성, 자기 고유 명사인 인격이라는 존재론적 변혁을 꾀해야만 한다.

인격이란 논리실증주의자들이 말하는 "일상적인 사람들로부터 구성된 평균적인 인간"과 같은 논리적 구성물이나 불완전한 기호가 아니다. 그것이 지시하는 바 동일한 인간을 말하거나 한마디로 명명, 기술

될 수 있는 것이 아니기 때문이다. 물론 논리적 구성물이라고 해서 허구적 존재를 지칭하는 것은 아니나, 그렇다고 인격이 철학적 분석이나 환원적 분석을 통해서 규정될 수 있는 것도 아니다.[79] 인격은 참 사람다움[仁]이다. 어짊이 인격의 바탈이요 인격을 구축하는 명사적 행위 방식이다. 그러한 인의 관념과 행위가 인간 혁명을 가져올 수 있는 발생 토대가 된다. 결국 인의 옹호는 인의 성스러움이라는 종교적, 철학적 언술 작업을 가능케 한다. 그 성스러움이 인간 혁명 작업을 사변으로 그치게 하지 않고 확신으로 이어줄 수 있는 명제적 정의(definition) 혹은 정당화를 낳기 때문이다. 인의 성스러움은 곧바로 자기를 부정하고 우주적 인격으로 비약한다. 인의 성스러움이 선천적인 가능성으로 가지고 있는 자기중심성의 욕망을 거부하고 상식적 인간으로부터 초월하게 하기 때문이다.

또한 이것-인의 성스러움-은 궁극적 관심에 붙들린 상태, 그 특별한 관심을 형이상학적인 만남의 차원으로까지 나아간다. 언어적, 존재론적 혼란, 인의 경험적 진술을 자기 자신의 있음의 타당성을 점유하고 확보하기 위해서는 인간 현존재는 없이-계신 이, 즉 자존적 존재에 사실과 사태의 근거를 두어야 한다. 그럼으로써 현존재의 유한성과 한계상황인 실존적인 죄를 극복할 수 있다. 자신의 실존적인 한계 상황을 인식하도록 만드는 것은 문학의 미학적 성격에 있다. 세계와 인간을 비판하는 정치미학, 문예미학은 인간으로 하여금 노예의 사실을 직시하고 비판한다. 이제 이러한 도구적, 비판적 논의와 선험적 논증

79 J. O. Urmson, 이한구 옮김, 철학적 분석, 철학과현실사, 2002, 60-63쪽.

들을 가지고 세계를 새롭게 축조해 나가야 한다. 인격의 바탈과 인의 성스러움, 그리고 자기 존재의 한계상황인 죄를 비판하는 미학의 기술(technique)들은 세계를 새롭게 그리는 밑거름이 될 것이다. 딜타이(W. Dilthey)가 "나는 자연이며 또한 역사이다"라고 말한 것처럼, 사람됨(Menschenwerden) 혹은 인간의 가능존재(Möglichsein)는 역사적, 자연적 실존을 벗어나지 못한다.[80] 따라서 앞에서 언급한 개념들은 역사적 실존의 죄, 공동체적 실존의 죄의 상황 구조를 타개해 나가는 중요한 인식의 틀, 철학적 틀이 될 수 있을 것이다. 그뿐만 아니라 "철학의 목적은 통찰에 도달하는 것이며 수수께끼들을 제거하는 일이지만, 철학의 방법은 언어적인 것"[81]이라고 적시하였듯이, 그것이 지시하는 언어적 폭력과 정치적 폭력, 윤리적 폭력을 검증하는 선험적인 범주의 수행언어와 실천언어가 될 것이다.

1. 자기 본성의 개조

국가 개조 혹은 국민 개조라는 말을 심심치 않게 듣곤 한다. 개조(改造)라는 말이 뜯어 고쳐서 새롭게 만든다는 것인데, 과연 집단의 개조나 공동체의 개조라는 것이 말로만(말처럼 쉽게) 되는 것인가. 개조가 허언(虛言)으로 끝나지 않으려면 일부만 고칠 것이 아니라 온통 뜯

80 이규호, 사람됨의 뜻—철학적 인간학—, 좋은날, 2000, 112쪽.

81 J. O. Urmson, 앞의 책, 65쪽.

어 고쳐야 한다. 그보다 더 중요한 것은 자기 인격, 자기 생각, 자기 행동을 먼저 뜯어 고치지 않으면 안 된다. 개별적 존재 하나하나, 내면 하나하나가 뜯어 고쳐지지 않는데, 전체의 외양이 형식적으로 뜯어 고쳐진 듯하여 모든 것이 개조되었다고 단언하는 것은 어불성설이다. 그래서 함석헌은 "자아의 개조는 곧 찾음이요, 나 앎이요, 나 함이다"(함석헌전집2, 80쪽)라고 말한다. 개조는 다른 것 아닌 자기 자신을 찾는 것, 자기 자신의 진면목을 아는 것, 자기 자신의 올바른 실천에서 나온다. 존재론적 자기 변화가 없이 국가의 존재, 국민의 존재가 변할 리 만무한 것이다. 국가 실존–국가를 특수한 생명체라고 간주한다면–은 개인의 실존 인식과 행동에 따라 달라질 수 있다는 말이다. 개별자의 실존적 인식과 행동의 나타남에 따라 그 나타남의 범주와 범위에 의해서 국가 실존의 개조 가능성이 나타나게 된다.

뜯어서 고친다, 즉 개조는 이 지점에서 종교와 만난다. 종교의 본래성은 인간 개조와 혁명에 있기 때문이다(함석헌전집2, 80쪽). 오강남은 인간 실존이 자신의 욕심과 욕망을 충족시키는 '표층종교'와 그러한 욕망 덩어리인 제 나, 몸 나를 없애려는 '심층종교'를 구분하면서, "종교란 결국 껍데기 자기가 궁극 실재가 아니라는 사실을 깨닫고 이를 죽이는 체험을 통해 본래적 자기 존재의 근원, 궁극 실재, 하느님을 발견해가는 체험의 과정이다"[82]라고 말한다. 종교란 궁극적으로 자기 실존의 변화 과정, 자기 실존의 본래성을 발견하는 과정이라는 것이다. 모름지기 실존의 개조는 앎과 실천이 같이 가야 한다는 것을 말

82 오강남, 종교란 무엇인가, 김영사, 2012, 142–143쪽, 148쪽.

하고 있는 것으로 고치고 변화하는 것에 초점을 맞추고 있다. 변하지 않으면, 날마다 개조하지 않으면 혁명이 아니고 종교가 아니라는 말이다. 인간의 혁명과 종교는 완성이 없다. 과정이고 생성이다. 혁명과 종교는 자기 변화를 멈출 수가 없기 때문이다. 그러므로 국가의 개조 운운하는 것은 끊임없이 혁명하자는 것이고, 국가가 국가 본래의 자기 자신으로 존재할 때까지 그 과정은 계속될 수밖에 없음을 시사하는 것이다. 그런 점에서 종교도 다르지 않다. 종교 본래의 지평은 개별적 인간 실존의 근본적 변화를 추구하는 것으로, 고쳐야 할 실존, 불완전한 실존으로 남아 있는 한 종교의 자기 혁명은 멈출 수가 없다.

이런 의미에서 "민족 개조를 하자면 정치와 종교가 합작하지 않으면 안 된다. 자아개조를 하려면 사람과 하나님이 합작을 하지 않으면 안 된다. 민족의 씨가 나요, 나의 뿌리가 하늘이다. 그러기 때문에 참 종교는 반드시 민족의 혁신을 가져오고, 참 혁명은 반드시 종교의 혁신에까지 이르러야 할 것이다"(함석헌전집2, 80쪽). 개조의 가능성 즉 인간 현존재의 구원 가능성은 정치적 존재와 종교적 존재를 공유하는 인간 이해, 인간 연구에 있다고 해도 과언은 아니다. 그래서 종교를 연구하는 것은 곧 인간 실존을 서로 이해하고, 인간을 연구하는 것이라고 말할 수 있다.[83] 정치적 실존과 종교적 실존은 서로 다르지 않다. 이 둘은 자기 자신의 개조를 목적으로 하고 있기 때문이다. 정치의 목적도 인간 실존의 변화요, 은폐된 자기 개조 가능성을 나타나도록 함으

83 Eric J. Shrape, 윤이흠 · 윤원철 옮김, 종교학–그 연구의 역사–, 한울아카데미, 1986, 67쪽.

로써 인간의 삶의 지평이 달라지게 하는 데 있다. 따라서 종교의 혁신은 혁명을 할 수 있는 근본 토대를 제공하는 것이 될 수 있다. 정치적 실존은 먼저 자기 본래성을 뜯어고치지 않으면 국가의 개조는 불투명할 수밖에 없다. 인간 실존이 관여하고 있는 생활세계의 범주가 국가 실존의 개조에 깊이 관계되어 있기 때문이다.

여기에서 다시 한 번 종교적 실존 범주를 되새기는 것도 좋을 것 같다. "혁명의 명은 곧 하늘의 말씀이다. 하늘 말씀이 곧 숨·목숨·생명이다. 말씀을 새롭게 한다 함은 숨을 고쳐 쉼, 새로 마심이다. 혁명이라면 사람 죽이고 불 놓고 정권을 빼앗아 쥐는 것으로 알지만 그것은 아주 껍데기 끄트머리만 보는 소리고, 그 참 뜻을 말하면 혁명이란 숨을 새로 쉬는 일, 즉 종교적 체험을 다시 하는 일이다. 공자의 말대로 하면 하늘이 명(命)한 것은 성(性), 곧 바탈이다"(함석헌전집2, 80쪽). 바탈을 새롭게 하는 일이 혁명이고 종교이다. 그 공통분모는 인간의 바탈에 있다. 인간의 본성을 숨 쉬게 하는 일, 새로운 숨을 들이쉬고 내쉬고 하는 일이 정치와 종교가 해야 하는 일이다. 조지 오웰(G. Orwell)이 일찌감치 말한 바와 같이, 예나 지금이나 민중을 위해서 "변화를 이끌 충분한 힘과 지성을 갖춘 정부"[84]를 원하고 있는 것이다. 국가가 개조를 하려면, 국민이 개조되려면, 그 근본 본성을 바꿔야 하는데, 다시 말하면 개별 실존들이 숨을 제대로 쉴 수 있도록 해야 한다. 본성이 숨 쉬지 못하는 것은 죽은 것이다. 현존재나 실존이라고 말할 수가 없다. 현존재나 실존의 생명은 바탈이 바탈로서 그 본래의 숨을

84 G. Orwell, 박경서 옮김, 영국식 살인의 쇠퇴, 은행나무, 2014, 32쪽.

갖고 있을 때이다. 그러면 바탈을 생기 있게 만드는 힘과 지성이 겸비되어 있는가? 회의적이다. 개조를 부르짖는 정치나 종교도 모두 그럴 역량과 지성은 현저하게 함량 미달이기 때문이다.

정치적 실존과 종교적 실존 모두가 권력과 지배, 군림과 오만으로 민중 개별 실존을 모두 일상인(das Man)으로 만들고 있다. 정치와 종교 모두가 자기 개조도 못하면서 국가의 개조, 국민의 개조를 외친다면, 개조라는 말로서 개별 실존을 억압하겠다는 발상이 아니겠는가. 역사를 보더라도 정치와 종교는 서로의 지위를 놓고 쟁투를 일삼아 왔을 뿐, 정작 그 자체의 변화에는 늘 무심하였다. 항상 근본은 그 자체로서 발언한 주체의 행동변화이다. 주장만 하고 그 발언을 명령으로 알아듣고 바탈이 온통 바뀌지기를 바라는 순종의 파토스를 자극해서는 바탈을 새롭게 할 수 없다. 그도 그럴 것이 "바탈은 변할 수 없는 것이다. 그러므로 혁명은 그 변할 수 없는 것이 잊어지고 잃어지고 가리워진 것을 도로 찾는 일이다. [……] 생명은 자기를 실현하자는 것, 자아의 본성 바탈을 드러내자는 것이다. 그러면 우리 살림에 무엇이 잘못됐다는 것은 결국 바탈을 잃었다는 말이다. 그러므로 잘못을 고치자는 노력인 혁명은 바탈 찾음이다"(함석헌전집2, 80쪽).

바탈은 어떤 체제, 어떤 상태, 어떤 환경에 따라서 상실되거나 망각되었을 것이다. 안타까운 일이지만 그것은 역사적으로 국가에 의해서, 종교에 의해서 자행되었던 뼈아픈 경험을 가지고 있다. 그 경험의 강도와 구조가 아직도 작용하여 민중 스스로 바탈을 찾지 못하게 하고 있는지도 모른다. 그런 까닭에 국가가 개조 운운하고, 종교가 혁신, 혁명을 부르짖는다는 것이 오히려 모순이 되어 버린 상황이다. 이러한 곤궁을 타개할 방법은 국가(정부)나 종교가 변화를 주도할 순수한 역량과 수준 높은 지성을 갖추는 일이다. 두 체제 모두 어떠한 특권적 지위나 권력을 내려놓고 민중 실존들에게 양도하고 바탈을 회복할 수 있는 가능성들을 제공해야 한다. 거듭 말하지만 민중의 실존, 민중 현존재적 바탈이 회복되지 않고서는 국가 실존의 개조, 국민 실존의 개조는 그저 권력자의 사변적 언어일 뿐이다. 그러므로 거대담론으로서의 개조를 외치려거든 무엇보다도 민중 실존의 바탈이 살아 있는가를 살펴야 한다. 그것이 선행되지 않고 어떻게 개조라는 언어를 개별 바탈이 알아들을 수 있을 거라 생각하는가.

권력(자)에 의해서 억압된 바탈을 풀지 않고, 바탈 개조를 언어화, 실행화하겠다는 것은 자가당착이다. 이미 억압된 것으로서의 바탈이 근본 실재인 나의 삶을 창조적으로 이끌어나갈 수 없다는 것은 명약관화한 것이다. 오르테가(Jose Ortega y Gasset)에 의하면, 인간의 삶은 나의 삶, 개인의 삶, 양도불가능한 것이다. "나는 타자의 삶을 사는 것이 아니고, 나의 삶을" 산다.[85] 하지만 나의 바탈을 망각하고서는 삶의 개조, 국가 살림의 개조를 가져올 수가 없다. 타자와 구별되는 순수한 자기 바탈을 자기 것으로 하지 못하는 인간은 타자의 바탈을 근본 실재로 여길 여유가 없는 것은 당연하다.

따라서 이제 기댈 것은 어떤 혁명의 인위성보다 더 근원적으로 위에서 명령하는 혁명을 하는 것이다. 혁명은 자기가 하고 싶어서 하는 것이 아니라 초월자의 주도적인 이끎에 의해 가능하다. "이제는 제가

85 정영도, 오르테가의 철학사상, 서문당, 2013, 36-37쪽.

계획 꾸며 하는 혁명이 아니다. 혼 위에 오는 절대의 명령에 못 견디어서 하는 운동이다. [……] 참 진리의 싸움은 설계하는 이도 하나님이요, 지도하는 이도 하나님이다"(함석헌전집2, 81쪽). 혁명은 근본적으로 하늘의 명령이 아니면 이루어질 수 없다. 우리가 혁명을 원하는 이유는, 지금까지의 혁명이 하늘의 명이 아니라, 인위적인 생각과 행동으로 인한 미완성이었기 때문이다. 혁명은 하늘의 명(命)에 의한 자연스러운 것이 아니면 안 된다. 정치와 종교 모두 혁명을 목적으로 하는 바, 하늘의 명에 의해서만 인간의 바탈뿐만 아니라 국가의 바탈까지도 개조할 수 있을 것이다.

2. 혁명의 토대로서의 자기 개조와 인격철학

앞에서 우리는 혁명과 자기 개조가 밀접한 관계가 있다고 말했다. 그런데 자기 개조의 근본에는 인격이라는 구조가 있다. 혁명 이전에 자기 개조로서의 인격이 전제되어야만 하는 것이다. 함석헌은 인격을 "의식 중에서도 가장 높고 큰 것"이라고 말한다. 여러 생물들 가운데서 진화의 가장 우위를 점하고 있는 이유는, 인간이 인격을 가지고 있기 때문이라는 것이다(함석헌전집2, 86쪽). 인격은 인간으로서의 자기 주관성이자 존재 양태 혹은 본성과도 같은 것이다. 세계와 인간의 관계를 피상적이고 형식적으로 판단하며 이기적인 관계성에 의해서 상호 소외로 이끄는 것이 아니라 내면성과 진실, 진정성을 가지고 자유로운 행위, 책임적 행위를 하는 것은 인격이 있기 때문이다. 그러면 인격을 좀 더 존재론적·현상학적으로 분석해보면, 먼저 인격의 격은 "틀"이다. 사람이 틀이 잡혔다, 틀이 크다 하는 것은 framework, mould가 주체와 객체를 담아내는 어떤 정신의 꼴이 분명하게 형성되어 자기 의식과 타자 의식의 교류가 가능한 상태라는 것을 의미한다(함석헌전집2, 87쪽).

여기에서 인격은 그저 있음(es gibt)이라고 말할 수도 있다. 이미 모든 인간에게 부여되어 있는 선물이다. 이 있음으로서의 인격은 타자를 지향하면서, 근본적으로는 개별적으로 존재하지만 전체로 있음이다. 함석헌의 "나와 너란 점(點: 저임[자기임])", "등 뒤에 지면 나인데 가슴에 품으면 너다"(함석헌전집2, 89쪽)라는 말 속에 이미 주체와 객체가 동일한 인격으로 만나고 있음을 기술하고 있다. 인격을 토대로 행위 주체와 객체 관계는 하나의 본질적인 존재 구조 안에 있게 되는 것이다. 나아가 이 인격은 단순히 있음이 아니라 끊임없이 자기 자신의 본래 자리를 물으면서 스스로 돌이키고 또 돌이키려고 한다. 이른바 철저한 자기 반성으로 나아간다.[86] 이런 의미에서 인격은 자기 개방성임과 동시에 타자에 대한 인식이기도 하다. 하지만 인격은 타자 지향성을 지속하지 않는 순간 철저하게 사물성, 한갓 비인격적 대상으로 전락한다. 따라서 인격은 타자에 대한 반성적 인식을 견지하고 의식화를 해야만 한다.

그래서 함석헌은 인격이 영원을 향하고 완성을 목표로 하는 미완성의 것이라고 말한다. 인격은 존재론적으로 그저 있음이지만, 주어져 있는 인격이 행위의 운동을 결여하게 될 때, 지향성의 운동을 정지하

86 E. Levinas, 양명수 옮김, 윤리와 무한, 다산글방, 2000, 36쪽.

게 될 때 완성을 향한 길이 요원해진다. 인격은 맨 껍질 혹은 외양이나 단순 지식으로 포장된 것이 아니라 남에게 아낌없이 주는 심정이다(함석헌전집2, 89-91쪽). 이것은 조작할 수 있는 인위적인 것이 아니라 인간 정신의 본연적 원리이다. 이는 함석헌의 다음과 같은 말에서 단적으로 잘 드러난다. "남을 위해 내 심정을 주어야만 나의 인격의 핵심이 드러날 수 있고, 인격의 핵심이 드러나면 내가 진리를 세상에 펴치게 되고, 나와 같은 사람을 얻게 된다. 이 씨를 인(仁)이라 한다"(함석헌, 위의 책, 91쪽).

인간의 인격은 어짊[仁]을 근본으로 한다. 인의 나타남이 인격이다. 인하지 않으면 인격이 아니다. 자기 내면의 입법적 원리인 인은 선험적으로 주어진 것이지만 미완성된 것으로서 완성을 지향해야 하며, 동시에 타자 속으로 깊숙이 침투하라고 강요한다. 인간 정신의 최고 원리인 인격이 없이 세계를 변화시킨다는 것은 인격의 확장으로서의 타자 인식과 타자와의 공통적 행위를 거부하는 것이기 때문에 불가능하다. 그것은 타자의 인격에 대한 억압이자 대립이다. 그러므로 "참으로 사람다운 삶은 있음의 차원에 만족하는 조용한 삶이 아니라는 것이다. 사람답게 사는 삶은 다른 사람에 눈뜨고 거듭 깨어나는 삶이다."[87] 이와 같은 맥락에서 "공자님이 인(仁)을 중요하게 말씀하신 것은 그것이 인격의 핵심, 우주의 씨기 때문이다. 씨에서 전체 나무가 나오듯이 또 나무가 다 자라서는 나중에 씨 하나를 남기듯 이 인간의 모든 인격 활동의 열매는 인(仁)이요, 그 인에서 또 모든 것이 나온다. 이것은 인

87 E. Levinas, 위의 책, 158쪽.

격의 핵심인 동시에 우주의 근본이다"(함석헌전집2, 91쪽). 만물을 변화시키는 근본 법칙인 인을 인간 정신의 고양된 원리이자 행위의 원리, 더 나아가 혁명의 원리로 삼은 이유가 여기에 있다. 인(仁) 혹은 인격은 모든 타자와의 공통 토대이며 혁명의 방향을 결정하고 혁명을 구현하는 핵심이다. 모든 언어와 행위의 출발은 인이어야 한다. 모든 혁명은 인에서 나와야 한다. 인하지 않은 인간이 결단코 혁명을 이끌어낼 수 없다. 혁명은 하늘의 뜻이기에 인으로 하늘을 움직이고 하늘의 뜻이 인과 부합하여 혁명을 참여하는 모든 인간의 인이 온 우주와 사람을 감동시키지 않으면 혁명은 성공할 수 없다. 따라서 "사람인 담엔 누구나 그 깊은 속에 인(仁)이 없는 사람은 없고 그 인이 사람의 사람된 까닭이다"(함석헌전집2, 91쪽).

인은 신성하고 경건하기까지 하다. 인의 형성을 보면 인간의 작위적 결과가 아니기 때문이다. 이 인을 깨달은 자가 '참 나'이며 '영원한 존재'가 될 수가 있다(함석헌전집2, 92쪽). '나'는 욕망의 근원도, 물질적 근원도 아닌 인의 무한 가능성을 품고 있는 '참 나'의 가능태로서의 존재이다. 주체로서의 나는 인을 실현하고 인으로 돌아가야 할 존재다. 또한 우주의 원리가 인이고 인격의 핵심이 인이라면 선하려고 하는 의지는 결국 참 나가 우주적 인격을 실현하고자 하는 데로 나아갈 수밖에 없다. "그러므로 중요한 것은 내 속에 인을 깨닫는 일이다. 하느님의 씨를 보는 일이다. [……] 죄를 짓고 더러워지고, 타락하고 죽는 것은 '참 나'가 아니요 나의 과피과육(果皮果肉)을 나로 알고 집착하기 때문이다. 그러므로 복숭아의 껍질과 살을 달라는 대로 아낌없이 주고, 속의 씨를 찾아내듯이 나의 '참 나' 아닌 부분을 잃은 대로 내버려 두고 그 속에 변하지 않는, 절대자와 동질이요 한 모습인 '참 나'를 발견하고 믿는 것이 구원 얻는 길이요 해탈하는 방법이다. [……] 자아 개조(自我改造)는 여기서부터 시작이 된다"(함석헌전집2, 93쪽).

함석헌은 인을 우주적 씨, 초월자의 씨로 보고 있다. 인의 초월성, 신성함은 절대자의 동질성이요, 참 나다. 그것을 발견하고 깨닫는 자가 구원을 받고 열반에 드는 것이다. 인의 종교적 성격은, 애초에 인의 외형, 즉 인격을 기초로 한 운동인 혁명이 하늘의 뜻에 있다는 것을 다시 한 번 상기시켜 주는 것이다. 인은 자기 비움, 자기 욕심을 버리고 타자를 사랑하고 우주를 사랑하며 초월자를 사랑하는 데서 시작된다. 그런 의미에서 비록 종교학적 담론이기는 하지만, "자기를 없애는 것, 자기를 비우는 것, 자기를 잊는 것, 자기를 부정하는 것, 무아(無我) 등으로 표현되는 '자아에서의 해방'이 종교적 삶의 기본 태도가 되어야 한다"는 종교적 논리와 맥을 같이 한다.[88] 분명히 인격의 핵심은 자기 자신 안에 있는 인, 무사욕, 초탈이다. 그러한 진정한 자기와 존재의 근원을 발견한 인격을 바탕으로 해야만 혁명을 할 수가 있다. "참 혁명을 제 속의 인(仁)을 발견하고서야 된다"(함석헌전집2, 93쪽). 인의 발견은 곧 자기 개조의 가능성이요, 자기 개조의 완전한 실현은 인을 몸체로 하는 인격을 갖추는 것이다. 이로써 혁명은 피의 혁명이나, 체제의 전복이나 또 다른 지배 체제의 확립이 아니라 인의 구현, 인의 완전한 실현이라는 것이 명확해졌다. 그러므로 혁명은 어떤 탈바꿈(transformation)이라기보다 원래의 상태로의 회복, 인한 상태로의 돌아

88 오강남, 종교란 무엇인가, 김영사, 2012, 143-148쪽, 292쪽 참조.

감이라고 보아야 할 것이다. 선하지 않은 인간을 인하게 해서 인격을 갖추게 하고, 인하지 않은 세계에서 인한 세계로 다시 돌려놓은 것이 혁명이라고 볼 수 있다.

3. 현존재의 자기의식의 귀속성

인간이 의식한다는 것, 이것은 자명한 이치다. 지금껏 그래왔던 것처럼 인간은 의식을 가진 존재로 살아갈 것이고, 그로인해 자기 자신과 세계의 있음, 행위 가능성, 판단 가능성을 확신할 것이다. 의식은 예나 지금이나 철학의 한 주제로 다루어지고 있으며, 그 의식의 자명성과 회의라는 상반된 주장이 서로 맞서면서 발전해왔다. 의식의 자발성과 불가능성(한계)에 대한 논의는 여전히 진행 중이다. 함석헌은 자아의식에 대한 확실성에 대해 조금도 의심하지 않는다. 의식하는 자는 결국 '자기'(자아)를 의식하는 존재라는 것이다. 그러나 정작 그가 말하는 것의 요지는 자아 존재의 확실성이 아니라 자기의식의 초월성이라고 해야 할 것이다. 의식을 더 파고들어가서 의식하는 자가 궁극적 존재(궁극적 관심, ultimate concern)를 만나게 되면 자기 의식, 즉 생각하는 자아, 생각하는 존재로서의 명석판명함조차도 그 초월자 속에서 일치(융해)된 존재가 되고 말기 때문이다. 그러므로 궁극적 관심과 만난 자기의식은 '있다'(being, sein)라고 말할 수도, 그렇다고 '없다'(non-being)라고 말할 수 없는 규정 불가의 존재가 되는 것이다. 궁극적 관심에 붙들린 상태의 자기의식은 그 존재와 일치됨으로써 부정된 것이지만, 동시에 좀 더 완전한 (초월)의식으로 고양된 상태이므로 긍정된 것이라 말해야 할 것이다(함석헌전집2, 94쪽).

현존재가 궁극적 관심을 체험하게 되면, 의식은 고양되어 현재 혹은 현실의 관심을 초월하기 때문에, 자기의식은 존재의 변화를 했다고 해야 맞을 것이다. 존재의 변화는 자기의식을 가지고 세속된 현상을 신뢰하고 그것에 토대를 두지 않는, 의지의 부정이나 욕망의 부재를 경험하게 된다. 우리는 이것을 불교의 열반(nirvana)과 동일한 것으로 볼 수 있다.[89] 나아가 "의식은 생명의 반사(反射)다." 의식은 생명현상으로서 현존재의 생각, 정신은 자꾸만 자기 생명이 기원했던 곳으로 되돌아가려고 하는 운동을 한다. 생명에 의한 현존재의 생각과 정신은 초월자로부터 나온 것이다. 따라서 현존재의 생각과 의식, 정신은 초월자와 일치하려는 의지를 숨길 수 없다. 의식의 발생 기원을 종교적 측면에서 초월자에게 두고 있는 함석헌은, 현존재의 생각, 의식, 정신의 근본 회귀에 주목한다(함석헌전집2, 94쪽). 현존재의 의식은 자기 폐쇄성을 극복하고 자신의 정체성을 찾기 위해서 초월자의 고향으로 회귀하려고[反省]한다. 이것을 좀 더 명료하게 추적하고 있는 배후를 종교에서 찾을 수 있다. "종교란 결국 반성이다. 생명이 저 나온 근본으로 돌아보는 것이 종교다"(함석헌전집2, 94쪽). 종교의 눈은 자기 자신의 근본 세계, 그 고유의 의미 세계에 두어야 한다는 것이다. 물론 여기에서 종교가 바라보는 시각은 초월자에게 고정된다. 불가능한 가

89 Rober G. Morrison, *Nietzsche and Buddhism. A Study in Nihilism and Ironic Affinities*, New York: Oxford University Press, 1997, p. 42, p. 55.

능성으로서의 생명의 창조는 초월자의 의지에 의해서 현실이 되었음을 분명히 하는 것이다. 삶, 생명, 의식, 현존재의 있음(현실태)은 초월자(의 세계)에서 비롯되었다. 이러한 사건을 종교적으로 표현한다면, "모든 것은 그리스도를 통해 하느님에게서 나오고, 그리스도 안에서 하느님께로 되돌아간다"[90]고 말할 수 있겠다. 그러므로 현존재의 자의식, 삶, 인생, 생명은 초월자의 의지를 '통하여', 초월자의 자의성에 의해서만 타당성을 갖는다.

함석헌은 현존재의 자의식, 자기 생명, 삶이 초월자에 의해서만 의미가 있다는 사실을 간파하고, 초월자와 일치하지 않은 현존재는 이미 죄의 상태에 빠져 있다고 단정 짓는다. 현존재가 초월자의 있음을 이곳저곳에 있다고, 그 현현 장소를 발언하는 순간, 현존재의 있음의 장소는 초월자와 분리된 것이요, 현존재의 있음 자체가 공동화가 되었기 때문에 그 불일치가 죄가 된다는 것이다(함석헌전집2, 94쪽). 따라서 현존재가 궁극적 관심에 사로 잡혀 있지 않고 자신의 존재 확인을 다른 곳에서 찾는 것이나 다름이 없다. 떨어짐, 이격, 분리, 관계 소원 자체가 죄가 될 수밖에 없는 것은 당연한 논리다. 그것이야말로 현존재의 불안을 야기하는 전율, 자기 의식의 진정한 소외가 되는 것이다. 현존재는 일치된 듯이 위장, 가장, 가상, 기만하는 오류를 저지르는 것이다. 함석헌은 이렇게 해석한다. "참 있음은 있음 아니다. 있는 줄 알지도 못하는 것이 참 있음이다. 나는 있다 하면 벌써 나도 '참 나' 곧 '한 나'가 아니요, 있음도 '참 있음'이 아니다. 존재라 할 때 벌써 원

90 심종혁, 영신수련의 신학적 이해, 이냐시오 영성연구소, 2012, 94쪽.

존재(原存在)에 금이 간 것이다. 존재의식은 타락이요 죄다"(함석헌전집2, 94쪽).

명석판명한 자기의식은 부인할 수 없는 사실이나, 그 존재의식은 궁극적 관심에다 둘 때 타당성과 의미를 획득할 수 있다. 초월자와의 관계를 벗어난 자의식은 불완전한 것이요, 자기의식의 주장은 초월자와 합일을 부정하는 것이기 때문이다. 따라서 현존재는 끊임없이 자기를 부정해야 한다. 자기의 있음을 지양하면서 신으로의 침잠을 통하여 자기의 없음을 긍정해야 한다.

그렇게 할 때 현존재의 인격은 자기 망각을 극복할 수 있다. 현존재의 인격은 역설적으로 자기를 초월할 때, 자기를 부정할 때 성장할 수 있고, 인격을 충족할 수 있는 가능성이 무한히 열리는 것이다(함석헌전집2, 95쪽). 인격의 이상은 신 안에 침잠하고 신 안에서 자기를 발견할 때 펼쳐질 수가 있다. 이러한 인격의 상승은 생명의 스스로 함에 의해서 완성된다. 생명의 스스로 함, 그것은 까닭이 없다. 까닭이 없는 신에 의해서 살기 때문에 까닭이 없는 것이다. 무슨 이유가 있어서 초월자가 존재하는 것이 아니라, 스스로, 저절로 존재하는 것이다. 초월자의 현존이 저절로, 스스로라는 자존적 존재(自存的 存在)라는 것은 그가 외부의 다른 어떤 존재로부터 영향을 받지 않는 자유로운 존재라는 말이다. 그야말로 모든 것을 초월한 존재 그 자체(스피노자, 실체)인 것이다. 그러므로 "신은 인격의 개념을 뛰어넘는다. [……] 신은 비인격성의 개념도 역시 넘어선다. [……] 신은 근본적으로 형언할 수 없기 때문이다"[91]라는 한스 큉(Hans Küng)의 주장은 적실성(타당성)을 갖는다.

현존재는 없이 계신 이, 까닭 없으신 이에 의존하는 정신적 존재이다. 동시에 까닭 없으신 이는 순수 정신이다. 따라서 현존재의 인격 또한 까닭 없으신 이와 동일화되어 저절로 된다. 물론 이때의 인격은 궁극적 존재와 일치가 되어 있을 때를 전제로 한다. 현존재의 인격이 굳이 영향을 받는다면 그것은 오직 초월자, 즉 까닭 없으신 이 뿐이다. 현존재의 인격이 상승될 수 있는 이유는 까닭 없으신 이와 함께 있기(일치/합일) 때문이다. "우리 생존 이유를 하나님에 붙인다는 것은 우리 생존이 물적인 것에 의존하지 않고 순정신적인 것이라는 말이다. 정신은 까닭 없이 있어 모든 그의 까닭이 되는 것이다. 뜻이 만물을 있게 한다는 말이다. 그러므로 인격이 이 스스로 자존하는 데 뿌리를 박은 후에야 비로소 힘이 있는 생활 곧 자신(自新)해가는 생활을 할 수 있다. 자기개혁을 누가 시켜서 될 수 있는 것이 아니다. 제가 스스로 해서만 될 수 있는 내가 나의 법규가 되고 나의 스승이 되고 나의 감독자가 돼서만 스스로 할 수 있다. 자기가 스스로 자기의 법칙이 되면 아무것의 지배도 받을 필요가 없고, 따라서 부단히 스스로 자라는 생명이 될 수 있다"(함석헌전집2, 95–96쪽).

이제 현존재는 초월자와의 동일화를 통해서 스스로 입법자가 되고 통제자, 관리자가 될 수 있는 존재로 변화되었다. 그렇다고 현존재가

91 Hans Küng, 김근수 · 윤세웅 옮김, 왜 나는 아직도 기독교를 믿는가, 열린세상, 2014, 48–49쪽.

초월자가 된 것은 아니다. 다만 현존재의 자기 의식과 행동의 입법자로서의 가능 존재가 되었다고 말할 수 있다. 그래야만 현존재의 자신의 불완전성을 통해서 초월자 혹은 자존자 안에 있으면서 그를 의식하되, 그 의식을 통해서 현존재의 자율성을 획득할 수 있기 때문이다.

4. 냉소적인 실존적 인간론

인간은 자신의 세계에서 노예(대상, 객체)의 상태에서 벗어나 자유롭게 살아가기 위해서는 어떻게 해야 할 것인가? 세계의 체제, 이데올로기, 주인에 의해서 만들어진 논리, 주인에 의해서 부여된 관점으로부터 탈피하기 위해서는 그것이 죄라고 명명되고 본래부터, 원래부터 죄라고 규정된 원죄로부터 벗어나야 한다. 함석헌은 그것을 인간 실존이 고장이 난 상태로 보고 있다(함석헌전집2, 96–98쪽). 실존적인 죄로 인해서 인간은 세계적 혼란과 고민에 휩싸여 있는데, 이 죄는 인간 모두에게 해당되는 한계상황이다. 그것은 이념적, 자본의 주인에 의해서 부추겨진 생존경쟁의 도가니에서 서로 죽고 죽이는 살육의 현실 속에서 윤리의 부재를 경험한 현존재의 자기 결핍적인 결과라고 해야 할 것이다. 윤리는 주인과 노예에게 부여하는 강압적이고 강제적인 이론적 학습이 아니다. 오히려 윤리는 주인이 가지고 있는 윤리를 압도하고 주인의 관점보다 앞선 인식을 가지면서 세계를 더 정확하고 명료하게 볼 수 있는 눈이다. 주인에 의해서 왜곡된 세계사적 시선을 잘 판별하면서 세계 구원을 위한 혁명의 인식을 올바로 갖기 위해서는 자

신의 세계와 인생에 대한 윤리적 해석, 윤리적 인식론이 필요한 법이다(함석헌전집2, 98쪽).[92]

이러한 것의 선봉에 서 있는 것이 문학이다. 문학은 종래의 세계관과 인생관의 끊임없는 투쟁이고 고발이다. 문학이 언어를 통해서 세계를 기획해 나갈 때, 존재의 거주지를 확보하는 것이다. 하이데거(M. Heidegger)의 언어관에 대해서 슬로터다이크(Peter Sloterdjik)가 비판적 인식을 가하고 그것이 인간 실존을 드러내기 위한 수단으로 삼는다고 강한 전복적 언표를 할지라도, 문학이 담고 있는 존재 세계는 윤리와 종교를 통한 실존의 안식처를 제공한다. 그런데 오늘날의 문제는 문학이 이와 같은 윤리관과 종교관이 결여된 언어 유희적 심미성에만 그치고 있다는 것이다. 물론 문학적 언어가 윤리와 종교일 수는 없다. 문학은 예술적, 미학적 소임에만 충실할 뿐, 거기에 윤리와 종교성을 담아낼 필요가 없다고 볼 수 있기 때문이다. 설령 그렇다하더라도 예술과 미학이 지향하는 바, 칸트가 말하는 도덕의 상징으로서 드러나지 않는다면, 궁극적으로 인간의 감성을 순화한다는 소기의 최종적 목적에 도달할 수 없을 것이다(함석헌전집2, 98쪽).

함석헌은 그런 의미에서 정치가와 문인을 비판한다. 정치가가 사회적 기틀을 쥐락펴락하고 있으면서, 문인은 인간의 취미(취향)를 고양한답시고 향락주의나 편리주의로 흐르고 말았다는 것이다. 정치와 문학은 자신의 의무를 방치하고 말았음을 지적하고 있는 것이다(함석

92 Daniel W. Conway, "Das Weib an sich. The slave revolt in epistemology", ed., Paul Patton, *Nietzsche Feminism & Political Theory*, London and New York: Routledge, 1993, pp. 118-119.

헌전집2, 99쪽). 앞에서도 말했지만 삶의 노예들은 주인보다는 나은 윤리관과 종교관을 가져야만 생존할 수가 있다. 정치와 문학이 그리는 삶에 막연히 자신의 삶을 의탁해서는 노예의 삶에서 벗어날 수가 없다. 인간의 냉소적 태도는 극단적인 행복으로 나아간다. 삶의 질서와 의미는 온데간데없고 다만 향락적인 행복과 가변적인 행복으로 일관한다. 저마다 사람들은 자기식대로 살아간다. 독창적이라 할 것도 없는 자기 본위대로 사고하고 판단한다. 실존의 깊이는 망각되고 실존의 의무론적 삶으로부터 탈피하여 막다른 골목으로 자신을 몰아세우고/닦달하고(Gestell) 있는 것이다. 함석헌은 이를 두고 "하나의 세계를 잃어버렸다"고 단언한다(함석헌전집2, 99쪽).

그렇다면 인간 자신의 독특한, 본래적 세계를 잃어버린 이유는 무엇인가? 죄, 곧 실존적인 죄 때문이다. 여기서 죄는 반드시 그리스도교적 의미에서의 (원)죄가 아니다. 벗어남, 중심에서 떨어져 나감이 죄인 것이다. 무엇이 중심이냐라는 논의는 차치하고라도, 인간은 자꾸만 자신의 세계에서 벗어나려고 하는 의지가 있다는 것은 부인할 수가 없다. 윤리, 종교에서 벗어나 향락과 무질서, 자기 본위적인 삶의 세계를 축조하려는 욕망이 벗어남이다. 정치가 민중을 바로 세워주지 못하고, 문학이 본래 존재의 집을 망각하며 취향의 문제로만 부각시키는 이상, 민중으로 하여금 중심을 잡게 만들기는 어렵다(함석헌전집2, 99쪽).

세계를 고쳐야 한다, 세계를 바로 잡아야 한다, 세계를 새롭게 구성해야 한다는 구호는 말로만 되지 않는다. 착상된 "죄의 병균", 곧 중심에서 벗어난 것을 치명적인 자기 본질의 상실인 것을 깨닫고 존재 본래의 상태로의 회복을 꾀해야 한다. 그러한 결단과 자기 존립의 근거를 마련하지 않는 이상 세계를 고친다는 것은 허언(虛言)에 지나지 않을 것이요, 무능력으로 끝나고 말 것이다. 세계 근거의 토대와 인간 실존의 근본은 존재 인식에 있다. 다시 말하면 자신이 실존적 죄인이라는 것을 인식하는 것이다. 실존적 결핍, 실존적 결여, 실존적 무능력을 존재의 죄의 지평으로서 발견하는 일이다. 이것이 안 되고는 혁명을 할 수 없다. '사회악은 죄의 나타난 것인데, 혁명이란 바로 그 죄의 뿌리와 싸우는 일' 아니던가. 단순히 피상적으로 지배 권력과 싸우는 문제가 아니라 그 밑바탕에 흐르고 있는 힘과 싸우는 것이 혁명이다. 이런 의미에서 함석헌은 혁명을 근원적인 데서 찾는 것을 알 수 있다. 하지만 흥미로운 것은 이러한 실존적인 죄는 한 사람의 죄가 아니라는 데에 있다. 죄는 개별적 실존의 죄인 동시에 공동체적 지평의 죄, 역사적 실존의 죄, 민족적 공동체의 죄이다(함석헌전집2, 100-101쪽).

우리로 하여금 실존적인 한계상황으로 도저히 감당하기 힘든 책임과 의무를 뼈저리게 느끼게 하고, 자기 상실 가능성을 파악하게 만드는 것이 바로 이 죄에 대한 인식이다. 그러나 실존적인 죄를 의식한다고 해서 완전히 자기 자신을 포기하는 데로 유도하고자 하는 것은 아니다. 자칫 실존적 현존재의 무질서를 운명으로 받아들이게 되면, 모든 우연적 사건조차도 필연적 타당성으로 확신하는 오류를 범할 수 있다. 다만 실존적인 죄와 민족의 죄, 인류 공동체의 죄가 세계적 자아와 밀접하게 연결되어 있기 때문에 인간의 실존 해명은 실존적 자아와 실존적 죄, 민족의 자아와 민족의 죄, 인류적 자아와 인류의 죄의 관계성에서 논해져야만 자기 운명에 대한 반항이 가능해질 것이고, 급기야 혁명의 의미 창조도 설명 근거를 마련할 수 있는 것이다(함석헌전집2, 101쪽).

더욱이 실존적인 죄를 인류 공동체의 죄의 차원으로까지 그 지평을 확장하는 것은 슬로터다이크(Peter Slotedijk)가 말한 "사이비 주체"가 되지 않기 위한 것이고, 그 무엇보다도 자신의 세계에서 노예로 살지 않기 위한 것이다.[93] 그래서 민중은 자신의 실존적인 죄를 부정하거나 변명하려 하지 않고 오히려 적극적으로 죄를 경멸하는 논증을 시도하려는 데는 바로 이러한 이유 때문이기도 하다. 민중은 실존적인 죄를 거부하면서 되레 실존적인 죄로 들어가는 모순을 초래하지 않기 위해 자신의 세계를 철저하게 반성, 해명해야 한다.

실존적인 죄의 인식은 노예로 살고 있는 자신의 모습을 탈피하고 이 세계가 다시 윤리와 종교, 의미 창조의 사건들이 발생하는 존재의 빛 혹은 존재의 터(Lichtung)가 되기를 바라는 총체적 시발점(그것을 실현하는 근원철학)이다. 실존적인 죄를 감당해야 하는 인간은 어떤 의미에서 들뢰즈(G. Deleuze)가 말한 아무런 가능성조차도 남겨 놓지 않은 소진된 인간인지도 모른다. 소진된 인간은 그 무엇을 실현할 수 있는 가능성이 없다. 그런 그가 다시 실존의 희망을 간직하려거든 실존의 죄의 세계에서 나와야(zur-Welt-kommen) 한다. 그것은 윤리와 종교가 담보된 문학과 정치 언어의 개현을 통해서 길들여진 자기 자신, 양육되고 훈육되어진 정주의 세계를 박차고 탈출할 때 냉소와 소진을 극복하게 될 것이다.[94]

---

93 Peter Sloterdijk, 이진우 · 박미애 옮김, 인간농장을 위한 규칙, 한길사, 2004, 110쪽.

94 G. Deleuze, 박정하 옮김, 소진된 인간, 문학과지성사, 2013, 23–24쪽; Peter Sloterdijk, 앞의 책, 62–63쪽.

3장

인간 현존재의
인문학적 의식의 암호 해명

3장
인간 현존재의 인문학적 의식의 암호 해명

세계가 단순히 우연적인 기표가 아닌 이상, 그것이 함의하는 구조내적인 의미는 인간의 의식까지도 변화시킨다. 그런 의미에서 세계는 사물성으로 존재하는 것이 아니라 인간과 삶의 변화를 위한 생명 구조이다. 더불어 인문적 구조에서도 인간은 말하고 묻고 대답함으로써 자신의 정신세계를 확장해 나간다. 말이라는 결정적 실체는 소리를 발화한 공기의 떨림 현상이 아니다. 말은 인간의 현실태와 현존을 직접적으로 지시하는 매개체이다. 게다가 이 말은 역사의 힘으로서 그 바탕의 언저리에서 인간 실존을 형성시켜 왔으며, 얼의 태도도 가능하게 했던 것이다. 얼, 즉 인간의 정신은 말과 더불어 인간의 역사적 의미를 그때 거기와 지금 여기를 드러내는 뜻 혹은 뜻-말이다. 그 뜻은 함석헌에게 있어 형이상학적 존재이다. 사람과 세계를 얼개로 엮으면서 그것이 세계와 생명의 구조, 인문의 구조로 연관성을 갖도록 하는 뜻과 얼이 존재하기 때문이다. 그 모든 것들이 삶의 구조라는 존재론적 토대에 모여지는 것은 삶의 구조 내에 있는 바탈이라는 근본 성격과 인간 본질의 무늬가 그것으로 인해 형성되는 틀이기 때문이다. 얼이 존재의 발현과 발화라면, 바탈은 그 얼이 품고 있는 내적 원인이다. 이 두 가지가 역사, 문화, 문명을 추동하게 하는 인간의 정신 구조라고 말할 수 있다.

이렇게 세계 구조, 생명 구조, 인문 구조, 정신 구조 속에 있는 인간은 삶의 주체적 존재이다. 어떤 권력과 권위, 그리고 체제에 의해서 구속되는 존재가 아니라 삶의 독특한 구조를 만들어가는 자기의식을 가지고 주체로서의 민중, 즉 혁명의 주체가 되는 것이다. 혁명을 주도한다는 것은 민중이 맨 처음의 진리가 발현한 곳으로 돌아가려는 의지, 그 원리를 타율에 의해서 인식하지 않는 것을 의미한다. 그러므로 혁명을 위한 주체로서의 민중은 자신이 처한 세계의 구조, 생명의 구조, 인문의 구조, 정신의 구조, 삶의 구조를 꿰뚫을 수 있는 눈을 견지해야 한다. 구조는 억압과 굴레의 틀이 아니라 인간이 구조라는 중층성을 벗어날 수 없기 때문이다. 그 속에서 뜻이라는 층위, 얼이라는 층위, 바탈이라는 층위를 다시 엄밀하게 구조화하여 삶을 완전히 개혁하고 혁명할 수 있는 생철학을 정립해야 한다. 뜻을 현실화하고 얼로서 깨어 있고 바탈로서 삶의 운동성을 생생하게 한다면 어떤 억압의 구조와 체제 속에서도 자신의 주체와 주권을 박탈당하지 않을 것이다.

함석헌이 인간 정신의 존재론적 층위를 명확하게 구분하여 설명하지 않은 것도, 인간 존재의 통합, 종합, 전체의 구조 속에서 보려 했기 때문에 해체적 분석을 시도한 것이 아니다. 오히려 구조를 넘어서기 위해서 층위적 정신이 서로 혼융되면서 민중의 힘이 오롯이 드러나야 한다고 생각했을 것이다. 인간 존재의 과제는 이제 정치, 경제, 교육, 역사, 종교 등에서 어떤 삶의 무늬를 형성할 것인가에 초점을 맞출 수밖에 없다. 바로 그런 의미에서 존재 변화와 실존의식, 그리고 생성철학은 함석헌의 말, 개념, 뜻풀이를 현실 속에서 삶의 힘으로 뿌리내리도록 노력하는 것이다. 이것은 곧 "언제나 새로운 경험으로부터 인간을 보다 깊게 그리고 언제나 보다 깊게 해명하려는 데" 있다는 것을 알아야 한다. 다시 말해서 함석헌은 전체의 구조를 바라보는 해석학적 도구와 개념, 그리고 인식의 조건을 통해서 전체적인 시각에서 인간 존재를 정초하려는 개방된 해석학을 전개한 것이다.[95]

1. 새로운 인간, 새로운 의식

함석헌은 "어떻게 새로워질 것인가"라는 글에서 변해야 할 두 가지를 언급하고 있다. 그것은 먼저 '세계관'이다. 생각하는 인간으로서 그 근저에 흐르고 있는 의식이라고 볼 수 있다(함석헌전집5, 277쪽). 세계의 구조, 즉 얼거리가 새로워져야 세계가 바뀌고 인간의 의식이 바뀔 수 있다는 것은 자명한 듯하다. 지금 세계나 인간의 의식이 전혀 진보하지 않는 정체 상태에 빠져 있다. 의식의 혁명이 일어나지 않는

95 Otto F. Bollnow, 이을상 옮김, 「철학적 인간학과 그 방법론적 원리」, Otto F. Bollnow 外, 현대의 철학적 인간학, 도서출판 문원, 1994, 45쪽.

정신의 공황 상태에 있는 것이다. 함석헌은 그러한 의식과 세계에 대해서 생명성이 없는 것이 아님을 분명히 한다. "세계는 죽은 세계가 아니고 산 세계입니다. 구조라 할 때는 생명 없는 고정된 틀처럼 생각되기 쉬우나 세계는 결코 그런 것이 아닙니다. 자꾸 변하는, 그저 변하는 것이 자라는 생명입니다"(함석헌전집5, 278쪽).

세계는 생명의 구조를 가지고 있어서 그 생명력으로 인간의 의식을 변화시킨다. 그것을 좀 더 명확하게 설명한다면, 세계는 단지 무생명적인 현상이나 구조를 가지고 있는 것이 아니라는 말이다. 즉 세계는 정신적 구조로서의 내적 구조와 대상 혹은 객관으로서의 외적 구조를 가지고 있다. 객관을 통하지 않고 주관 혹은 정신이 없고, 주관 없이 객관이 있을 수 없는 일이다. 이것은 칼 야스퍼스(K. Jaspers)의 철학과도 일맥상통한다. "우리는 대상이 있고, 그 대상으로 우리가 다가간다고 생각합니다. 우리는 그것을 가리켜 어떤 것, 사물, 사태(事態), 객관이라고 합니다. 그렇더라도 역시 대상은 그것이 모습을 드러낸 그대로 우리에게 존재합니다. 우리가 존재하는 까닭에 대상은 있는 모습 그대로 존재하는 것입니다. [……] 어떠한 나도 대상 없이는 존재하지 않고, 어떠한 대상도 나 없이는 존재하지 않습니다. 다시 말해 주관 없이 객관 없고, 객관 없이 주관은 없습니다."[96]

여기서 함석헌은 그리스도교적 세계관에 대해서 비판한다. "책으로 된 성경은 고정된 말인데 인간의 세계 이해는 자꾸 자랐습니다. 이

96 K. Jaspers, "철학학교", 철학학교/비극론/철학입문/위대한 철학자들, 동서문화사, 2009, 41쪽.

미 2천 년 전의 세계가 아닙니다." 그리스도교의 진리는 영원한 것이지만 그 영원성을 이해하기 위해서는 인간의 의식 세계가 달라져야 한다. 새로운 상징으로 새로운 의미로 받아들이고 사용할 수 있는 시대가 되어야 한다. 세계를 신화적 구조로 가지고 설명하던 성서의 내용을 이제는 비신화화해야 한다는 것을 함석헌은 논증하고 있다. 낡은 관념으로서의 천국이니 지옥이니 하는 성서적 사고나 세계관에 대해서 새롭게 이해해야 한다. 성서적 개념으로서의 지옥으로는 현재의 극악무도한 지배 권력을 저지할 수가 없다고 본 함석헌은 좀 더 새로운 지옥이 필요하다는 현실 정치적인 의식을 반영한 해석학적 주장을 내놓는다. 그의 생각은 아마도 그리스도교의 세계관이 과거의 신화적인 세계관에 굳어져서 현실적인 인간의 삶의 모습의 다변화한 측면들을 다 담아내고 해석하지 못한다는 뜻일 것이다(함석헌전집5, 278-179쪽). 정치적, 도덕적, 경제적 인간의 의식을 계몽할 수 있는 새로운 상징으로서의 세계관이 성서를 통해서 재해석되어야 한다는 것을 말해주고 있는 것이다.

삶이 변화하고 세계가 변화하기 위해서 새로워져야 할 두 번째는 '가치 체계'이다. 생각과 행동의 표준이 될 수 있는 잣대가 있어야 한다. 하지만 함석헌은 지금 그 보편적인 표준이 될 수 있는 범주가 무너졌기 때문에 세계가 갈팡질팡하고 위기와 혼란을 겪게 되었다고 비판하고 있다. 한 걸음 더 나아가 성서적 표준을 제시하면서, 그는 예수야말로 새로운 표준, 새로운 가치 체계를 세워준 분이라고 평가한다. ""옛 사람의 한 말을 들었거니와... 나는 너희에게 이르노니" 한 것은 곧 천하 사람이 나갈 새 방향, 새 행동의 표준을 제시해주신 말씀이었습니다. 구원이 그것입니다." 종교가 도덕적인 성격을 지니고 있으면서 민중 전체를 아우르는 울타리 역할을 해야 하는데, 일부 기득권과 지배 권력에 편승해서 그들을 위한 종교가 되어 버린다면 오히려 그리스도교의 본질과는 모순되는 것이다. 함석헌은 그것이 바로 종말이라고 단호하게 말한다. 예수는 분명히 그 시대의 새로운 표준과 삶의 방향, 새로운 행동 잣대를 부여해주고 가르쳐 주었다. 세계에서 폄하와 질타, 죄인, 병자, 약자 등 소외된 인간들을 포용하고 감싸안는 모습을 보여줌으로써 세계의 가치 체계를 새롭게 바꾸려고 했던 것을 알 수가 있다(함석헌전집5, 279-280쪽).

그런데 이제 세계는 한 발짝 더 나아가야 한다. 우주의 시대에 접어든 인간들은 종교나 철학, 윤리학으로만 세계의 방향을 다 제시할 수가 없게 되었다. 인간의 정신이 머무르지 않고 성숙해졌고, 또 생명을 가지고 새롭게 자랐기 때문이다. 인간을 이끌어 온 신성률(神聖律)이 다 무너진 것만 보아도 그렇다. 그것에 대해서 함석헌은 공산주의에 의해서 소유권의 신성이, 성의 개방에 의해서 가정의 신성이, 민권사상에 의해서 국가의 신성이, 세계적인 협동 기구와 핵무기의 발달로 전쟁의 신성이 무너졌다고 분석한다(함석헌전집5, 281쪽). 이에 대해 함석헌은 인간의 정신과 의식이 자람에 따라 이제 새로운 도덕, 새로운 예배 형식, 새로운 교리가 필요하다고 역설한다. 그것은 결국 인간이 어떻게 겉, 바깥이 아니라 "내면화"되느냐에 달려 있다. "종교는 생활의 내면화이기 때문"이다. 겉이 아니라 속을 파고들어야 한다. 더욱 더 정신이고 영이다. 첨단의 문명 앞에 외적인 물질과 기계 문명에 사로 잡혀 정신과 이성을 빼앗겨 버린 종교인, 그리고 현대인은 겉이 아니라 내면으로 더 깊이 들어가야 한다. 바깥, 즉 객관을 향해 눈을 돌리는 것이 아니라 안, 즉 주관을 향해 눈을 돌려야 한다. 이미 종교인의 의식과 욕구의 변화에 따라, 종교가 영성으로 대체되면서 삶이 곧 영성이고, 영성이 곧 삶이 되는 탈전통적인 삶의 영성이 강조되는 시점에서 종래의 초월적 경험이 아니라 또한 바깥에서(without)가 아니라 안에서(within) 추구함으로써 경험적, 실존적, 내면적 깊이의 삶의 영성을 중요하게 생각하는 시대가 되었다.[97] 함석헌식으로 말한다면, "겉에서 잃어버린 죽어버렸다는 하나님, 속에 찾아서만 새로 부활한 것을 보게 될 것"이다(함석헌전집5, 282–283쪽).

그 다음으로 중요하게 염두에 두어야 할 것이 자연 체험을 존중해야 한다. 그리스도교는 여전히 과거의 권위주의에 사로 잡혀 있다. 전통과 성서를 지나치게 내세우면 자연의 내면화, 자연의 정신화가 될 수 없다는 것이 함석헌의 지적이다. 이것은 칼 바르트(K. Barth)가 오직 성서만으로(sola scriptura)라는 종교개혁(교회쇄신)의 모토와 오직 그리스도만으로라는 신학적 논변에 의해서 자연계시를 인정하지 않은 것에 대한 개신교의 자연 체험에 대한 한계를 올바르게 보고 있다고 생각한다. 자연이 내면화되지 않는 상태에서는 계속 외면화에 치중될 수밖에 없고, 기술관료주의, 자연폭력주의에 맞설 수 없다는 것을 명료하게 깨달았던 것이다(함석헌전집5, 1984, 283쪽). 따라서 제사의 종교를 넘어서 예언자 정신이 필요하다. 교리와 의례, 종교적 허울에 빠

97 Paul Heelas, "Detraditionalizing the Study of Religion", ed., Slavicajakelic and Lori Pearson, *The Future of The Study of Religion. Proceedings of Congress 2000*, Leidin, Boston: Brill, 2004, pp. 252–254.

져서 진정성을 가진 언어를 말해야 함에도 불구하고 그러지 못한 종교적 직무 위기에서 벗어나야 한다. 그러기 위해서 인간을 선도할 수 있는 종교 본연의 모습, 즉 좁은 길, 생명의 길로 가야 한다. 그것은 "마음의 문이요 체험의 길"이다. 하지만 학자들이 말하는 기술 사회의 도래, 기술만능주의와는 다른 길임이 분명하다. 기술이 인간의 진보를 가져다줄 것이다. 하지만 과연 그것이 인간의 의식과 이성, 그리고 영의 진보와 비례하는 것일까에 대해서는 여전히 의문이 될 수밖에 없다. 함석헌이 우려하는 것이 바로 그것이다. 함석헌은 말한다. "구멍가게에 버티고 앉아 먼지 묻은 알사탕을 사고파는 데 목숨을 거는 장사꾼 모양 빛 멀어진 남의 종교를 주고받기를 그만 두고 알 마음으로 허무에 직면하는 날 세계의 모습과 그 세계를 꾸려나갈 새 계명이 받아질 것입니다"(함석헌전집5, 283-284쪽).

그러기 위해서는 종교가 대화-단절자(conversation-stopper)가 되어서는 안 된다. 정치적 참여와 논쟁에 대해서도 기피하지 말고, 공적 영역에서 적극적으로 종교적 의사를 개진해야만 한다. 그리하여서 인간의 이상적 사회와 세계를 만들어가는 서술적 유토피아로서 기능할 수 있도록 노력해야 할 것이다.[98]

98 Ronald A. Kuipers, *Richard Rorty*, London, New Delhi, New York, Sidney: Bloomsbury, 2013, pp. 142-147.

2. 인문적 인간, 문답하는 인간

인문은 말을 통해 뜻을 전달한다. 말은 묻는 것과 답하는 것, 즉 문답이라는 형식을 띠게 되면 물질의 구경(究竟)이 아니라 정신의 구경이 될 수밖에 없다. 물질에 뜻이 있는 것이 아니라 정신에 뜻이 있기 때문이다. 함석헌은 그것을 "영과 영의 문답"이라고 말한다. 달리 표현한다면 그것은 정신의 뜻, 즉 사랑의 말씀 혹은 교(教)가 되는 것이다. 인문은 궁극적 진리에 대한 인간의 정신의 향유, 그 깊은 데까지 밀고 나가는 힘이다. 그래서 '브라만'과 '아트만'의 문답이라고 말할 수 있는 것이다(함석헌전집2, 139쪽).

그렇다면 왜 오늘날 인문적 문답이 절실한가? 그것은 대부분의 인간이 뜻에 대해서 결핍되어 있기 때문이다. 어쩌면 뜻에 대해서 묻지 않기 때문에 그에 대한 해답을 찾으려 하지 않는지도 모른다. 뜻은 숨어 있는데, 뜻이 보이지 않는다고 해서 아예 포기하고 자신의 정신적 무늬조차도 형성하지 않으려는 무기력한 인간은 결국 시간을 잃어버리고 공간을 상실한 채 표류하고 만다. 함석헌은 말한다. "뜻은 숨은 것이므로, 숨었기 때문에 뜻이므로, 그것은 현상을 뜯어보아야 안다. 그래 묻고 대답이다. 말씀은 현상을 뜯어 제낌이다. 현상을 뜯어 제끼면 뜻의 샘이 저절로 솟아나오고 피어나오고 자라나온다. 그러므로 뜻엔 처음도 나중도 없기 때문에 처음과 나중을 지어낼 수 있다. 그것이 삶[生]이요, 숨[命]이요, 돼감[歷史]이다"(함석헌전집2, 139쪽). 현상 속에 뜻이 있다. 표피성, 피상성을 뚫고 들어가야 본질을 만난다. 그런데 그 뜻은 처음이 있고 끝이 있는 것이 아니다. 여여하다. 그런 의미에서 본다면 뜻은 물자체 혹은 존재 그 자체라고도 말할 수 있다. 완전하고도 최고로 뛰어난 어떤 존재, 무한히 선한 어떤 존재라고도 정의할 수 있다.[99]

뜻의 연구를 인문의 기초로 삼는다면 현상 이면에서 운동하고 있는 존재에 대한 탐구가 된다. 그래서 인문이 단순히 자기의식의 외현과 일신의 안위를 위한 방편이 될 수 없는 것은, 그것이 초월을 지향하는 자기 결단을 요구하기 때문이다. 현상 이면에서 자기를 향해서 오는 초월의 의식을 외면할 수 없어서 행동을 하고 생성적 삶을 이어가는 것은 자기의지만으로 되지 않는다. 인문이 문답이 되어야 하는 이유가 거기에 있다. 현상에 대해서, 현상 이면에 대해서 묻고 대답을 찾아야 자기의 삶이 될 가능성을 발견하게 되고 자기 생명성에 대한 분명한 목적에 경외가 생기는 법이다. 그뿐만 아니라 현상의 축적인 것 같은 시간성과 공간성이 중첩되는 삶의 세계가 그 이면의 존재에 대해서 캐물음으로써 다가서는 초월에의 삶은 개별적 존재의 실존적 삶과 더불어 온 인류의 시공간의 공유인 역사를 이루게 된다.

말을 통한 인문적 인간의 현존 가능성은 이미 성서의 요한복음 1,1절에서 드러난다. 말의 생산성은 현존의 부재에서 현존을 구원하는 역할을 한다. 마찬가지로 현상 이면에 뜻이 부재하는 듯해도 사실은 말을 통해서 현존을 불러들이는 것이고, 근원에 대한 욕망은 말이라는 음성적 기호에 의해서 가능해진다. 글이라는 문자를 통한 현존의 욕망을 넘어서는 인문의 형식은 현존에 대한 완전한 재현(representation)이

99 김성우, 로크의 지성과 윤리, 한국학술정보, 2006, 161쪽.

불가능하다고는 하지만 실제로 뜻의 의미화가 전혀 불가능한 것은 아니다. 하지만 말은 글이 갖고 있는 서열과 계급화를 무능력하게 만든다. 말이 갖고 있는 개별적인 음성적 기호가 무한한 현존을 가능하게 만들기 때문이다.[100] 이렇게 글을 통해서 현존을 해체하고 현존, 즉 뜻의 근원성을 오롯이 드러내도록 만드는 것은 무엇인가? 함석헌은 그것을 "얼"의 현존에서 찾는다. 얼의 기호학적 의미는 수량적 가치로 따지면 둘이 아니라 하나다. 그것은 현상적 글의 이면에 놓여 있는 뜻의 현존인 말의 발화적 신비요, 이성적 로고스에 의해서 포착될 수 없는 것이기 때문이다. 얼은 글을 차연(differance)으로 무한히 열어 놓고 이유(warum)의 궁금증보다도 앞서는 존재(있음, sein)의 차원에 있다는 것을 보아도 그것이 갖고 있는 해체적 성격을 가히 짐작하고도 남는다. 그래서 얼은 존재의 발화요 언표로서 역사를 태동시키고 문명이 되게 하고 철학과 종교의 물음 그 자체가 되는 근본이라고 말할 수 있는 것이다(함석헌전집2, 139쪽).

인문에서 이성은 매우 중요한 수단이다. 분명히 "이성은 빛이다. 빛이지만 그것이 하느님의 얼이 운동하던 그 깊음의 어둠을 비쳐 낼 수 없다." 그렇기 때문에 이성보다는 바탈의 얼이 우선한다. 이성에 의한 뜻의 현존은 불완전하다. 아니 폭력이다. 그것은 이분법적 대립 구조와 구도를 만들어 냄으로써 오히려 얼의 진정성을 사멸시킨다. 이항대립은 서열을 가지고 온다. 하늘과 땅, 선과 악, 저자와 독자, 정신과

100 김성곤, "탈구조주의의 문학적 의의와 전망", 윤호병 외 지음, 후기구조주의, 고려원, 1992, 18-20쪽.

육체 등의 경계는 상호대립을 통하여 서로의 특권을 아예 빼앗아 버린다. 이것을 해체하는 것은 얼이다. 바탈의 얼은 이항대립을 넘어서 진리를 유보하게 만든다. 뜻이 숨겨짐으로써 뜻으로 현존하도록 만드는 것이다. 뜻을 캐내어 뜻을 밝히는 재현은 뜻을 유희(Spiel)로서 오히려 그 뜻을 더 모호하게 만든다. 따라서 바탈의 얼을 통한 존재의 현존을 무한히 숨겨서 해석 불가능한 텍스트가 되도록 함으로써 그 뜻을 살릴 수 있게 되는 것이다(함석헌전집2, 140쪽).[101] 그러나 인문학 혹은 인문학적 가치에서 텍스트의 "읽기라는 것은 글에만 국한된 게 아니다. 문헌의 영역을 넘어 확장될 수 있다. [……] 온 세상이 텍스트이다. 얼굴 표정도 읽고 몸짓도 읽는다. 움직임과 기호, 소리, 행동, 마음, 콘텍스트, 그리고 상황도 읽을거리이다. 사실상 무엇이라도 잠재적으로 기호가 될 수 있고 통찰력 있는 독자에게 읽을거리가 된다. [……] 눈앞에 펼쳐지는 실재가 "거대한 경전"이다. [……] 이런 차원에서 "읽기"는 곧 "해석"과 동의어이며, 나아가 "이해"와 같은 의미이다."[102] 그럼에도 이성에 의한 존재의 본래성과 고유성의 해석 불가능성은 곧 얼에 의해서 그 뜻이 개현되도록 되어 있다는 것을 잊지 말아야 한다.

함석헌은 역사란 문인(文人; 글월)과 야인(野人; 바탈)의 싸움이라고 주장한다. 우리는 인문을 통해서 인간의 정신을 그려낸다. 글월을 통해서 무늬를 그린다. 자기의 생각, 자기의 속에 있는 뜻을 나타낸다. 다시 말해서 인문은 제 속에 있는 얼을 드러낸다. 물론 동일한 표

101 김성곤, 위의 책, 22-23쪽.

102 Dale S. Wright, 윤원철 옮김, 선불교에 대한 철학적 명상, 지식과교양, 2011, 88-89쪽.

현이기는 하지만 바탈은 그냥 바탈이 아니라 무늬, 즉 인문의 바탈이기도 하다. 사실 역사가 이 둘의 각축장이라고는 했지만, 그 둘의 싸움은 인간의 바탕을 위한 것이다. 이 둘의 상관성을 함석헌은 이렇게 풀어간다. "글월을 돋히지 못하고 바탈대로만 있으면 야해 못 쓰고 반대로 글월이 너무 지나치면 사(史, 형식)해 못 쓴다"(함석헌전집2, 140-142쪽). 그러므로 인문적 인간이란 무늬의 외형적 형식에만 치중하는 것도 아니고, 그렇다고 다듬어지지 않은 바탈대로만 해서도 안 되는 어떤 조화가 필요한 존재이다. 인문적 인간이 외형적 형식에 치우치게 되면 이데올로기에 빠질 수 있다. 자신의 얼이 그야말로 얼빠진 상태가 되어도 전혀 알아차리지 못한 상태의 나락으로 떨어지게 된다. 그것을 방지할 수 있는 전략은 바탈의 근본 바탕을 바로 세우는 일이다. 다시 말하면 무늬를 정신과 물질로 통일시키는 조화로운 상태로서 인간의 삶의 세계의 외형적 사물들을 질서 지우게 만드는 것이다. 바탈이 투영되어 나타난 정신들이 잘 자리 잡도록 문명, 문화를 잘 틀짓는 것이다. 바탈은 무늬를 통해서 그 본래성이 드러난다. 인문적 가치, 인문의 인간학적 가치의 실현은 바탈이 현실화되는 것에 달려 있다. 그것이 아니라면 싸우고 경쟁하려는 전략과 전술에 지나지 않는다(함석헌전집2, 143쪽).

"문명은 실현이다. 문명·문화의 명(明)이나 화(化)는 그 뜻을 표시하는 말이다. 바탈 곧 실(實), 참이 있어서 그것을 드러내는 것이기 때문에 그것은 밝힘이요 됨이다"(함석헌전집2, 143쪽). "정치도, 종교도, 교육도, 예술도 따지면 눈가림이다. 하나님의 눈, 다시 말하면 참의 눈을 가리잔 것이 목적이다. 참을 차마 바로 볼 수 없기 때문에 눈을 가리는 것이 문명이다”(함석헌전집4, 16-17쪽). 참, 곧 무한 존재에 대한 외현이 곧 문명이라는 것인데, 이를 달리 말하면 바탈의 실현은 문명으로 나타난다고 볼 수 있다. 바탈의 외현은 바탈의 얼이 역사화해서 나타난 현실이다. 따라서 가장 근본이 되는 것은 뜻을 어떻게 바탈의 얼로서 무한한 감춤이라는 모순적 유보 속에서 그 얼 혹은 뜻 그 자체의 외현을 건강하고 성숙될 수 있도록 만들 수 있겠는가를 고민해야 한다. 지금 인문이라는 말이 유행처럼 퍼지고 있지만, 정작 그 인문의 핵심이 되는 바탈과 얼은 온데간데없고 끊임없는 텍스트의 투쟁으로 오히려 역사적 독자를 지배하려고 하는 또 하나의 얼치기들이 등장하고 있음을 간과해서는 안 된다. 사회적 조건과 역사적 상황이 얼빠진 인간이 되지 않도록 현상의 이면을 깊이 있게 간파하고, 바탈의 얼을 소유하기보다는 향유하려는 인문학적 인간이 필요한 때가 아닌가 싶다.

3. 개인의 의식과 자유, 그리고 의식의 혁명

장 자크 루소(Jean-Jacques Rousseau)는 『사회계약론』의 서두에서 “인간은 자유로운 존재로서 태어난다. 그리고 인간은 어디서나 사슬에 묶여 있다. 어떤 자는 자신이 다른 사람들의 주인이라고 믿지만, 그들보다 더 노예가 되고 만다”[103]고 적고 있다. 자유롭게 태어난 인간이

103 Jean-Jacques Rousseau, 김성범 옮김, 사회계약론, 부북스, 2011, 14쪽.

어느 순간 존재의 구속 상태에 처해있다는 말이다. 인간은 자신이 진정으로 자유로운 존재라고 하는 것을 깨닫는 데에는 매우 오랜 시간이 걸렸다. 근대에 접어들어서야 비로소 "개인"(individual)이라는 의식이 싹텄고, 자신의 이성을 사용할 수 있다는 용기가 생겨났던 것이다. 그럼에도 불구하고 여전히 인간은 자신이 제도와 관념, 습관과 사회 공동체적 의식에 의해서 개인의 자유가 억압당하고 있다는 사실을 잘 인식하지 못하고 또한 그로 인해서 일정한 체제의 노예 상태에 있다는 것을 잘 알지 못한다.

이러한 상황을 누구보다도 깊이 통찰하고 있었던 함석헌은 "사람의 양심이 굳어지고 마비되게 하는 것은 양심"이라고 말하면서도 그것이 사회적 동물인 인간의 인식의 틀이라고 본다. 문제는 그러한 것이 인간을 구속하고 개인의 삶을 얽어매는 역할을 할 때, 그 사회 전체의 틀거지를 고쳐야 한다는 것이다. 그래서 그는 "혁명이란 다른 것 아니고 이 사회 제도를 근본적으로 전체로 고치는 일"이라고 주장한다(함석헌전집2, 108-109쪽). 사회 제도는 인간 공동체의 질서를 목적으로 한다고 하면서도 개별적 인간의 의식과 자유, 삶 전체를 사회적 인식의 틀로 강제, 강요하면서 사회 제도를 절대 불변의 진리로 확정한다. 따라서 이성적인 인간이란 자기의식의 주인이 되고, 자기 스스로 실존적인 결단을 할 수 있는 동물이라고 할 때,[104] 그러한 인식의 틀에 대해서 저항하고, 혁명하려는 것이 당연하다. 그렇다고 "정치가"를 교체함으로써 모든 문제가 해결되는 것은 아니다. 그것은 혁명의 일부분이

104 Jean-Jacques Rousseau, 앞의 책, 15쪽.

지 완전한 의미에서의 혁명이라고 볼 수 없다. 함석헌은 차라리 잘못된 근원을 뿌리째 뽑아내야 한다고 말한다. 더 나아가서 종교도 혁명을 해야 한다고 암시적으로 지적하고 있다. "기독교만 아니라 도무지 모든 종교, 종교만 아니라 통히 글[文]에 속한 것은 거의 다가 부도수표다. [……] 예수는 말을 입으로 한 것이 아니요, 몸으로 했다." 정치, 종교, 도덕 할 것 없이 묵은 제도라면 벗어던져야 한다는 것이다(함석헌전집4, 57쪽; 함석헌전집2, 109쪽). 그것들이 갖는 징후들은 낡음이라는 고착화된 진리, 화석이 되어 버려서 인간의 변화된 의식을 따라가지 못하고 오히려 인간의 의식을 이교적인 것으로 치부하여 충돌과 갈등을 일으키는 원인이 되기 때문이다.

그러면 함석헌이 말하는 진정한 혁명은 무엇인가? 좀 더 거친 표현을 쓴다면 "뒤집어엎음이다. [……] 안정된 사회는 사회의 피라미드의 밑을 이루는 민중층이 잘 발달되고 그 뜻을 나타내는 상층은 한 심볼 정도로 조그맣게 표시만 되는 사회다. 귀족 사회가 성해지면 사회가 불안해지고 혁명이 일고 말지 않던가? 무거운 것이 위로 올라가면 자연히 뒤집힐 수밖에 없다. 그러므로 혁명은 자연 법칙이다"(함석헌전집2, 111쪽). 소수를 위한 사회가 되어 상층부가 지나치게 거대해지면 하층부는 당연히 그 하중을 고스란히 받게 되어 있다. 민중들의 아픔이 가중되는 것이다. 상층부가 아래를 능가하는 힘을 가지게 될 때 민중의 주체 철학과 주체 의식은 더 강하게 부각되기 마련이다. 그것이 혁명을 하게 되는 계기이기도 하다. 인간 실존의 의식이 조화를 꾀하지 못하고 부의 편중이나 독재 권력으로 일관하게 되는 순간 자기의식은 혁명을 할 준비를 하게 되는 것이다.

혁명을 해야 하는 명분은 명확하다. 그것은 모든 나무의 뿌리인 민중, 씨올인 민중이 곧 나라의 근간이기 때문이다. 국가, 정부, 관리, 제도 등은 민중을 떠받치고 있는 줄기나 가지에 불과한 것이다. 다시 말해서 국가, 정부, 관리, 제도 등의 표상은 민중으로 나타나야 한다는 것이다. 그것이 역전되면 민중의 의식을 해체하고 형식으로서의 민중의 흔적만 가지고 가겠다는 것과 다르지 않다. 민중을 토대로 정치를 하고 경제 활동을 하기 위해서는 반드시 진리 혹은 질서[正道]가 있어야 하고 언론과 사상의 자유가 있어야 하여, 경제 활동이 원활하게 이루어져야 한다(함석헌전집2, 113쪽). 만일 그렇지 않다면 이 세 가지를 박탈하는 힘을 고쳐나가는 수밖에 없는 것이다. 다시 말하면 혁명이 일어날 수밖에 없다는 것이다. 혁명의 아우라(Aura)가 늘 민중의 그늘 속에 잠재되어 있는 것도 바로 그러한 이유이기도 하다. 민중은 자신의 형식으로 나타나는 모든 것들에 대해서 하나의 아프리오리(a priori)한 것으로 생각하지 않는다. 그것은 적어도 데리다(J. Derrida)가 말한 의미로서의 "차연"(差延, differance)이다. 따라서 민중의 자기의식의 발현을 보장하지 못하는 폭력적 형식-그 형식은 완전한 형태가 아니라는 점에서-에 대해서는 과감하게 저항하려고 할 것이다.

민중은 해체될 수 없는 주권을 가진 존재이다. 루소가 말한 바와 같이 민중이 가진 주권은 양도될 수도 없고, 분할될 수도 없는 것이다.[105] 그러므로 민중을 위한 정치(체)가 해체되거나 파괴되지 않으려면 "민중의 마음을 자주 갈고 깊이" 갈아야 한다. "그리 아니하면 질식

105 Jean-Jacques Rousseau, 앞의 책, 41-45쪽.

되고, 썩어지고, 파리[瘠薄]해진다. 가난해지고, 무지해지고, 타락한단 말이다." 그러니 그러기 전에 뿌리라도 살리려면 밑둥이라도 잘라내야 한다. 새로운 가능성을 위해서라도 말이다(함석헌전집2, 113–114쪽). 정치, 경제, 제도, 도덕, 종교의 가능성이 모호한 채로 민중의 삶을 힘들게 한다면, 그로인해 민중의 정신이 혼미해지기 전에 미완의 혁명이라도 필요하다는 것이다. 자칫 그대로 방치하면 민중의 부재로까지 치달아 이성의 자기 성숙 가능성은 완전히 사라지고 말 것이기 때문이다. 정치, 경제, 제도, 도덕, 종교의 주체라고 자부하는 이들은 민중에 의해서 부여받은 지위일 뿐이지, 결코 특권적 지위일 수는 없다. 그들이 민중의 주권을 해체하고 분할하고자 하는 타당성과 근거는 민중 스스로에게서 나오는 것이지 그들에게서 나오지 않는다는 점에서도 민중의 마음을 자주 헤아려야 한다. 설령 민중의 실존적 지위가 존경의 권리조차도 없어서 존재하지 않는 것처럼 여겨진다고 할지라도, 혹은 국가나 정부가 민중을 하나의 자본주의화된 실체로 만들어버려서 하나의 의례화되고 정형화된 언어가 되어 버린다고 할지라도 무기력한 존재라고 단정 지어서는 안 된다.[106]

진리는 형식의 표상이거나 민중의 질료를 드러내는 재현이 아니라 관계적이고 사건과 상황의 개입적이다. 다시 말해서 현존재가 존재한다는 것은 세계와의 관계에서 행동하고 반응하는 어떤 형태로서 존재

106 Alain Badiou, "'인민'이라는 말의 쓰임에 대한 스물네 개의 노트", Alain Badiou et al., 서용순 외 옮김, 인민이란 무엇인가, 현실문화, 2014, 16–24쪽; Pierre Bourdieu, "'인민적'이라고 말했나요?", Alain Badiou et al., 서용순 외 옮김, 인민이란 무엇인가, 현실문화, 2014, 52쪽.

한다는 말이다. 그래서 진리는 이러한 존재 영역에서 존재하고 현존재는 관계의 형식 속에서 그 진리를 향해 나아가게 마련이다.[107] 진리가 고착되지 않는다는 것은 실존의 관계적 상황 속에서 그 행동과 반응의 형식에 따라 가변적인 것이 될 수 있음을 시사한다. 따라서 혁명적 진리는 단순히 없애고 사라지는 것이 아니라, 관계적 상황 속에서 참다운 진리를 어떻게 추구할 것이냐라는 물음을 제기해야 한다. 즉 "모든 개혁·혁명의 표어는 늘 참으로 정의로 돌아가라는 것이다." 혁명은 맨 처음 원리로 돌아가는 것이다(re-volution; 다시-돌아감). 매순간 언제나 참다운 길은 하나뿐이라는 인식을 가지고 그 상황과 관계를 만들어 가려고 하는 노력이 요구된다. 상황과 관계는 변한다. 하지만 그 상황과 관계를 이끄는 힘, 즉 진리는 늘 맨 처음에 있다. 그 맨 처음을 찾아가려고 하는 것이 혁명이다. 물론 그것은 단순한 원리가 아니다. 거기에는 그 맨 처음으로 돌아가도록 만드는 혁명의 원리인 초월자[축], 그리고 그를 중심으로 힘을 규합하는 민중[체], 그리고 민중과 초월자를 연결해 주는 지도자[살]가 하나의 궤도가 되어 주어야 한다(함석헌전집2, 114-115쪽). 함석헌은 여기서 체를 사랑으로, 살을 참으로 푼다. 이 둘이 초월자를 향해서 움직인다는 것이다. "사랑은 전체를 봄이요, 참은 나를 전체로 봄이다. 참은 나와 하나님과의 관계요, 사랑은 나와 세계와의 관계다. 그리고 그것이 하나다. 그러므로 제일 원리란 곧 다른 것이 아니고 하나 됨이다. 나와 네가 하나, 사람과 하나님이 하나,

107 Herbert Marcuse, ed., Richard Wolin and John Abrimeit, *Heideggerian Marxism*, Lincoln and London: University of Nebraska Press, 2005, p. 35.

하늘과 땅이 하나, 절대와 상대가 하나, 그것을 구체적으로 실현하는 것이 나라라는 것이다"(함석헌전집2, 115쪽). 이 말은 결코 혁명을 하려면 일정한 종교적 배경과 사상이 있어야 한다는 것이 아니다. 현실과 상황을 분쇄할 수 있는 힘의 구심점은 초월이라고 하는 관념적이고 이념적 가치 혹은 형이상학적인 원리와 함께 그 주체적 행동 집단인 민중이 지도자와 더불어 움직여야 한다는 것을 뜻한다. 혁명의 이념적 토대, 혁명의 형이상학이 없이는 불가능한 것이요, 혁명의 방향성, 즉 진리를 향해서 끊임없이 하나가 되도록 만들어 주는 지도자가 없이는 추진력을 얻기 어렵다는 것을 설명하고 있는 것이다.

그러므로 궁극적으로 혁명의 원리 혹은 혁명은 나와 너 할 것 없이, 인간 실존과 세계 구분할 것 없이 온전히 하나가 되는 데 있다고 해도 과언이 아닐 것이다. 그렇게 뭉치지 않으면 나라라는 구체적인 형태가 성립될 수 없는 것이다. 혁명은 단순한 수사학적 언어가 아니라 온 세계가 하나가 되는 구체성을 띤 참다운 공동체의 실현에 있기 때문이다. 그런 점에서 함석헌의 혁명은 고독하지 않다. 아니 고립되지 않았다는 표현이 더 적절할지 모르겠다. 혁명의 원리가 궤도처럼 순환하면서 현재의 고착된 진리나 정치, 경제, 도덕, 종교, 제도의 폭력의 가치를 완전히 탈가치화하고 새로운 의식과 삶으로의 변화를 꾀하고 있기 때문이다. 그런 의미에서 혁명은 한 곳에 고여 있어서 썩어 가려고 하는 세계, 혹은 인간의 삶을 변화시키려는 끊임없는 생철학적 선택과 의미 부여라고 말할 수 있을 것이다.

4장

함석헌의 존재론적 인간 이해

4장
함석헌의 존재론적 인간 이해

오늘날 인간은 생활세계와 정치세계에서 권태와 지루함이라는 근본 기분을 느끼고 있다. 그러한 이유는 분명히 인간의 삶의 방식과 태도에 실존적인 문제가 발생한 것이다. 정신적이고 진지한 생각들, 배려 등의 인간 본래성으로 규정할 수 있는 실존의식들이 사라지고 있기 때문이다. 이것은 볼노브(Otto F. Bollnow)가 말한 실존적인 공동사회가 위기에 처해 있다고 진단할 수 있다. 실존적인 공동사회는 자연적으로 관계 맺어진 사회가 아닌 인간의 자유와 결단에 의해서 형성된 사회인데, 그 사회는 정치적 공동체 내에서 자유와 정신의 자발적 표현의 길이 장애가 생겼음을 의미한다.[108] 정치적 맹목과 정치적 무관심은 둘 다 위험하다. 두 극단의 상태는 인간의 근본 기분에 혼란이 발생하여 현존재의 실존적인 엄밀성, 정밀성, 정확성을 상실한 채 표류를 하게 만든다. 권태와 지루함의 실존에 처한 현존재는 그 사태에 굴복

108 Otto F. Bollnow, 최동희 옮김, 실존철학이란 무엇인가, 서문당, 1996, 96–97쪽.

하는 것이 아니라 맞섦과 저항을 통하여 난관을 뚫고 나가야 한다. 그러한 사태를 묵과하지 않고 비판의 목소리와 몸짓 언어로 자신의 자유를 찾으려는 실존이 바로 '들사람'이다. 함석헌의 들사람은 하이데거가 문제의식으로 삼는 일상인(das Man; 世人)과 다르다. 일상인은 자신의 결단에 의해서 행동하는 것이 아니라 파악되지도 않고 알지도 못하는 인간에 의해서 내몰리게 된다. 그는 익명의 집합체가 되어 평균적 인간, 저항할 수 없는 사람으로 살아간다.[109] 이에 반해 들사람으로서의 현존재는 삶의 생생함, 정치의 진지함, 정신의 살아 있음을 위해 싸움을 하는 능동적 존재이다.

또한 들사람으로서의 현존재는 역사적 실존이기도 하다. 시간성 안에서 자신의 그때 거기와 지금 여기를 파악하고 실존적 의식과 행동을 어떻게 취해야 할 것인가를 끊임없이 캐묻는 시간-물음의 존재, 사태-물음의 존재인 것이다. 이러한 묻는 존재는 자신의 실존적 자리를 정확히 바라보고 문제의 사태를 수동적으로 받아들이는 것이 아니라 적극적이고 능동적으로 받아들여 결단한다. 그도 그럴 것이 역사적 실존은 과거(그때 거기)와 현재(지금 여기)에 규정되어 있는 존재, 더불어 있는 존재, 얽매어 있는 존재, 따라서 인류의 공통적인 유산, 현존재의 공동체와 공존재적 존재로서 살아간다. 이른바 "생활(세계적) 통일체"를 이루고 살아가는 것이다.[110] 생활통일체 혹은 생활세계의 공존재적 현존재는 자신의 삶을 우연적이고 임시적으로 보지 않는다. 임

109 Otto F. Bollnow, 위의 책, 85쪽.

110 Otto F. Bollnow, 위의 책, 190-191쪽.

시적 존재, 우연적 존재일수록 사물을 자기 것으로 인식하려는 욕망의 늪에 빠진다. 일시적 근본 기분의 사태를 실존적으로, 현상학적으로 이해, 간취하지 못하게 되면 역사와 사건, 그리고 사물은 영구적으로 자기 것으로 해야 한다는 강한 집념이 지배하기 때문이다. 이것을 역사적 실존은 무(Nichts)로 돌려야 한다. 집착이나 소유로부터 초탈할 수 있는 현존재가 되지 않으면 일상인, 평균적 인간으로 퇴락할 것이다. 현존재 내면과 외면의 소유 상황, 유한한 사태를 직시하고 과감하게 전향하지 않으면, 들사람으로서의 현존재, 민중으로서의 현존재는 일상인처럼 무력감에 빠져서 헤어 나오지 못할 것이다.

민중으로서의 현존재는 자신의 실존적 상황에서 과학기술문명의 사용 사태에 주목해야 한다. 그것은 자칫하면 현존재를 가장한 세계의 주체로 나타나 군림할 것이고 급기야 현존재의 본래성과 본질을 쉼 없이 닦달할지 모른다. 따라서 현존재는 과학기술의 도구성을 근원적으로 사유하고 그것이 인간의 실존적 자유를 억압할 가능성이 있는지 없는지를, 생생한 공동의 생활세계의 공존재(Mitsein)로서 공동성을 인정해야 할 것인지를 해석하고 낱낱이 풀어 밝혀야 한다. 그래서 반드시 낯선 도구성이라면 현존재의 과학기술 도구성에 대한 근본의욕과 근본의지, 심지어 근본동경조차도 하지 말아야 할 것이다.

1. 정치적 인간과 그 근본 기분으로서의 권태

오늘날 정치적 권태는 어디서부터 비롯되는가? 권태와 지루함의 근본적 기분을 자아내게 만드는 삶의 구조는 도대체 무엇인가? 정치나 삶이 비틀어질 대로 비틀어져서 민중의 이성과 감성은 갈피를 잡지 못하고 있는 것이 현실이다. 그것의 근본적 상황은 존재론적으로 보아서는 인간 존재의 근본 성격에 문제가 있기 때문이요, 존재적으로 보아서는 존재자와 존재자의 사태 연관이 이익과 거짓 기분으로 포장되어 있기 때문이라고 볼 수 있다. 솔직함, 정직함, 혹은 타자에 대한 배려함이라는 인간 존재의 근본적 태도에 왜곡과 비틂이 생긴 것이다. 정치가 왜 권태로운가에 대한 해답은 정치적 행위를 하는 정치적 인간조차도 공동체 내에서 솔직함과 정직함, 그리고 배려함을 버리고 오직 이익과 거짓 기분으로 존재자를 대하는 것을 간파하고 그것과 맞서 있으려고 하는 데에 있다. 함석헌이 정치적 존재자의 근본 행위를 어떤 분위기나 거짓 기분에 의해서 좌우될 것이 아니라 바로 "똑똑한 정신, 심각한 생각, 기도하는 마음"(함석헌전집2, 130쪽)이라고 논파한 것도 어쩌면 당연하다 할 것이다. 정신을 바짝 차려야 하는 인간, 진지하고 무게 있는 생각을 해야 하는 인간, 초월과 형이상학적인 삶의 방식을 추구해야 하는 인간에게 적(敵)은 "권태"이다. 그래서 일찍이 마르틴 하이데거(M. Heidegger)도 이렇게 말했다.

> "즉 권태가 우리를 두루 조율하고 있는지 아닌지를 우리는 모르고 있다. '우리'는 누구인가? 우리는 그것을 모르고 있다. 이러한 권태를 우리가 모르고 있고 잘 알지 못하고 있다는 것, 그것은 우리가 존재하고 있는 그 방식(어떻게)에, 즉 우리의 처지에 함께 속해 있는 사실은 아닌가? 어째서 우리는 권태에 관해서 모르고 있는가? 혹시 권태가 전혀 거기에 있지 않아서일까? [……] 우리가 권태를 몰아낸다

든가 쫓아낸다 함은 무엇을 뜻하는가? 우리는 권태를 끊임없이 잠재우고 있다. 왜냐하면 우리가 시간을 저렇게 아우성치며 죽여 버린다고 해서 권태를 싹 없애버릴 수는 없기 때문이다. 우리는 권태가 어느 때나 다시 돌아올 수 있다는 것을 '알고' 있다. 이것은 아주 기이한 앎이다. 그러니까 권태는 이미 거기에 있는 셈이다. 우리는 권태를 쫓아내고 있다. 우리는 권태를 잠재우고 있다. 우리는 권태에 관해서 아무것도 알고 싶어 하지 않는다."[111]

인간 현존재의 존재 방식에서 권태는 이미 인간에게 주어져-있음으로 존재하면서 또한 바싹-붙어-있음이다. 이러한 근본 기분이 현재의 인간 현존재의 정치와 삶을 지배하고 있다. 그렇다면 권태를 일깨워야 하고 이것으로부터 탈피해야 할 것이 아닌가? 하이데거가 말하고 있다시피 우리는 권태를 알고 싶어 하지 않는지도 모른다. 아니 그것이 무엇인지 모른다. 현존재의 근본 기분을 잘 인식하지 못하고 있는 것이다. 그러니 정치적 인간의 참여자로서의 다중, 다중으로서의 민중은 정치에 대한 피로감이 누적될 수밖에 없다. 정치적 문맹은 아닐지라도 권태에 빠져서 게으름과 싫증으로 일관해버리고 만다. 그럴수록 함석헌이 말하고 있는 정신과 생각, 그리고 형이상학적 초월을 견지해야 함에도 불구하고 정치적 피로는 우리를 끊임없이 권태로 몰고 간다. 그렇다면 현존재는 어떻게 해야 하는가?

하이데거는 권태로부터의 "깨어 있게 해줌", "잠들지 않게 지켜

111 M. Heidegger, 이기상 · 강태성 옮김, 형이상학의 근본개념들: 세계-유한성-고독, 까치, 2001, 134–135쪽.

줌"[112]이라는 현존재의 존재 방식을 추천한다. 그러면서 그는 이렇게 덧붙인다. "우리는 권태를 깨어 있게 놓아주어야 한다. 권태! 그것이 온갖 상이한 모양들과 베일 속에 불쑥 그 모습을 내밀어 우리를 때로는 그저 순간적으로만 덮치는가 하면 때로는 좀 더 길게 우리를 괴롭히고 짓누르기도 한다는 것을 누가 모른단 말인가? 권태가 오자마자 이미 우리 측에서도 그것을 밀어내는 일에 착수하며 그것을 내몰려고 애를 쓴다는 것, 하지만 그러한 시도가 늘 성공하는 것은 아니라는 것, 오히려 우리가 가능한 모든 수단을 다 동원해 그것과 몸으로 부딪칠 경우에 그것은 오히려 더 완강해진다는 것, 즉 번대게 된다는 것, 즉 더 번대며 버틴다는 것, 즉 권태는 더욱더 물러나지 않고 더 자주 우리를 찾아와 우리를 서서히 우울증의 한계에까지 몰아간다는 것, 이것을 누가 모르고 있는가?"[113]

인간 현존재의 존재 방식에서 권태는 바싹-붙어-있음으로 해서 우리를 떠나지 않고 계속 괴롭히고 있다. 그럼으로써 인간 본질, 즉 성(性), 바탈까지도 흔들리고 있는 것이다. 함석헌은 인간 현존재의 본질을 바탈로 보고 있다. 그 바탈은 천명(天命)이다. 하늘이 인간 현존재에게 부여한 고유성이다. 보다 더 정확하게 표현한다면, "하늘이 말씀한 것이 우리에게 오는 것"이다(함석헌전집4, 334쪽). 권태가 아무리 인간 현존재에게 이미-주어져-있음이라고는 하나, 그것이 바탈보다 선험적(a priori)일 수는 없다. 따라서 순차적으로 보아 인간 현존재가

112 M. Heidegger, 위의 책, 135쪽.

113 M. Heidegger, 앞의 책, 136쪽.

정치적 숙명의 존재라면 자신의 바탈이 어디서부터 왔는가를 살펴보는 것이 먼저일 것이다. 바탈을 깨우지 않는다면, 인간 현존재의 정치와 삶의 권태조차도 깨울 수 없지 않겠는가. 잠들지 않도록 하기, 게으르지 않기, 싫증내지 않기는 권태가 인간 현존재의 바탈을 향해 침투해 들어와도 지켜내기 위한 강한 저항이다. 물론 하이데거가 말한 것처럼 권태는 계속 거기에 있을 것이다. 인간 현존재를 향해서 버틸 것이다. 우울증에 걸리도록 만들 것이다. 하지만 바탈 형이상학과 정신존재론, 사유 지향성을 가진 인간 현존재라면 권태에 맞서 그 심연을 극복할 수 있을 것이다.

그러므로 권태는 인간 현존재가 "들사람"[野人]이 되어야 풀어갈 수 있다. 소크라테스처럼, 세례자 요한처럼, 예수처럼 대드는 사람, 맞서는 사람이 있어야 한다. 정치적 인간은 정치적 행위를 하는 인간, 정치적 욕망을 가지고 발언하는 인간만을 일컫는 것은 아니다. 정치적 참여(Teilnahme)를 하는 모든 민중, 다중으로서의 민중은 정치적 인간이기에, 그들은 정치에 대한 관여, 연민, 동정을 해야 한다. 정치적 존재로의 현존재는 참여자이자 관여자요 연민자요 동정자이다. 따라서 정치적 인간은 인간 현존재에게 스며있는 권태에 맞서 들사람이 되어야 한다. 들사람만이 정치적 권태, 정치적 무관심, 정치적 폭력으로부터 대들 수 있다. 함석헌의 의미대로 푼다면 그것은 자신을 찢는 행위이다. 들사람은 정치적 권태, 국가의 권태, 문명의 권태, 인간 현존재의 권태를 향해 자신의 정신을 가두는 몸을 찢어야 한다. 몸을 찢고 살을 찢는다는 메타포는 인간 현존재를 잠재우려고 하는 사태로부터 자유로운 존재가 되고자 한다는 뜻이다(함석헌전집2, 146-147쪽).

"들사람이란 다른 것 아니고 스스로 제 살을 찢는 자다. 그는 문화를 모른다. 기술을 모른다. 수단을 모른다. 인사를 모른다. 체면을 아니 돌아본다. 그는 자연의 사람이요, 기운의 사람이요, 직관의 사람, 시의 사람, 독립 독행의 사람이다. 그는 아무것도 보지 않는 사람, 아무것도 듣지 않는 사람, 다만 한 가지 천지에 사무치는 얼의 소리를 들으려 모든 것을 돌아보지 않는 사람이다"(함석헌전집2, 147쪽). 인간 현존재로서의 들사람은 일상인(das Man)이 아니다. 그는 이 정치적 세계에 대해서 오직 하늘의 소리를 듣고자 하는 사람이다. 그는 정치적 세계가 향유하는 욕망과는 다른 이상의 욕망을 품은 사람이다. 그래서 그는 시인이 될 수 있고 직관의 소유자가 될 수 있는 것이다. 권태를 가진 게으르고 싫증을 내는 일상인은 들사람이 될 수가 없다. 권태를 가진 인간 실존은 패배와 좌절, 그리고 굴복의 나락으로 떨어지지만 진정한 들사람은 권태의 세계, 권태로운 인간 실존과 싸우려고 한다. 들사람은 무기나 잔머리로 싸움을 하지 않는다. 그 싸움의 도구가 피의 싸움이나 논쟁이 아닌 생철학적 싸움, 생생한 삶의 싸움, 정신의 싸움이라는 것을 너무나도 잘 안다(함석헌전집2, 147쪽).

우리는 지금의 정치적 무관심이나 정치적 권태가 인간 실존의 근본 기분인 권태에서 비롯되었다고 말했다. 우리는 다시 본래의 관심으로 돌아왔다. 그것은 인간의 근본 기분인 권태에서 벗어나기 위해서는 인간 현존재의 정신, 곧 바탈의 깨우침으로 나아가야 한다는 것이다. 정치적 권태는 인간으로 하여금 지속적으로 정신과 육체를 게으르고 싫증나게 만들면서 무관심으로 향하도록 한다. 권태의 속성이 그렇다. 정치적 권태는 정치의 본질이 권태를 안고 있기 때문에 그 결과 발생된 것이 아니라, 무딘 바탈을 생생한 삶의 철학의 바탈로 다듬지 못한 인간 현존재, 즉 민중의 삶의 틈새로 침투해 들어왔기 때문이다. 그러므로 권태라는 근본 기분을 갈파하고 그것이 인간 현존재의 심연을 이리저리 헤집고 돌아다니지 않도록 하고, 그 근본 기분을 다시 높은 인간 현존재의 정신과 바탈로 탈바꿈해야 할 것이다. 또한 그러한 근본 기분에 몰입되는 사태 연관으로부터 빠져나와 정치적 세계를 바꿔나갈 수 있는 반대자(Gegenteil) 혹은 맞서는 자가 되어 정치적 몫(Anteil)을 나누어 가질 수 있는(teilen) 들사람이 되어야 할 것이다.

2. 역사적 실존인 민중의 근본 기분으로서의 서러움과 초탈

기초 존재론자 마르틴 하이데거는 이렇게 말한다. "철학! 그것은 인간을 전체적으로 그리고 끊임없이 철저히 붙잡고 있는 인간의 궁극적인 표명이요 대화다"[114] 인간 실존을 규정하고 존재를 드러내는 것이 철학이라면, 그것을 통하지 않고는 인간 현존재의 자리를 발견할 수 없다. 철학은 인간의 현존재, 인간의 알맹이, 혹은 인간의 바탈 그 자체를 늘 새롭게 변화시키려는 말-걸음이다(Zuspruch, 말 건넴). 다시 말해서 철학은 인간 현존재의 마음의 터앝의 은폐성을 비은폐성으로 전환하고자 중단 없는 물음을 던지는 것이다. 그런 의미에서 함석

114 M. Heidegger, 앞의 책, 25쪽.

헌 자신의 삶과 철학은 민중의 의식을 개혁하기 위해서 철학적 물음을 던지고 행동을 하도록 촉구한다. 그는 민중 스스로 실존적인 결단을 하기를 원하고 역사의 현장에 현존재의 의식과 정신을 살아있도록 지속적으로 민중의 자리를 캐묻는다. 그는 가상(Schein)이 아니라 진실과 이상을 향해서 전진하는 이성적이고 행동하는 의식을 감행하는 민중이기를 바라기 때문에, 실존적 불안과 불확실성으로 이끄는 들소리 그 자체이다.

함석헌은 민중의 현존재가 '서러움'(설움)이라는 근본 기분에 있음을 통찰하였다. 인간 현존재인 씨올은 민중이며 땅에 떨어져 썩어야 하는 실존적 상황에 처해 있다. 그렇기 때문에 민중의 근본 기분은 서럽다. 서러움은 역사적인 약자로서, 작은 자로서의 민중으로 살아왔기 때문에 가지게 된 것이다. 서러움의 근본 기분은 짓밟힌 존재가 갖는 것이 아니다. 오히려 서러움은 인간 현존재의 역사적 현실의 권태를 극복하기 위해서 내면에서 솟아나는 올이다. 서러움의 근본 기분은 인간 현존재 안에서 여물어서 새로운 역사가 움트게 만드는 원동력이다. 따라서 서러움의 근본 기분은 부정적인 기분 규정이 아니다. 민중의 서러움은 나태와 권태, 지루함의 나락으로 떨어지기 쉬운 가능성을 거부할 뿐만 아니라 "공허 속에 버려두고 있는 것"에서 탈피할 수 있는 자양분이다(함석헌전집4, 75–76쪽).[115]

자칫 인간 현존재의 서러움의 근본 기분이 실존적인 내버려둠, 정확하게는 지루하게 되고 또한 공허 속에 버려둠이라는 특정한 양식에

115 M. Heidegger, 앞의 책, 182쪽.

사로잡힌 것처럼 보일 수도 있다. 하지만 근본 기분으로서의 서러움의 구조에는 그러한 감정 형식과 내용이 자리 잡을 여지를 주지 않는다. 지난 수천 년 동안 역사의 질곡 속에서 다중으로서의 민중, 단독자로서의 민중은 자신들의 실존적 상황에서 서러움의 근본 기분을 승화시킬 수 있는 내적 성격을 타고난 것이다. 실존적으로 내버려졌다고는 하나, 실제로 그들은 공허 속에 내버려진 존재가 아니다. 앞에서도 말했다시피 민중의 현존재는 그 서러움의 근본 기분으로 인해서 알맹이, 바탈의 본질을 간직한 존재들이다. 그들에게는 서러움이 습관화되었고 아비투스(habitus)가 되어 있었을지라도 새로운 시대의 희망으로서 이어져왔다는 것을 부인할 수 없다. 그래서 서러움은 민중 현존재의 근본 기분인 것이다.

물론 그러한 서러움의 근본 기분이 하이데거가 말하고 있는 것처럼, 우리를 특정한 상황과 형편들 속에 잡아두거나 공허 속에 내버려둔다고 구조적으로 단정 지을 수 있다.[116] 역사적 실존으로서의 민중은 늘 서러움의 근본 기분 속에서 살아왔기 때문에 자신의 처지가 버려짐의 상태 혹은 역사적 변혁 불가능성이라는 지루함과 공허 속에 버려졌다고 느끼게 된다. 서러움의 근본 기분이 갖게 되는 한계이다. 그렇다고 하더라도 역사적 실존과 변화가 민중의 현존재를 지루하게 하였다 혹은 방치하였다고 보기는 어렵다. 민중은 역사의 수동적 존재가 아니라 실존적 결단을 두려워하지 않는 역동적이고 생성적인 존재이기 때문이다. 함석헌의 말대로 "민중의 뭐냐? 씨을이 뭐냐? 곧 나다. 나대

116 M. Heidegger, 앞의 책, 2001, 183쪽.

로 있는 사람이다. 모든 옷을 벗은 사람, 곧 올 사람이다. 올은 실(實), 참, real이다… 민이란 곧 그러한 모든 우연적·일시적인 제한, 꾸밈을 벗고 바탈대로 있는 인격이다. 옷으로 말미암아 즉 밖에서 오는 것을 덧붙임으로 말미암아 있던 모든 우상들은 없어지고야 마는 날이 와도 이 올 사람, 올 생명은 없어지는 날이 없다. 올 사람, 곧 난 대로 있는 나는 한 사람만 있어도 전체다. 그것이 민이다 [……] 바다가 모든 물의 근본이요, 끝이듯이 씨올도 모든 인간적인 존재의 알파요 오메가다"(함석헌전집4, 66-67쪽).

이렇듯이 민중은 우연적인, 근본 기분의 임시성에 의해서 좌우되는 존재가 아니다. 민중의 근본 기분이 서러움인 것은 그가 모든 것의 근원적인 존재성이기 때문이다. 함석헌의 표현대로 그는 완전히 발가벗은 상태의 현존재이다. 민중의 존재론적 특성은 있는 바 그대로의 존재, 즉 바탈을 간직한 독특성 전체이기 때문에, 역사적 실존에서 그는 지루함의 존재 구조와 태도, 그리고 역사나 시간을 죽이기의 권태나 지루함의 상황에 처해져 있는 존재가 될 수가 없다. 그는 권태를 거슬러 있고 지루한 것이라고는 조금도 발견되지 않는 존재이다. 역사에 대한 철학적 사유와 서러움의 근본 기분을 통한 알짬, 알참, 알맹이를 형성해온 민중의 현존재는 역사 전체를 통틀어 지루할 틈, 권태로울 시간이 전혀 없었다.[117] 더 나아가서 이러한 민중 현존재의 서러움이라는 근본 기분은 버림 혹은 의욕하지-않음(Nicht-Wollen)이라는 근본 의지로 발전해간다.

함석헌은 인간 현존재의 근본 성격을 "버림"이라는 구조 속에서

117 M. Heidegger, 앞의 책, 192-193쪽; 194-216쪽 참조.

이해하려고 한다. "물건은 버려야 내 것이다. 버릴 수 없는 것은 내 것이 아니다. 버리는 자만이 소유권을 가진 자다. 버리지 못한 것은 내가 그것을 소유하지 못한 증거다. 나는 나와 그 물건과의 관계에 놓여 있는데 내가 그것을 가지지 못했다면 그것이 나를 가진 것이다. 물건을 버리지 못하는 것이 있다면 내가 그것의 소유물, 종이다. 나는 사람이 아니다. 세계를 버릴 수 있는 자가 세계를 가진 자요, 인생을 버릴 수 있는 자가 사람이다"(함석헌전집5, 329쪽). 버림의 구조 혹은 가짐 구조(haben struktur)의 타파를 외치는 함석헌의 논리는 중세 신비가 마이스터 에크하르트(M. Eckhart)나 그에게서 영향을 받은 하이데거와 통하는 구석이 있다. "형상을 잊어버려야 그 사람이 가슴 속에 사는 줄을 모르나? 있음은 잊음이다. 사라짐은 삶이다"(함석헌전집4, 59쪽)라고 하는 말도 그런 차원에서 이해해야 한다. 버림이라고 하는 것은 단순한 소유 행위의 거부나 포기가 아니라 인간 현존재의 완전한 의식과 의지의 근본 기분에 전체적인 물음을 제기하고 있는 것이다. 그 근본 기분의 바탈에는 바로 "의욕하지-않음"이라는 사유 구조가 있음을 알 수가 있다.

이 의욕하지-않음의 사유 구조와 포기 계기는 근본적인 사유의 본질로서의 초연한 내맡김(Gelassenheit)을 의미한다. 그것은 시원에서부터 물어져야 할 본질이자 근대적 사유의 형이상학적 의지로부터의 결별이자 무의욕의 태도이다. 종교적 삶의 수행 방식과도 같은 이러한 버림 혹은 의욕하지-않음은 세계의 온갖 잡다한 것들로부터의 떠나 있음이요 세속적인 사물을 소유하려는 의지로부터 풀려 나와 있음(loslassen)이다. 따라서 인간 현존재는 신과의 합일을 도모하고 순수한 무의 세계로 내려가려는 신적 의지의 탄생을 가능케 하는 사건으로서의 버림을 지향한다.[118] 일정한 욕구나 욕망조차도 넘어서려는 인간 현존재의 탈가짐 구조는 근원에서부터 그렇게 하려는 사유를 차단하고 순수한 인식과 내적 본질로 들어가려는 근본 욕구 혹은 근본 기분이라고 말할 수 있을지 모른다. 인간의 실존적 상황은 가짐 구조에 붙잡히고 묶여 있을 수 있다. 앞에서 말한 정치적 권태나 지루함의 바탕에는 그 가짐 구조에서 벗어나지 못하는 인간의 근본 기분 때문이다. 권태나 지루함은 의욕하고자 하는 욕망, 소유하지 않으면 안 될 것 같은 불안의 근본 기분에서 시작된다.

함석헌은 실존철학자로 평가해도 손색이 없을 정도로 인간 현존재, 씨올의 실존에 대한 명확한 해명을 시도하고 있는 것을 볼 수 있다. 민중 현존재는 역사적 실존으로서 존재감을 상실한 채 지배와 착취, 그리고 굴욕을 당했던 것이 아니라 서러움이라는 근본 기분을 통해서 자신의 알짬을 시대적 변혁의 힘으로 축적해왔다는 것이다. 그럼으로써 하이데거가 인간 현존재의 실존 구조를 지루함과 권태, 그리고 시간 죽이기로 규정하면서 인간학적 철학을 시도하고 있지만, 함석헌은 민중 현존재는 결단코 그러한 실존 구조에만 빠져 있지 않았다는 것을 적시하고 있다. 민중 현존재는 큰 역사와 작은 시간을 자기 자신의 것으로 만듦으로써 시간을 죽이고 권태를 느끼는 근본 기분을 극복하였다. 더군다나 시간의 흐름 속에서 단순히 실존적 결단 없이 떠밀려 가거나 공허 속에 버려지지 않고 그 역사적 시간이 인간 현존재

118 신상희, 하이데거와 신, 철학과현실사, 2007, 268-271쪽.

의 것이 되도록, 인간 현존재에게 속하도록 하였다. 그런 점에서 함석헌이 말하는 민중 현존재의 지금 여기(이제, 현재; Gegenwart)와 아까 거기(어제, 과거; Gewesenheit), 그리고 나중에 거기(올제, 미래; Zukunft)는 오로지 민중 자신의 것이 될 수 있는 것이다.

3. 인간 실존의 유한성과 뜻을 떠맡은 역사적 실존

인간 실존의 구조는 무한성을 담보할 수 없다. 실존의 구조는 유한성 안에서 이미 기투된 존재로서 나타난다. 더군다나 실존적 존재인 인간은 무엇을 선택하거나 선택할 수 없음이라는 유한성을 가진다. 하나를 선택하는 순간, 다른 하나를 동시에 선택할 수 없기 때문이다. 실존적인 인간은 또한 피투된 존재(내던져져 있음, Geworfenheit)로서 자신이 아닌 자신을 받아들일 수밖에 없는 숙명에 처하게 된다. 그래서 인간 현존재는 무력(Nichtigkeit)하기 짝이 없다.[119] 함석헌은 이러한 인간 현존재의 피투성과 무력성에 대해서 현실에 매달려 있지만 다른 한편으로는 전체를 생각하고 영원을 생각해야 하는 실존에 대해서 언급을 하고 있다. 인간은 자신의 먹고 사는 문제 때문에 내던져진 상태에서 실존적인 먹음의 현실을 떠날 수 없는 무력함이 있다. 하지만 그

119 전동진, "하이데거에 있어서 존재의 유한성과 유일성", 한국하이데거학회편, 하이데거의 존재사유, 철학과현실사, 1995, 20쪽.

렇다고 해서 현존재의 사유와 존재 구조가 먹음의 실존적 한계에만 있는 것은 아니다. 현존재적 삶의 진정한 삶의 양식은 전체와 영원을 위해서 사유하는 존재, 더 나아가서 뜻을 위해서 사는 존재로 살아가도록 되어 있다는 것이다(함석헌전집5, 13쪽).

그렇다면 인간 현존재의 삶의 구조와 사유를 위해서 선택해야 하는 결단은 자기 자신의 이익을 위해서 사는 존재가 아니라 전체와 영원을 위해서 헌신할 수 있어야 한다. 뜻을 선택하고 단지 근본적인 욕구와 욕망에 의해서 좌우되는 삶을 선택하는 인간이 되어서는 안 된다. 우리가 역사적 실존으로서 떠맡은 삶의 과제는 '뜻'이다. 먹음이라는 유한적이고 근본적인 욕망의 근저에 흐르고 있는 뜻을 떠맡아서 그 뜻을 우선으로(a priori) 할 수 있는 결단이 필요하다. 인간 현존재는 분명히 선택의 기로에서 이것이냐 저것이냐 갈등하며 살아간다. 현존재의 이러한 무력성을 넘어서는 것이 바로 뜻을 선택하고 그것을 현존재의 존재 양식으로 받아들일 수 있어야 한다. 먹음, 맛을 봄은 인간 현존재를 떠밀어서 떠밀려가고 마는 욕망의 존재로 이끈다. 그러므로 먹음과 맛을 봄은 인간 현존재를 구원의 길, 존재 사유의 길로 인도하지 않는다. 하지만 뜻은 자기 스스로를 인간 현존재에게 보임으로써 자기를 앞에 내세워 그것을 현시한다. 동시에 그 뜻의 의미를 열어 밝힘으로써 뜻에 부합하는 삶을 살도록 촉구한다.

함석헌에게 있어 현존재로 하여금 뜻을 선택하도록 설득하는 것은 뜻만이 인간의 현(現, Da), 즉 거기의 시간성과 공간성을 알려주기 때문이다. 뜻만이 인간 현존재의 거기의 의미에 걸터앉아서 현존재 자체의 선택 안으로 들어와 그 거기를 드러내준다. 따라서 거기는 확정적인 시공간이 아니다. 존재적으로는 거기는 실존적으로 결단을 해야 하고 선택을 해야 하는 각축장이 된다. 또 다른 한편 존재론적으로는 존재가 인간 현존재의 선택과 결단에 따라서 개시(開示)되는 곳이다. 현존재의 거기(Da)는 인간 실존의 매순간 떠맡아야 하는 본래적 상황이자 현전성(Anwesenheit)이다. '거기'는 존재의 밝음이 생기는 곳으로서 존재 그 자체가 보내주는 곳이다. 그래서 거기는 존재와 발현의 동일성을 통하여 고유함(Eigenes), 고유한 자기 자신, 본래 고유의 것을 건네면서 주는 것(reichendes Geben)이다.[120] "현존재의 현(Da)은 존재의 트임(Lichtung)이 열려지는 장소이다."[121] 그러므로 인간 현존재는 자신의 근원성(Ursprünglichkeit)을 뜻에다 두고 그것을 역사적 과업과 과제로서 이루려고 하는 노력이 있어야 한다. 현존재의 근원성을 결단코 먹음과 맛을 봄이라는 1차원적 삶의 구조가 아니라 좀 더 근원에서부터 도약해 올라오는(Ur-sprung) 뜻이 있음을 기억해야 한다.

새로운 세계는 뜻을 떠맡은 인간 현존재에 의해서 구성된다. 그것은 자신의 근원성을 부단하게 찾아서 도약하려는, 즉 은폐되어 있는 무로부터의 돌출(Hervorspringen)에 의해서 일어나는 사건에 의해서 형성된다. 그럼으로써 뜻을 근원성으로 하는 인간 현존재의 노력은 다른 어느 것의 선택과는 전혀 비교될 수 없는 유일한 것이 된다. 그 근원성을 떠맡음이 강제와 강요된 사건처럼 보일 수 있으나, 근원성을 캐묻고 그 의미를 뜻으로 삼고자 하는 현존재에게는 도약을 통해서 개현

120 이수정, "하이데거 철학의 구조와 성격", 한국하이데거학회편, 하이데거의 존재사유, 철학과현실사, 1995, 67-71쪽.

121 J. Habermas, 이진우 옮김, 현대성의 철학적 담론, 문예출판사, 1994, 180쪽.

(Eröffnung)되는 행위의 유일성의 차원일 뿐이다.[122] 그렇다면 근원성으로부터의 도약이 어떻게 가능한 것일까? 현존재가 뜻의 실현을 역사적 실존의 과제로 떠맡아 그것의 책임을 완수하기 위한 행위가 필요하다. 함석헌은 인간 현존재의 역사적 앙가주망(engagement)으로 반항 혹은 저항에서 찾고 있다. "사람은 저항하는 거다. 저항하는 것이 곧 인간이다. 저항할 줄 모르는 것은 사람이 아니다"(함석헌전집2, 173쪽). 현존재의 거기를 구체화시키는 사건은 저항에서 일어난다. 뜻은 곧 저항이다. 뜻을 가진 민중의 실존은 저항하게 되어 있다. 따라서 민중이 현존재적 인식을 분명히 가지고 있다면 그것을 분명히 해야 할 것은 바로 현(Da)이다. 현은 저항의 장소이다. 저항해야 할 시간성이다. 저항을 이끌어 내야 할 자기 인식과 실존의 상황이다.

그 근원성을 묻고 파악해보려고 하는 민중은 자신의 현존재를 다그쳐 상황 속에서 저항하지 않고는 도저히 견딜 수 없는 것이다. 그렇다고 민중이 상황 속에 매몰되어 있어야 한다는 말이 아니다. 오히려 자신의 현존재의 현(Da)이 있는 그대로 나타나고 순수하게 현상하도록 상황을 개선하기 위해서 몸부림친다. 그게 저항이다. 역사적 실존을 인식한 민중 현존재는 자신이 어느 곳에 위치하고 있는지 무엇을 해야 하는지 어떻게 해야 하는지 끊임없이 그 현(Da)을 묻는다. 캐묻는 존재인 민중은 저항함으로써 자신이 인간이라는 것을 알게 된다. 인간 그 자체는 어떠한 상황에서도 저항하고 반항해야만 한다는 사실

122 전동진, "하이데거에 있어서 존재의 유한성과 유일성", 한국하이데거학회편, 하이데거의 존재사유, 철학과현실사, 1995, 17쪽.

을 근원적으로 깨닫게 된다. 그것은 현(Da)을 묻는 민중 현존재가 상황으로부터 초월로의 전향(Kehre)을 위해서 저항한다고 말할 수 있을 것이다. 민중의 실존을 새롭게 인식하고 그 존재의 기반을 확보하는 것은 지속적인 자기 반성과 함께 저항이 아니고서는 안 되기 때문이다.

민중과 구별되는 자기 인식도 못하고 책임도 질 줄 모르는 세인(世人, das Man) 혹은 일상인은 저항하지 못한다. 저항하지 않는다는 것이 더 정확할 것이다. 저항을 역사적 실존의 행동으로 선택하지 못하는 일상인은 뜻을 실천하지도, 그 뜻을 위해서 저항하지도 못함으로써 역사적 실존의 과제를 떠맡을 수 있는 존재가 되지 못한다. 자신이 세계-내-존재라는 사실조차도 인식하지 못하는 일상인은 자기 저항이라는 고된 삶의 실천을 과업으로 떠맡지 못한다. 함석헌은 저항이란 자기 저항이라고 말했는데, 세계에 대한 저항과 상황에 대한 저항은 먼저 자기에 대한 저항을 우선으로 해야만 가능할 수 있기 때문이다. 자기에 대한 반발, 자기에 대한 반항이 동력이 되어야 외부적 반항, 외부를 향한 반항이 힘을 얻을 수 있는 것이다. 세계에 대한 맞섬이 있어야 새로운 생명을 탄생시킬 수 있고 새로운 역사를 기획할 수 있다(함석헌전집2, 176-177쪽).

현존재가 존재의 밝음인 현(Da)으로 나아오려는 의지는 세계를 자신에게로 가져오기 위함이다. 그것은 자기의 이익을 위해서, 자기성(Selbstheit)을 위해서도 아니다. 자기성은 항상 너 안에서만 나로서 존재하기 때문이다.[123] 하이데거는 "탈-존하는 자로서의 인간은 이러한 역사적 운명에 따라, 존재의 진리를 수호해야만 하기 때문이다. 인간은 존재의 목자이다... 하지만 존재, 존재는 무엇인가? 그것은 그것 자체이다. 이 점을 경험하고 말할 것을 '다가올 사유'는 배워야 한다. 존재, 그것은 신도 아니고 세계의 근거도 아니다. 존재는 본질적으로 모든 존재자보다 더 떨어져 있는데, 그럼에도 불구하고 인간에게는 그 어느 존재자보다, 즉 바위, 동물, 예술작품, 기계 또는 천사나 신보다 더 가까이 있다. 존재는 가장 가까운 것이다. 하지만 가까움이 인간에게는 가장 멀리 남아 있다. 인간은 우선은 언제나 단지 존재자만을 고집한다"[124]고 말한다.

세계에서 드러나는 것은 존재자의 존재이다. 이 존재는 신도 세계의 본질도 아니다. 존재를 묻고 그 존재를 사유해야 하는 인간 현존재는 늘 존재자만을 문제 삼아왔다. 존재는 가장 가까운 곳에 있음에도 그러한 존재적 사유와 관심으로 일관해 왔던 인간 현존재에게 존재는 늘 멀리 있는 것이 되어버렸다. 이와 비슷한 맥락에서 역사적 실존으로서의 인간이 떠맡아야 할 뜻에 대한 해명과 실천, 그리고 그 뜻을 이루기 위한 저항은 곧 뜻 그 자체에 대한 물음을 등한시 해온 민중의 숙제로 남아 있다. 뜻은 민중 현존재에게 늘 가까이 있었지만 그 뜻을 묻기보다는 늘 뜻의 외현을 본질로 삼아 저항하고 반항하는 태도를 취했다. 민중이 역사적 실존으로서 민중과 민중이 상호 뜻의 목자로서 살

---

123 M. Heidegger, 이선일 옮김, 이정표2, 한길사, 2005, 70-71쪽.

124 M. Heidegger, 위의 책, 144쪽.

아가고자 한다면 뜻을 수호하고자 하는 의지가 있어야 한다. 뜻은 은폐되어 있다. 이제는 그 뜻을 밝음 자체로 인도하여 민중 쪽으로 보이도록 해야 한다.

그래서 민중 현존재는 자신의 시선을 뜻으로 향하고 자신-앞에-가까이 세우는 일[Vor-stellung, 표상]을 해야 한다. 그 뜻을 붙들어 자신의 것으로 삼으려고 하지 않는다면 뜻은 망각될 것이며 종국에는 인간다움을 상실하게 될 것이다. 함석헌이 말한 것처럼, 저항하는 존재이어야 인간이라고 말한 것은 뜻을 새기고 기억하는 현존재가 진정한 인간이 될 수 있다는 것으로 알아들어야 한다. 뜻을 망각한 현존재는 그 뜻을 존재 그 자체로 삼아서 초월적 삶을 살 수 없거니와 그 초월을 위한 저항도 할 수 없을 것이다. '뜻'은 존재자의 '존재'와도 같다. 민중이 자신의 실존 기반을 확보하는 단초는 뜻과 의미를 스스로에게 부여하여 그 뜻을 세계 내에서 완전하게 나타내게 될 때까지 저항하는 것이다. 민중 현존재에게 역사는 새로운 국면을 맞이하고 있다. 그것은 뜻을 역사의 회상과 기억보다 먼저 묻고 반항적으로 구현해야 할 것인가, 아니면 단순히 역사적 실존은 역사를 흘러간 과거로서 그것을 회상, 추적, 눈앞에 대상화하여 순응적으로 사유할 것인가를 선택해야 한다. 역사가 사건이 되고, 그 역사가 인간에게 귀속되려면 민중은 뜻에 맞게 상황에 맞설 수 있어야 한다. 그 민중 현존재는 무력한 실존이 아니라는 것을 증명해야 할 것이다.

4. 인간의 실존적 상황과 과학기술문명 비판

함석헌은 인간의 새로운 윤리를 말하면서 기계 문명에 대한 해악에 대해 염려를 표명한다. 그는 현시대가 불행에 빠지게 된 원인을 기계 때문이라고 지적하고 인간이 그러한 사실을 잘 알지만 기계를 손에서 놓지 못하는 모순을 비판한다. 그렇다고 무조건 기계를 비판만하는 것은 아니다. 이왕지사 기계를 사용하겠다면 어떻게 바로 사용할 것인가를 고민해야 한다. 기계는 인간 실존과 맞닿아 있다. 기계는 인간 현존재와 물질을 연결해주는 역할을 한다. 그것은 손 안에 있는 존재자이다. 따라서 인간은 기계라는 사용사물에서 거리를 두지 못하고 정신 혹은 영혼의 나라를 지향할 것이냐 그렇지 않으면 기계의 나라를 지향할 것이냐를 저울질하게 될 것이다. 앞에서 필자는 인간 현존재가 역사적 실존으로서 떠맡은 존재라는 것을 논증하였다. 마찬가지로 인간 현존재는 기계 문명을, 거칠게 표현해서, '괴물'로 봐야 할 것인지 물질적 삶을 긍정하는 척도로서 우주적인 살림을 하는 실존에게는 없어서는 안 될 기관으로 봐야 할 것인지를 면밀하게 검토해야 한다(함석헌전집2, 366쪽).

"과학기술시대란 전체와의 합일을 통해서가 아니라 전체에 대한 지배를 통해서 인간이 살 만한 세계를 만들려고 하는 것이다. 과학과 기술은 인간이 그 안에 '안주하고 그 안에서 아늑함을 느낄 수 있는' 고향이 아니라 인간이 지배할 수 있는 세계를 의도한다. 인간은 세계에 대해서 주체로서 우뚝 서기를 바라는 것이다."[125] 이러한 과학기술문명

125 박찬국, "현대에 있어서 고향상실의 극복과 하이데거의 존재물음", 한국하이데

은 함석헌이 말했던 바와 같이 인간 현존재와 물질 사이의 차이를 소멸하고, 심지어 하이데거가 규정한 "고향상실"(Heimatlosigkeit)의 시대가 되게 만들었다.[126] 기계문명, 과학기술문명에 의해서 인간 현존재는 자신의 세계를 지배하고 세계의 주체로서 군림하려고 한다. 더 나아가 현존재의 사유는 균형을 잃어버리고 세계를 인간의 통제와 조작을 통해 세계 거주의 기능을 상실하는 데까지 나아간다. 이로써 인간 현존재의 거주 상실, 즉 고향을 상실한 인간 현존재는 표류하면서 자기의 존재 근거인 존재자에게 귀의하는 것조차도 불가능하게 되었다.

여기서 우리는 기술과 정치의 문제를 생각하지 않을 수 없다. 기술의 발달은 인간에게 풍요로운 삶을 가져다주었지만, 반면에 인간 현존재를 전지구적으로 조정·조작할 수 있게 되었다. 다시 말해서 기술은 세계를 인간 현존재의 거주지로부터 빼앗을 뿐만 아니라 인간을 전체주의로 몰아갈 수 있는 가능성을 열어준 것이다. 정치의 기술화 혹은 기술의 정치화가 진행이 되었다고 말할 수 있다. 따라서 정치는 인간 현존재를 더 잘 지배하기 위해서 지속적으로 기술화를 요청하게 될 것이다. 급기야 그것은 정신과 기술을 맞바꾸는 데까지 다다를지도 모른다. 인간은 기계를 사용함으로써 그 사용사물에 의해서 스스로 기계가 되어 버렸다. 이제 이러한 정치와 기술의 이기주의를 어떻게 극복할 것인가 하는 것이 관건이다(함석헌전집5, 169-170쪽). 이와 같은 인간의 실존적인 상황을 잘 간파한 철학자가 마르틴 하이데거이다.

거학회편, 하이데거의 존재사유, 철학과현실사, 1995, 82쪽.

126 박찬국, "현대에 있어서 고향상실의 극복과 하이데거의 존재물음", 한국하이데거학회편, 하이데거의 존재사유, 철학과현실사, 1995, 82-83쪽.

그는 기계가 얼마나 인간 현존재를 닦아 세우는지(stellen), 닦달을 하는지(Ge-stell)를 적시했다. 기계라는 것은 한갓 부품(Bestand)에 지나지 않는데도 불구하고 인간 현존재가 기계에 속하는 한 기계를 본질로부터 사유하지 못한다는 사실을 분명히 했다. 기계는 자립적이지 못하다. 그것은 인간의 의지에 의해서만 인간에게 속한 사용사물이기 때문이다.[127]

그 사용사물은 인간 현존재의 삶을 조각조각 나눌 뿐만 아니라 그 기계에 의해서 인간의 삶의 충동을 조절하고 닦아 세운다. 삶을 끄집어내어 눈앞에 세워 놓고 인간 현존재의 정신을 편린으로 가두어버린다. 사회가 정신이 아니라 기술에 의해서 이끌려진다고 하는 낙관주의를 경계해야 하는 이유가 여기에 있다. 기술 혹은 기계의 닦달은 그것이 가지고 있는 효용성 때문이라고 볼 수 있다. 하지만 효용성에만 의존하는 것이 얼마나 위험한 것인가를 인식해야 할 때가 온 것이다. 기술과 기계, 그것의 총합으로서의 과학기술문명의 오남용 또는 불확실성과 부작용에 대해서 결코 간과하지 말아야 한다.[128] 그렇다면 어떻게 과학기술을 좀 더 인간적인 방식으로 운용해갈 수 있을까. 박찬국의 요지가 도움이 될 것이다. "과학과 기술을 그것의 한계 안에 두자는 것, 과학과 기술에 의해서 형성된 인위적인 세계가 고향으로서의 세계를 대처하게 하는 게 아니라 과학과 기술의 세계를 그것의 근거인 고향으로서의 세계에 편입시키고 과학과 기술에서 이해된 것보다 근원

---

127 M. Heidegger, 이기상 옮김, 기술과 전향, 서광사, 1993, 47쪽.

128 이덕환, "환경 문제와 현대 과학 기술의 이중성", 이정전 외, 인간 문명과 자연세계, 민음사, 2014, 210–211쪽.

적인 것에 근거하도록 하자는 것"이다.[129]

과학기술은 한갓 인간의 도구에 지나지 않는다. 그럼에도 과학기술은 그것이 가지고 있는 탈은폐성으로 인간을 세계의 중심에다 놓으려고 한다. 하지만 존재자를 지배하는 인간 현존재가 되는 순간, 과학기술은 단순한 도구를 넘어서 지배자의 정치적 도구가 되어 버린다. 인간의 의식과 정신을 닦달하고 자연을 닦달하는 만능적인 도구로 등장하는 것이다. 그렇기 때문에 하이데거가 주장하는 것처럼 과학과 기술은 분명한 한계 안에다 두고 고향으로서의 세계에 편입되도록 해야 한다. 고향으로서의 세계의 유래를 상실하도록 만드는 과학과 기술은 아무런 존재 이유가 없다. 자칫하면 과학과 기술은 자연뿐만 아니라 인간 자신까지도 부품으로 취급하는 시대가 올지 아무도 모르기 때문이다. 그러므로 우리는 과학과 기술을 좀 더 근원적인 데서 사유하지 않으면 안 된다. 과학과 기술은 사유하지 않지만 그것을 근본에서부터 사유하는 것은 인간 현존재이기 때문에 현존재적 사유만이 도구의 닦달로부터 진정한 탈은폐성을 획득할 수 있을 것이다.

함석헌이 생각하고 있는 기술 공포적 사유는 단순한 기우(杞憂)라고만 치부해서는 안 된다. 그는 기술이나 기계의 닦아 세움이 정치적 도구성으로 확장되는 것에 대해서 거부하였다. 기술이 관료화됨에 따라서 지배 계급의 통치와 지배를 위한 합리적인 정치적 도구로 발전할 것이라고 내다보았기 때문이다. 그것이 현실화되고 있는 것을 보면 정

129 박찬국, "현대에 있어서 고향상실의 극복과 하이데거의 존재물음", 한국하이데거학회편, 하이데거의 존재사유, 철학과현실사, 1995, 124쪽.

치의 기술에 대한 간섭이 하나의 사건이 되고 있는 것을 알 수가 있다. 정치의 기술 간섭은 민중 하나하나를 부품으로 취급하면서 인간 이성을 닦달하고 볶아 대는 방향으로 치닫고 있다. 기술 팽창은 곧 인간 현존재의 존재 의식의 확장이 아니라 되레 정신과 이성을 부품으로 전락시켜 기만하는 것이다. 기술 도구성은 과거 그리스의 테크네(techne)의 영광을 좀 더 포괄적으로 증대시켜서 예술로서의 기교로 자리 잡고, 그것의 존재 의미를 이성적 사유와 감성의 영역으로 심화시키려고 하는 것이 아님을 간파해야 한다.

예술은 인간 현존재의 형이상학적 활동이라 할 수 있지만 과학과 기술, 그리고 기계 문명은 삶 자체를 가상과 기만으로 도피하게 함으로써 모든 인간 현존재의 삶 자체를 유용성으로 환원시킬 수 있다. 이런 의미에서 과학과 기술, 그리고 기계 문명의 은폐성이 과연 인간 현존재의 삶의 근원성으로 인도하고 있는가를 물어야 한다. 기계적 도구성들이 인간 현존재의 몸과 마음에 밀접한 접촉이 있다고 하더라도 그것들이 정신의 근원성, 본래적 인간성을 계산하지 않는 비전략적 사용사물이어야 한다. 하지만 이미 정치의 도구화로 전락한 과학과 기술, 그리고 기계는 인간 현존재를 같은 사용사물로 취급하는 동일성으로 통합하려고 한다. 우리가 기술 도구성에 대해서 비판적 태도를 취하려고 하는 이유가 여기에 있다. 기술 도구성은 정치와의 상호 관련성을 정당화하면서 인간 현존재를 타자화하려고 하기 때문이다. 과학과 기술, 그리고 기계는 인간 현존재와의 관계에서 인격성과 사유성으로 접근하는 것이 아니라 모든 것들이 도구적 관계, 사물적 관계, 임의적 관계로 환원시키고 규정한다.

따라서 기술 도구성은 인간 현존재를 주체로 보지 않는다. 과학과 기술, 그리고 기계가 고도로 발달하면 할수록 인간 현존재와 가까워지는 것이 아니라 오히려 더 멀리 있음의 존재, 객체적 존재로 되기 때문에 주객이 전도되는 현상을 피할 수가 없을 것이다. 인간 현존재의 존재는 망각될 것이고 존재자의 존재는 은폐성을 감수해야 할 것이다. 기술형이상학을 위해서라도 기술철학에 대한 현상학적 엄밀성에 입각하여 그 기술 자체에 대한 철학적 담론을 인간 현존재를 위한 합의의 공론장에서 본질적으로 사유하는 방법을 모색해야 한다. 더불어 정치 사회적인 범주 안에서 기술에 대한 인식을 반성적으로 논증하고 정치의 기술화, 기술의 정치화를 통하여 세계를 소유하고 인간 현존재를 지배하려는 어떠한 시도에 대해서도 탈권력화할 수 있어야 한다.

기술의 도구성으로 인해서 정치의 권력화가 되면 과학기술은 절대적 사물이 되고 기계는 인간 현존재의 사유를 감금할지 모른다. 도구적 기술은 인간 현존재에게 미래의 신비주의와도 같은 이상(理想)으로 도래하는 것이 아니다. 그것은 인간 현존재의 도구적 기술일 뿐이다. 그것이 인간의 실존적 자유를 억압하고 통제하면서 존재 그 자체의 토대를 파헤치는 특권을 누린다면 불안(Angst)과 지루함(Langweiligkeit)의 근본기분을 갖는 것은 물론 도구적 기술, 정치적 기술에 복종하는 존재가 되고 말 것이다. 그러므로 과학기술은 기술 관료나 공공성의 독재가 되어 인간 현존재의 사적 영역을 무능력하게 만들지 않도록 급진적 이성비판에 의해 인도되어야 한다. 과학기술과 기계는 인간 현존재의 사유 가능성을 배려하고 생활세계의 물리적 요소들을 더욱 풍요롭게 하는 사용사태(Bewandtnis)이자 더욱 본래적인 의미에서는 유의

미한 도구적 존재자가 되어야 할 것이다.

기술 도구성은 진리와 진실, 인간 현존재의 본래성을 은폐하려 한다. 그것이 기술 도구성이 가진 위험이다. 끊임없이 인간 현존재의 이성과 자유를 몰아세우는 기술의 본질은 인간 현존재의 자기 본래성을 망각하게 함으로써 스스로 이탈하여 역사적 실존의 떠맡음을 짐으로 여기게 만든다. 이제 인간 현존재가 역사적 실존으로서 떠맡음의 과제를 수행해야 하는 것은 이러한 도구적 존재자들의 존재적 조건(ontische Bedingung)들을 어떻게 순화시킬 것인가, 어떻게 인간답게 본래적으로 있음의 상태로 만들 것인가 하는 것이다. 그것은 기술 비약이나 기술 환원의 떠맡음이 아니다. 기술 형이상학을 통하여 인간적 가치와 본래적인 나로 있음(Je-eigentlich-bin)을 가능하게 하는 떠맡음이 되어야 할 것이다.

5장

자본적 사유의 극복과
사유 가능성으로서의 인간

5장

자본적 사유의 극복과 사유 가능성으로서의 인간

소리-말 혹은 뜻-말을 보내는 인간은 역사적 존재로서 정의를 실현하는 존재이다. 사건이 일어남은 말의 보내짐을 통한 말의 역사이다. 역사적 필연으로서 말의 현상은 정신의 길, 사유의 길을 내야 한다. 다시 말해서 정신, 사유의 길은 생명의 길이며 정의의 길이다. 하지만 지금의 역사는 욕망적 자아가 생존을 위한 투쟁의 시간성으로 점철하고 있다. 역사를 반성하고 사유하며 욕망의 아귀다툼을 이성적으로 순화하는 시간과 여백을 상실하고 있는 것이다. 이른바 욕망이 정신을 좀먹고 있으며 사유조차도 억압하고 있음을 알 수 있다.

이러한 욕망의 역사는 희생양을 만들어서 폭력과 제노사이드(genocide)의 근본적인 권력을 승인하는 데까지 나아갔음을 부인할 수 없다. 그렇게 욕망의 대물림과 유전적 트라우마를 점점 더 자신을 승화시킬 수 없는 왜곡되고 억압된 자아를 타자에게 투사하는 병리를 보이게 된다. 폭력의 모방은 삶을 무너뜨리고 권력의 욕망 앞에서 타자들은 자신의 의지와 이성을 억압하면서 또 다른 불안과 분노로 일관한다. 따라서 자아를 억압하고 욕망을 여과 없이 분출하는 권력자는 자신의 행위를 통해서 민중의 무의식을 풀어낼 수 있도록 봉사와 헌신의 권력이 되어야 한다. 그러기 위해서는 권력이 자본과 짝하고 있는 것을 탈피하고 민중과 노동자의 삶을 탈취하는 메커니즘을 해체해야 한다. 니체(F. Nietzsche)가 "저 도덕에의 의지조차–이 '권력에의 의지'의 위장에 지나지 않으며, 저 증오와 경멸도 또한 역시 하나의 권력의지(Machtwille)임이 분명해진다면 [……] 삶에는, 권력의 정도(Grade der Macht) 이외에는, 가치를 갖는 것이 아무것도 없다"[130]고 강변을 했다 하더라도 힘에의 의지(der Wille zur Macht)가 갖는 욕망적 차원, 파괴적 차원을 가볍게 다룰 수 없을 듯하다.

권력의 욕망에 사로잡힌 자는 종교적 의미에서 우상숭배자나 다름이 없다. 권력이라는 우상숭배자이다. "우상 숭배자는 신비주의자, 광신도, 또는 미신숭배자이다. 이런 영혼들은 기꺼이 범죄적 기도에 뛰어든다. 왜냐하면 그들의 공통점은 도덕적 행위가 자신에게 충분하지 않다는 것이기 때문이다. 기실 그런 것이 도덕성의 서글픔이고, 도덕성은 시선을 끌지 않지만 악덕은 화려한 법이다."[131] 권력(욕망)이 숭배의 대상이 되어서 화려함의 정치를 구사하는 권력자의 욕망은 도덕성도 무시한 범죄적 정치학도 가능하다는 뜻으로 풀이된다. 필자가 다시

130 F. Nietzsche, 강수남 옮김, 권력에의 의지, 청하, 1988, 60쪽.

131 G. Deleuze, 한정헌 · 정유경 옮김, 경험주의와 주체성: 흄에 따른 인간 본성에 관한 시론, 난장, 2012, 139쪽.

국가이성을 강조하는 것이 바로 그러한 이유이다. 더불어 민중은 스스로 깨어서 자기 자신이 되어야 한다. 자신의 생각을 가져야 하고 주체적 인간으로서의 사유를 할 수 있어야 한다. 권력의 권위가 아니라 나의 이성의 권위에 의해서 사유하고 판단하고 행동할 수 있어야 한다. 그 민중의 이성의 권위는 일개 국가주의를 넘어선 정치, 곧 세계국가주의 혹은 세계민중주의의 정치로 나아가야 한다. 국가 간의 상호호혜야 말로 민중을 위한, 민중에 의한 정치가 가능한 전체, 개별 민중을 앞세운 공동체적 개인주의, 혹은 개인적 공동체주의가 될 수 있을 것이다.

1. 희생양 메커니즘과 정의(正義) 사유(思惟)

인간은 영원한 생명을 갈망하는 존재이다(함석헌전집19, 302쪽). 어쩌면 모든 생명적인 것들(숨탄것들)은 영원한 생명을 갈구하는지도 모른다. 물론 함석헌이 말하고 있는 것이 종교적인 의미에서 영혼의 생명일 수도 있고, 그것을 넘어선 다의적인 것일 수도 있다. 필자는 오히려 함석헌의 생명적인 것은 다의적인 것이라고 본다. 단순히 영혼의 생명성만 아니라 생명적인 것들의 본질인 본래적 생명이다. 살고자 하는 의지, 살고자 하는 욕구, 그것은 단지 영혼의 사안만이 아니기 때문이다. 그러한 생명적인 것의 직접적 현상은 무엇일까? 말(saying) 혹은 말-하기이다. 음성적 발화, 발성적 기관에 의한 소리-말 이전에 사유를 담은 뜻-말, 말을 하는 행위 전체가 생명이 있다는 증거이다. 말은 운명과 목적을 갖고 있다. 그것은 보내짐이다. 말은 메시지, 즉 전언(Botschaft)을 갖고 있기 때문에 보내짐이라는 운명을 피할 수 없다. 그래서 말은 목적과 방향을 지시하고 길을 낸다. 말은 적어도 인간의 말인 이상 한갓 소리-말만 말하는 것이 아니라 역사적 발생/사건을 일으킨다. 그러므로 말에는 생명이 있고, 생명적인 존재는 역사성을 갖고 있다고 말할 수 있다.[132]

그렇다면 역사에서 중요한 것은 무엇일까? 의, 즉 정의이다. 정의가 바로 서야 역사는 모든 인류 앞에 떳떳할 수 있다. 정의가 구현되지 않는 인간의 역사를 역사라 말할 수 없으며, 불의의 역사 또한 인간에게 도달한 치욕과 자존심의 훼손이라 말하지 않을 수가 없다. 그런 의미에서 함석헌은 "하나님의 의의 법칙, 그는 사랑이신 동시에 의다."라고 말하면서 '의는 신앙에 의해서 깨달을 수 있다'고 본다(함석헌전집19, 302-303쪽). 우리가 적어도 초월적 존재를 상정한다면 그가 의도하는 지향성은 정의라는 형이상학적 가치일 것이다. 인간 초월의 가능성을 신의 존재 가능성과 일치시킬 수 있다면 인간은 정의를 추구해야 하고, 정의를 위해 길을 만들어야 한다는 당위성을 일깨워준다. 그에 의하면, 신의 정의는 열강의 정의, 권력의 정의가 아니라, 인간의 맘을 다스리는 정의, 인류의 역사를 지배하는 정의, 영원을 향한 생명을 주는 정의라고 풀이한다. 다시 말하면 정의는 강자가 만들어가고 강자에 의해서 길을 내는 정의가 아니라는 말이다(함석헌전집19, 302

---

132 Michael Roth, *The Politics of Resistance: Heidegger's Line*, Northwestern University Press, 1996, p. 79.

쪽). 그것은 마음과 마음이 맞닿아 있어서 정신의 흐름을 주도하고 생명을 천시하지 않는 약자를 위한 정의일 것이다. "복음은, 영혼 내부의 사실이다." '구원을 얻는 자 먼저 의를 구한다'(함석헌전집19, 304쪽)는 말에서 알 수 있듯이 정신을 깨달은 자, 정신을 차린 자, 내면의 정신을 소중하게 여기는 자가 복음을 올바로 받아들인 자이고 구원을 얻은 자라고 말할 수 있다.

앞에서 말한 것처럼, 인간의 운명은 말의 운명이고 존재의 기반을 둔 인간의 사유는 역사의 길, 정신적 역사의 길, 정신적 사유의 길을 내야 하는 것이 마땅하다. "생명을 위하여 의를 구하라"라고 말할 때, 모든 생명적인 것들이 소생하기 위해서는 정의가 필요하다. 정의를 밑바탕에 둔 생명만이 인간의 존재방식의 독특함을 나타내 준다는 것이다. 정의의 목적은 생명이다. 정의는 생명의 길을 내야 한다. 그런데 여기에 장애가 있다. 인간의 근본적인 욕망이다. 욕망은 먹기 위해서 먹고, 자기 위해서 자고, 입기 위해서 입는다. "욕망이 욕망을 낳"는다(함석헌전집19, 298쪽). 욕망은 욕망 위에 욕망을 더한다. 욕망은 욕망을 위해서 스스로 불의의 길을 낸다. 욕망은 욕망을 위해서 죽음을 낳는다. 오늘날 우리가 보고 있는 정치적 욕망, 자본의 욕망, 군사적 욕망 등이 인간의 근원적인 생존의 욕구를 유린하고 있다. 그것이 결국 죽임의 욕망, 살인의 욕망으로 치환되었다. 말이 본래의 말이 되고 시간이 유일한 시간이 되고 공간이 자신의 공간이 될 수 없는 상황이 되어 버렸다. 하지만 말(saying)은 이미 사건이 되었다. 말은 행위(행동)가 되었다. 말도 행동이고 말없음도 행동이다. 살아 있는 자의 말도 행동이고, 죽어 있는 자의 말없음도 행동으로 말을 하고 있기 때문이다.

말은 사유로서 말이 밖으로 던져낸 것은 사유의 외현이다. 5·18 광주민주화운동이든 4·16 세월호 참사이든 모두 사유를 위한 길을 내기였다. 사유는 바깥으로 나타난 흔적을 새기는 것이고 기억이고 무한히 뻗어 있다. 생명적인 것들은 이렇듯 길 위에 무한히 열어야 하는 운명을 지니고 있다. 사유만이 인간의 욕망을 거슬러 생명을 지켜낼 수 있다. 사유만이 인간의 정의의 길을 만들어 낼 수 있다. 사유만이 길을 잃지 않고 길을 잊지 않을 수 있다. 사유는 길을 길로서 존재하도록 만든다. 길을 도래하게 하고 흔적을 지우지 않을 수 있다. 그런 의미에서 사유와 욕망은 끊임없는 투쟁과 갈등 속에 있을 수밖에 없다. 하지만 사유는 역사의 지평에서 끝없는 길을 뻗게 할 것이고, 욕망은 길을 폐쇄할 것이다. 욕망은 말함에 대해서 결코 듣지 않을 것이고, 정의에 대해서는 눈을 감을 것이다. 사유는 열려 있음이요, 욕망은 닫혀 있음이다.

사유는 생명이요, 욕망은 죽음이다. 말-하기는 사유의 표현이라고 했다. 사유는 앞을-향해-말함이다. 사유는 항상 생명을-향해-말하기이다. 그러므로 사유는 죽을 수 없다. 설령 생명이 사라졌다 하더라도 말을 하는 자는 생명적 존재이다. 사유가 미래를 향해 있다고 할 때, 미래를 향해 열려 있다고 할 때, 그 사유는 말-없음의 말, 말-있음의 말을 통해 끊임없이 발생하는 사건이 되기 때문이다. 5·18 광주민주화운동, 4·16 세월호 참사 희생자들의 말-없음과 말-있음은 모두 지금도 말하고 있다. 그들의 생명은 정의를 말하고 있으며, 생명적인 존재는 반드시 정의를 말해야 한다는 것을 말해주고 있는 실존들이다. 실존은 지속적으로 역사적 시공간에 참여하고 관계를 맺는 존재로서, 결코 텅 빈 존재들이 아니다. 말-없는 존재로서의 생명적 존재와 말–있음의 존재로의 생명적 존재는 차이는 있으나 둘 다 미래를 (향해) 여는 존재라는 점에서 동일하다.

"폭력은 계속해서 희생물만을 향하므로 애초의 대상을 시야에서 놓쳐버린다. [……] 희생제의는 공동체 전체를 그들의 폭력으로부터 보호하는 것이며, 폭력의 방향을 공동체 전체로부터 돌려서 외부의 희생물에게로 향하게 한다는 것이다. [……] 희생 덕택에 백성은 동요하지 않고 계속 평정을 유지하므로 이 희생제의가 국가의 단합을 강화한다는 것이다."[133] "결국 사회를 제대로 유지하기 위해서는, 폭력을 폭력이 아닌 것처럼 속여 그 폭력에 대해 보복이라는 또 다른 폭력을 유발하지 않으면서 앞선 〈불순한 폭력〉을 응징하는 〈순수한 폭력〉이 필요하다. 다시 말해 폭력에도 이로운 폭력과 해로운 폭력이 있는 것으로 만인이 여기도록 함으로써, 즉 무차별화된 폭력을 차별화된 폭력으로 만듦으로써 폭력의 악순환을 중단시킨다는 말이다."[134]

이처럼 공동체의 오염과 그로 인한 속죄를 위해서 욕망의 희생양[135]이 되어 버린 사람들, 욕망을 위해 살인과 살해도 마다하지 않는

---

133 Rene Girard, 김진식 · 박무호 옮김, 폭력과 성스러움, 민음사, 1993, 16, 19–20쪽.

134 Rene Girard, 위의 책, 498쪽 역자해제.

135 "파시즘이라는 단어는 라틴어 'fasces'에서 유래하는데, 이는 원래 묶여 있는 막대기 다발을 의미한다(고대 로마에서 막대기 다발 속에 도끼를 끼운 모습으로 집정관의 권위를 나타냈다고 한다). 막대기 하나하나는 시민을, 묶음은 국가를 의미했다. [……] 사실, 무력을 사용하는 것이나 비주류 사람들을 희생양으로 삼는 것 모두 파시즘의 일종이다.", Davidson Loehr, 정연복 옮김, 아메리카, 파시즘 그리고 하느님, 샨티, 2007, 143–144쪽; 정치학자 로렌스 브리트(Lawrence Britt) 박사는 히틀러, 무솔리니, 프랑코, 수하르토, 그리고 피노체트를 비교하여 "파시즘을 식별케 하는 특징" 14가지를 들고 있다. 1. 강력하고 지속적인 민족주의, 2. 인권을 인정하는 것을 경멸함, 3. 적/희생양을 통합의 명분

국가에게는 더 이상 보존해야 할 생명은 존재하지 않는다.[136] 희생양은 말을 할 수도 없다. 재갈을 물려 놓았기 때문이다. 사실 말할 자격도 주어져 있지 않다. 희생양은 전체주의와 군림자를 위해서만 필요한 존재이기에 그들의 말하기(speaking)는 말-하기(saying)로 끝이 난다. 그렇기 때문에 그들의 소리는 때에 따라서는 들리지 않는다. 살해자와 살인자는 희생양의 말-하기(saying)에는 관심조차 두지 않는다. 그들은 늘 수단이요 국가공동체라는 목적에 부합하는 사용가치면 충분하다. 그들만의 시공간조차도 허락되지 않는 그들의 희생은 기억조차 되지 않는다. 아니 기억이나 흔적이 남으면 안 된다. 신에게 바쳐지는 재물은 성스러워서 공동체의 오염을 완전히 속죄하기만 하면 될 뿐, 면피 당사자인 주체는 다수를 위한 소수의 희생을 아랑곳하지 않고, 언제까지나 그들의(그것의) 폭력은 묵인이 되는 것이다. 그러나 남아 있는 모든 생명존재들은 알아야 할 것이다. 누군가의 희생으로 내가 살아간다는 것을 말이다. 살아 있는 모든 존재들은 그러한 부채의식으로부터 자유로울 수가 없다. 그러므로 살아 있는 생명존재들은 욕망 고발(말-하기)과 정의 사유에 대해 멈춤이 없어야 한다. 더 이상의 희생양이 필요치 않은 인간의 삶을 위해서라도 말이다.

으로 봄, 4. 군대를 최우선시함, 5. 성차별주의의 만연, 6. 대중 매체의 통제, 7. 국가 안보에 대한 강박 관념, 8. 종교와 정부가 하나로 얽혀 있음, 9. 기업 권력이 보호받음, 10. 노동 권력이 억압됨, 11. 지식인과 예술을 경멸함, 12. 범죄와 형벌에 대한 강박 관념, 13. 파벌주의와 부패의 만연, 14. 부정 선거. Davidson Loehr, 위의 책, 146-149쪽 참조.

136 Rene Girard, 위의 책, 142-144쪽.

2. 욕망 주체의 욕망, 그리고 정치적 정의(正義)와 봉사

프로이트(S. Freud)의 정신분석학에서 '동일화' 혹은 '동일시'(identification)라는 개념이 있다. 이것은 말 그대로 일정한 모델과 자기 자신을 동일시하는 것을 말한다. 이 동일시의 모델은 다름 아닌 자기 자신의 아버지이다. 프로이트에 의하면, 아들은 아버지에 대해서 커다란 관심을 가지게 된다. 그는 아버지처럼 되고 싶어 하며 아버지처럼 존재하고 아버지를 대신하려고 하면서 아버지를 이상화한다. 그러면서 자연스럽게 아버지의 욕망을 계승하여 아버지가 욕망하려는 것을 욕망한다. 이른바 욕망의 모방이자 모방의 욕망이다.[137] 그런데 여기서 주체의 욕망은 아버지가 욕망하는 것과 갈등을 일으킨다. 아버지의 욕망 대상은 곧 어머니를 향하고 있기 때문이다. 따라서 초자아는 욕망의 주체에게 명령한다. '너의 모델인 아버지처럼 그렇게 되어라. 너의 모델인 아버지처럼 그렇게 되지 마라.' '그가 하는 모든 것을 하지 마라. 많은 것들은 오직 그에게만 허용되어 있다'고 타부를 강화함으로써 주체의 초자아를 발달시킨다.[138]

우리는 프로이트의 이론을 토대로 그녀/그의 욕망을 분석할 수 있다. 그녀/그의 욕망은 모방된 것이고 학습된 것이고 전염된 것이다. 아버지의 욕망을 주체 욕망과 동일시함으로써 자발적 욕망이 아닌 비

137 Rene Girard, 김진식 · 박무호 옮김, 폭력과 성스러움, 민음사, 1993, 254-257쪽.

138 Rene Girard, 위의 책, 267-270쪽.

자발적 욕망이 된 것이다. 자신의 성적 리비도는 모방본능이 되어 나타난 것이다. 그녀/그의 초자아는 비정상적으로 발달하여서 아버지의 금기사항에 충실하려고 한다. '모델처럼 되라. 아버지처럼 그렇게 되어라. 모델처럼 되지 마라. 너의 아버지처럼 그렇게 되지 마라.' 그러면서 그녀/그는 "나는 욕망한다. 고로 존재한다"고 외친다.[139] 아버지의 욕망을 마치 주체 욕망인 것처럼 착각하면서 완벽하게 동일시한다. 심지어 그녀/그는 폭력의 욕망마저도 주체 욕망으로 받아들인다. 폭력을 은폐시키려고 아버지의 욕망의 대상을 욕망하지 않는 것처럼 보이려고 하지만, 그녀/그는 오히려 폭력도 모방을 하고 만다.

아버지의 욕망 대상은 어머니이지만, 어머니는 애초에 주체 욕망의 욕망이 될 수 없는 것이었다. 하지만 아버지의 욕망 대상을 공유할 수 없었음에도 불구하고 주체 욕망은 '찬탈의 욕망'을 숨기지도, 포기하지도 못하고 마침내 쟁취하고 만다. 그녀/그의 욕망은 국가 권력, 정치적 욕망이었음이 드러났고, 폭력의 모방은 현실적인 폭력으로 나타났다.[140] 그러나 그녀/그는 한 가지 잊은 것이 있다. 아버지의 금지 명령을 일부 거부하고 있다는 사실이다. "그가 하는 것 모두를 하지 마라. 많은 것들은 오직 그에게만 허용되어 있다." 설령 그녀/그가 아버지의 모방 본능에 사로잡혀 있다고는 하나 완전히 아버지가 될 수는 없다. 그녀/그는 아버지가 아니다. 사람들이 그녀/그를 보고 아버지의 현현이라 해도 완벽한 모방은 불가능하다. 아니 모방을 해서는 안 된

139 Rene Girard, 위의 책, 265쪽.

140 Rene Girard, 위의 책, 261, 495쪽.

다. 왜냐하면 아버지는 아버지로서 모든 것을 할 수 있지만 욕망 주체는 그럴 수 없다. 많은 것들은 오직 그(아버지)에게만 속해 있기 때문이다. 아버지에게만 속해 있는 것을 한다는 것은 영원한 타부를 거스르는 것이다. 금기로 남겨 놓으라는 명령을 어길 경우 남는 것은 좌절, 비통, 그리고 죽음이다. 결국 오이디푸스는 아버지가 죽고(아버지를 죽이고) 난 이후에 법에 복종을 한다. 아버지는 법을 대표한다. 그럼에도 아이의 관심을 좌절시키는 아버지는 거세로 위협하는 존재나 경쟁자가 아니다. 그러므로 그녀/그는 어머니에 대한 욕망의 차이로 (정치적) 의식의 자율성, (정치적) 행위의 자율성이 보장된다는 사실을 알아야 한다.[141]

금기가 금기인 것으로 확인되는 순간은 이성의 간지(理性의 奸智, List der Vernunft)에 의해서이다. 헤겔(G. W. F. Hegel)은 세계정신, 즉 이성은 자신의 역사적 목적을 실현하기 위해서 욕망에 사로잡힌 한 개인을 수단으로 이용한다고 말했다. 그러다가 이성의 그 목적을 다 달성하게 되면 그 개인을 헌신짝 버리듯이 내팽개친다는 것이다. 그것이 이성의 간교한 지혜이다. 아버지의 욕망을 주체 욕망으로 동일시해서 국가 권력과 정치 욕망으로 발전시킨 것은 분명한 모방 본능이지만, 역사의 어느 순간 이성은 그녀/그의 욕망을 더 이상 묵과할 수 없는 때가 올 것이다. 탁월한 역사가 마이네케(F. Meinecke)는 국가 권력이란 "한 민족이 생존하기 위한 물질적 요구에 대한 봉사가 아니라, 인류 최고의 정신적·영적인 가치, 즉 문화와 종교에 대해 보일 수 있는 봉사

141 김경순, 라캉의 질서론과 실재의 텍스트적 재현, 한국학술정보, 2009, 32, 43쪽.

를 통해서만 정당화된다"고 말하면서 국가의 이념(윤리)과 현실(권력)이 종합되어야 한다고 역설했다.[142] 봉사와 윤리. 국가 권력은 욕망의 대상이나 욕망 그 자체가 아니라 민중에 대한 봉사와 윤리적 실현에 있어야 한다.

더욱이 국가 권력의 수장은 수확자가 아니다. 역사 전체로 보자면 권력자는 민중과 함께 씨를 뿌리는 자이다. 좋은 씨를 선택해서 좋은 땅에-혹여 척박한 땅이라 할지라도-파종하기만 하면 된다. 거두는 것은 그녀/그의 몫이 아니라, 주재자[민중]의 몫이다. "역사는 수확의 역사가 아니요 파종의 역사다. 그리고 기약 없이 물 위에 파종하는 것이다"(함석헌전집19, 311쪽). 이처럼 파종할 자가 수확자까지 되려고 하는 것은 교만이요 욕망주체의 바깥 영역이다. 역사의 긴 시간, 촘촘히 씨줄과 날줄이 얽혀져서, 사건과 사건이 일어남으로써 파종한 것들이 하나 둘씩 수확이 되는 날이 있을 것이다. 당대가 아니어도 좋다. 역사에서 욕심은 금물이다. 모두가 파종자일 뿐이다. 그래서 함석헌은 "우리의 수확은 영원하고 무한한 값을 가진 것이다"라고 말했는지 모른다(함석헌전집19, 311쪽).

파종자는 "물 위에 씨를 뿌리는 이 대담! 영원의 추수일을 기다리는 이 근기! 전우주과정으로써 일장의 승부로 삼은 이 웅대!"가 필요하다. 거듭 말하지만 나머지는 주재자[민중]에게 맡겨야 한다(함석헌전집19, 311쪽). 오직 파종자는 "정의"를 욕망해야 한다. 민중과 함께 파종하는 자의 정의만이 승리를 가져올 수 있다. 정의를 찾는 자가 종국

142 F. Meinecke, 이광주 옮김, 국가권력의 이념사, 한길사, 2010, 19, 38쪽.

에는 이기게 되어 있다(함석헌전집19, 325쪽). 하지만 그러기에 파종자는 더욱 더 정의의 바탕 위에 서서 겸허하게 정치를 해야 한다. 정의는 민중을 편드는 것이다. 파종자는 민중과 더불어 정의를 파종하고 실현하는 민중의 봉사자라는 사실을 한시라도 잊어서는 안 된다. 함석헌은 이렇게 고발한다. "네 양심은 마비되었다. [……] 그렇지 않으면 네가 정의가 어디 있는지 몰랐다 하더라도 적어도 이 사회를 본다면 이 건국을 끓이노라 부글부글하는 이 가마 속을 들여다본다면 적어도 부정의가 어디 있는 것은 보았어야 할 것이다"(함석헌전집19, 325-326쪽). 파종자(욕망 주체)는 양심성찰도 필요하다. 그것이 제대로 작동하고 있는지 눈살펴야 한다. 데면데면해서는 안 된다. 사회 구석구석, 나라 구석구석에 부정의가 있는지를 보아야 한다. 욕망 주체는 자신을 아버지의 화신으로 나타났다고 생각해서는 안 된다. 그렇게 될 경우 앞에서도 말한 것처럼 폭력의 전염성과 모방도 성적 리비도로서의 모방 본능 안에 각인되어 폭력적 정치로 드러날 수 있다. 정의에 눈을 감고 아버지의 복수를 위해서 사회적 부정의로 일관한다면 역사의 파종은 고사하고 존재자인 민중에 의해서 심판을 면치 못할 것이다.

"존재하는 것의 존재란 바로 그것이 '나타나는' 것"[143]이다. 민중은 욕망 주체의 병리를 원하지 않는다. 존재하는바 양심, 존재하는바 정의가 그녀/그의 나타남이기를 원한다. 그녀/그는 민중이 나타내기를 원하는 바를 나타내야 한다. 욕망 주체의 욕망 대상과 민중의 욕망 대상이 동일하다고 생각하면 안 된다. 욕망 주체의 욕망과 아버지의 욕

143 Jean Paul Sartre, 정소성 옮김, 존재와 무, 동서문화사, 2009, 12쪽.

망을 동일시해서 마치 민중이 그 욕망을 바랄 것이라고 생각하고, 현실 욕망으로 호도하는 일도 없어야 한다. 마찬가지로 민중 역시 자기가 나타내기를 바라는 정치 본질의 현상과 아버지의 욕망이 동일하기를 바라는 욕망을 승화시켜야 한다. 그렇지 않으면 어떠한 폭력과 희생도 우매한 민중 자신의 욕망을 위해 정당화될 수 있고, 합리화할 수 있기 때문이다. 자칫하면 정치현상의 수확자는 민중을 어리석은 희생양으로 만들 수도 있다. 대한민국 헌법 제1조 "대한민국의 주권은 국민에게 있고, 모든 권력은 국민으로부터 나온다." 그러므로 민중은 정말 그녀/그가 민중을 위해서 봉사하고 정의를 구현하려고 애를 쓰는지, 헌법에 기초하여 파종하는지를 감시하고 또 깨어 있어야 할 것이다.

3. 자본을 넘어 정신세계로의 상승과 이성의 시대

영문학자이자 비교문학자인 프랑코 모레티(Franco Moretti)가 간파했듯이, 지금의 세계는 드라큘라(자본가)와 프랑켄슈타인(노동자)의 대립과 갈등이 심화되고 있다. 흡혈귀 드라큘라는 죽지 않고 산 사람의 피를 빨아먹고 한 방울의 피를 허비하지 않는다. 자본가들에게 "악마들의 종족"인 프롤레타리아 괴물은 다른 사람들과 똑같은 시민권을 갖기 원하지만, 부르주아 계급은 그러한 괴물이 두려워 죽이려고 한다. 그들이 세계를 지배할지도, 영원히 살지도 모른다는 불안감 때문이다.[144] 흉측하게 생긴 비참한 사람(노동자)과 잔혹한 소유자(자본가)[145]의 계급 갈등은 신자유주의라는 독점자본주의에 의해서 노동자의 착취와 고통의 심연으로 몰고 간다. 그러면서 부르주아 계급은 근로소득이 아닌 자신의 자산을 이용하여 불로소득을 확장하게 되는 불한당이 되는 것이다. 이런 모습을 함석헌은 다음과 같이 꼬집는다. "육이나 정신의 세계에서도 일은 해야 합니다. 일은 노력하는 것, 즉 나를 쓰는 것입니다. 고생하지 않고는 살 수 없다는 것입니다. [……] 간디는 매일 두 시간 이상을 물레를 돌리며 일을 했는데 여기에 그의 놀라운 점이 있는 것입니다. 아무리 문명이 발달해도 일을 하고 먹도록 되어 있는데 오로지 정치 경제 구조는 일하지 않고도 먹게끔 되어 있는데 모순이 있는 것입니다. 이와 같은 일하지 않고도 먹을 수 있는 불한당 계급이 생김으로 해서 세상엔 점점 차별이 생기고, 부정과 부패가 생기는 것이 아닌가 생각합니다"(함석헌전집19, 360쪽).

그런데 이러한 상황은 결국 부르주아 계급, 즉 흡혈귀 드라큘라의 승리로 끝날 것 같지만, 실상은 그렇지 않다. 죽지 않기 위해 끊임없이 산 자를 죽이면서 피를 빨아먹는 흡혈귀는 산 자가 사라지는 순간, 흡혈귀도 생존할 수 없다는 매우 단순한 논리가 흐르기 때문이다. 이렇게 흡혈귀의 사냥 본능을 저해하려면 어떻게 해야 할까? 욕망의 어두움과 자본의 페티시즘의 극복은 빛과 이성(理性)에 대한 사랑에 의해서 가능하다. 불안과 두려움을 일소시키고 드라큘라와 맞설 수 있는

144 F. Moretti, 조형준 옮김, 공포의 변증법, 새물결, 2014, 22-34쪽.

145 F. Moretti, 위의 책, 20쪽.

정신이다.

자본에 대한 꿈에서 깨어나서 오로지 정신만이 희망이라는 것을 깨닫는 사람만이 흡혈귀 자본가를 이길 수 있다. "문명이 발달하려면 기계화를 인정해야 되는데 그 대신에 정신생활이 독립적인 주체가 되어야 하는데 그것을 잊어버리고 있는 데 문제가 있는 것입니다. 즉 사람의 개체가 절대적인 가치가 있다는 것을 부인해서는 안 되는 것입니다"(함석헌전집19, 360쪽). 정신적 주체, 인간의 절대적 가치를 우선으로 하고 소중하게 생각할 수 있는 사회가 되어야 자본의 광기로부터 해방될 수 있다. 무엇에 매여 있는가를 스스로 인식하고 자신도 드라큘라의 후손(종족)이 되려는 야릇한 충동과 억압된 물신적 콤플렉스를 이겨내야 한다. 현대사회가 자본의 공포보다 더 무서운 것이 인간 상실이라는 것을 바로 알고 그것을 유도하는 메커니즘을 타파해야 한다.

진화심리학에서는 도덕을 인간의 본능으로 봄으로써, "도덕성은 우리의 조상들이 사회생활을 하면서 겪었던 여러 적응적 문제들을 풀고자 선택된 보편적인 심리 기제의 산물"[146]이라고 말한다. 자본주의 사회를 넘어설 수 있는 인간의 힘은 정신, 곧 도덕적 본능에서 나온다고 말할 수 있다. 착취와 고통, 억압이 만연되어 있는 상황을 타개해 나가기 위해서는 인간이 가진 보편적 심리적 기제, 도덕적 직관(moral intuition)—이것은 분노, 감사, 죄책감, 동정 등과 같은 도덕적 정서에 의해서 작동하는 것으로서, 인간이 불확실하고 위험한 세계에서 살아남고자 어떤 사건의 옳고 그름에 대해 빠르고 즉각적인 판결을 내리는

146 전중환, 오래된 연장통, 사이언스북스, 2010, 192쪽.

것이다. 이에 반하여 도덕적 추론(moral reasoning)은 정서의 개입이 거의 없이 합리적 이성에 의해 결론에 도달하는 것이다. 전중환은 진화론적으로 인간의 도덕적 판단은 도덕적 추론보다 도덕적 직관에 의해서 결정된다고 주장한다-이 앞서 있어야 한다.[147] 그래서 자본의 미몽에서 깨어나서 정신적 가치를 추구할 수 있는 사회를 만들어야 한다. 우리가 정말 두려워해야 할 것은 물질적 도착이지, 프랑켄슈타인 괴물로 규정받는 것이 아니다. 물론 괴물은 의식하는 인간, 자유로운 인간, 영원히 살고 싶은 인간을 꿈꿀 수 없다는 공포가 있을 수 있다. 그러나 최소한 그와 같은 욕구와 욕망은 버리면 안 된다.

종교는 그러한 희망을 만들어주는 역할을 한다. 종교는 인간 자신과 삶을 자각하도록 만들어준다. 여기서 중요한 것은 스스로, 자력으로라는 점이다. 의식적 정신, 자기 의지라는 것이다. "신앙의 세계에서도 내가 노력해서 깨닫도록 해야 한다는 것입니다. 종교에서 그런 폐단이 많은데 신앙이야말로 자기 스스로 해야지 남의 것을 따라가서는 안 되는 것입니다. 신앙도 처음에는 모방해서 되는 것이 사실이지만 끝까지 모방만 해서는 안 되는 것입니다. 마지막까지 모방하면 그것은 죽은 것이지 산 것이 아닙니다"(함석헌전집19, 361쪽). 오해하지 말아야 할 것은 종교가 맹목적으로, 자신의 의지도 저버린 채 모방으로 치닫게 되면 안 된다. 함석헌이 지적하고 있는 것처럼, 모방은 모방으로 끝나야지 그 자체로 머물러서는 안 된다. 종교는 넘어서야 하는 것이다. 종교는 지탱이나 유지가 아니다. 초탈과 돌파(breakthrough)이

147 전중환, 위의 책, 190-191쪽.

다. 자신의 삶을 변형시키고 형태를 바꾸는 작업과 노력이 있어야 한다는 말이다. 현상유지(status quo)가 종교의 목적이 아니다. 종교는 존재 변화이다. 자본의 지배와 물질 중심의 문화 현상(현실)을 신앙의 눈으로 해석하고, 자본의 신비화에 대항한 종교 창시자의 영성을 내면화하는 것이다. 함석헌은 한 발 더 나아가서 거기에 머물지 않고 신앙적 이성에 호소하고 자본의 공포와 정체를 제대로 파악하는 자기 정신의 고양을 설파하고 있다. 흡혈귀로부터 도망을 치거나 잡혀서 피를 빨리는 존재가 되지 않기 위해서는 철저하게 그 힘이 은폐된 강력한 위협을 무화(無化)시켜야 한다.

그것은 역설적으로 자신의 자유를 부정하는 것이요, 초월자에 대한 근본성찰에 있다. 자신의 욕망과 충동을 흡혈귀의 그것보다 더 두려워할 때에 죽음의 파국을 막을 수 있다. 흡혈귀의 생존 욕망은 인간 자신의 근본적이고 본질적인 욕망이 있기 때문에 생겨난 것이다. 자본을 숭고하다고 인식하는 순간, 자신의 내면적 이성의 숭고함이 파괴된다는 것을 잘 모르기 때문이다. 내가 사라지면, 욕망하는 내가 무(無)가 되면 흡혈귀 역시 그 무시무시한 이빨을 드러낼 대상을 찾지 못한다는 것을 알아야 한다. "자유의 최고의 자리가 자기의 자유를 부정하는 데 있다는 것, 즉 내가 하나님께 복종하는 것이라고 했습니다. [……] 자기를 무력하게 내버리는 것으로 내 마음을 완전히 비게 하는 것인데 그렇게 되면 하나님이 우리의 마음에 들어올 수 있게 됩니다"(함석헌전집19, 361쪽).

함석헌이 자신을 무력하게 내버려두라는 것은 자본의 숭고함과 신비함을 무력화시키라는 말과 같다. 나를 무력화시키고, 내 안에서 꿈틀대는 욕망을 잠재울 때 타자의 욕망의 흐름도 와해된다. 그것을 위해서 단순히 종교의 힘을 빌리자는 것이 아니다. 종교는 인간의 본래성, 즉 자신을 무화시키는 것을 통해 자신의 본모습을 찾으라고 종용한다. 종교는 인간으로 하여금, 항상 인간의 본질을 깨닫도록 만들어주기 때문이다. 나를 비워야 초월자로 채울 수 있다는 것은 그러한 맥락에서 이해할 수 있다. 숭고함은 인간 바깥의 대상이나 사물에 있는 것이 아니라 내 안에 있다. 그러므로 내 안에 있는 흡혈귀적 욕망을 버리면, 내 안의 숭고 그 자체와 만날 수 있다. 그러기 위해서 의식의 바깥에 있는 대상을 욕망하려 하지 말고 도덕적 이념의 근원인 자기 내면 정신을 찾아야 한다.

그래서 함석헌은 말한다. "참 죽음은 자기를 죽이는 것, 스스로 기쁘게 죽는 것이어야 참 죽음인데 죽음을 죽음으로 알아서는 죽지 못합니다. 참 생명은 죽어도 죽지 않는 것입니다"(함석헌전집19, 361쪽). 죽어도 죽지 않은 길, 그것만이 우리가 흡혈귀 드라큘라를 멸종시키고, 타자의 권력 의지가 지칭하는 악마들의 종족까지도 의심하며 새로운 질서, 새로운 성찰로 경로를 바꿀 수 있다. "정신세계로의 상승"만이 우리의 참 생명이 될 수 있다. 정신은 죽일 수도, 죽을 수도 없기 때문이다. 자본이나 물질은 종교의 대립적 욕망이다. 그 욕망은 인간을 계속해서 죽이려고 한다. 그것이 무서우면 무서울수록 인간은 교화당하고 만다. 그러나 필요한 것은, 프랑코 모레티의 말을 빌린다면, "공포의 변증법"이다. 자본의 공포가 인간을 위협하며 죽이려 할 때에 거기에 굴욕적으로 도피하거나 정신적 무릎을 꿇게 되는 공포야말로 더 큰 공포가 된다는 것을 알게 되면 우리는 그 공포를 근본적으로 무화시킬 수 있다. 그 토대는 무엇일까? 종교적 근본정신으로의 회귀이다. 설령 진화심리학자들이 "종교는 하나의 진화적 적응이 아니라, 다른 보편적인 심리적 적응들에 우연히 딸린 부산물로서 종교본능이 존재하지 않는다고 할지라도, 그래서 '우리'와 '너희'를 엄격하게 구별하여 내 집단을 챙기고 다른 집단을 배척하는 동맹심리(coalitional psychology)가 종교적 헌신을 부수적으로 낳는다"[148]고 할지라도, 함석헌이 말하듯이, "우리의 양식이 되신 예수 그리스도, 우리는 그를 먹음으로 산다"(함석헌전집19, 362쪽)는 것을 가벼이 여겨서는 안 될 것이다.

"정직한 종교의 영혼은 자신의 가장 훌륭한 모습을 추구하는 인간의 영혼이며, 모든 정당한 종교의 영혼은 인간의 정신"[149]이다. 그런 의미에서 종교적 정신의 향유, 종교적 정신에 의한 저항, 종교적 사랑, 종교적 지혜, 종교적 자유가 자본의 환상과 강요를 부술 뿐만 아니라 우리를 살게 할 것이다. 그들이 정신의 양식(糧食)으로 먹었던 것, 성인(聖人)들이 생각했던 것, 성인들의 정신적 자취가 새로운 사회체를 구성함으로써, 영원히 산다고 말할 수 있는 것이다. 더불어 종교적 서사의 발생처, 기원, 발생자의 그림을 그리는[Bildung, 교양] 서사의 체계가 온전히 체득되고, 종교 서사의 세계와 나의 생활세계가 완전히 일치되어 있는 것, 즉 정신의 양식이 되어야 한다. 흡혈귀의 양식과는 절대적으로 다른 양식.

148 전중환, 앞의 책, 217-220쪽.

149 Davidson Loehr, 정연복 옮김, 아메리카, 파시즘 그리고 하느님, 샨티, 2007, 225-226쪽.

4. 남의 생각이 아니라 내 생각으로의 세계국가주의적 존재론

지금까지의 인류사에서 정치적 플롯을 보면 민중이 주인이 되었던 적이 거의 없었던 것 같다. 민중이 핵심이 되어 민중 스스로의 힘에 의해서, 그리고 민중의 생각에 의해서 정치가 이루어진 적이 없는 것이다. 민중은 다만 일개 국가의 도구나 지배 계급의 소모품에 지나지 않았다. 민중의 의식은 자발적으로 발로된 것이 아니라 지배 계급 혹은 소수 엘리트 계층에 의해서 만들어진 것이었음에도 불구하고, 민중은 그 지식과 의식이 마치 자신의 것인 양 착각하고 받아들였다. 다시 말해서 민중의 말은 민중의 말이 아니었고, 민중의 생각은 민중의 생각이 아닌 지배 계급의 그것이었다. 함석헌은 일찌감치 이를 깨닫고 "소수 사람이 지배하는 역사가 아니라 민중 자체가 결단하고 사는 세상", 즉 '훌륭한 이들이 생각해 준 대로 사는 세상이 되어선 안 된다'(함석헌 전집19, 367쪽)고 설파한다. 민중이 소수 엘리트와 지배 계급의 생각 안에(in)/사이에(inter) 있다고 하는 것은 결국 그들의 관심(interesse)에 이끌려지는 것입니다. 그들의 생각과 함께(with), 그들의 생각에 의해서(by), 그들의 생각 안에(in)에 있게 된다는 것을 의미한다. 민중은 민중과 함께, 민중에 의해서, 민중 사이에서 살아가는 것이 아니라 그들 사이에서(between) 그들 안에 놓이게 된다.[150] 그래서 함석헌은 정치가

150 M. Roth, *The Poetics of Resistance*, Evanston, Illinois: Northwestern University Press, 1996, p. 53.

들의 권력주의에서 벗어나야 한다고 말하면서, "인류의 귀한 점이 생각하는 데 있는데 생각하는 게 참 어렵습니다"라고 말한다.

민중의 생각은 민중 스스로 깨우친 생각이어야 한다. 자신의 생각마저도 타자에게 지배된 것이고 그로 인해서 작동·조작된 것이라면 민중은 생각이 없는 존재이다. 민중의 생각은 역사를 꿰뚫어 바로 볼 수 있는 주체적 의식이자 개별적 존재의 각성의 원천이다. 그것은 지금 여기에서의 존재론적 위치를 잃지 않고 늘 생생하게 그 자리를 탐색하고 확인하는 것이며, 미래로부터 앞당겨 오는 의식을 현재에 도래하게 하는 힘이다. 그것은 늘 오고 있고 도착하고 있다. 그러나 그러기 위해서는 타자의 의식에 자신의 생각을 맡겨서는 안 된다. 더 나아가서 자신의 생각을 국가에만 한정시켜서도, 국가에 의해서 지배되어서도 안 된다. 함석헌이 언명하고 있는 것처럼, "'나라'라는 것은 이해가 상반되는 단체들이 있어 가지고 세워진 것이지 국민들이 계약을 하거나 협력을 하기 위하여 되어진 것은 아니다. [……] 애기가 자란 다음에는 부모나 선생이 간섭할 수 없게 된다"(함석헌전집19, 372쪽)는 것을 기억해야 한다. 민중의 생각이 성숙해지고 민중의 주체의식이 강해질수록 국가(주의)가 침해하거나 간섭할 수 없다. 인간의 이성과 의식은 그 개인이 안에서부터 스스로 가지고 있으면서 끌어내는 것이지, 바깥의 조직이나 체제가 주입하는 것이 아니기에 더욱 그렇다. 개인의 의식과 이성이 상충될 때, 집단의 이념이 서로 다를 때, 그것을 어떻게 하나로 묶어놓을 것인가를 고민하다가 생겨난 것이 국가라는 최종 산물이다. '나'라고 하는 존재가 좀 더 외연이 확장된 것뿐이지, 나를 대표하거나 나를 대신할 수는 없다. 다시 말해서 나는 또 다른 개인의 생각과 충돌하는 나와 대립이 생기고 갈등이 발생할 때, 하나의 통합된 나로서 집단적인 나의 생각과 조화를 이루고 타협·양보할 수 있는 나이지, 나의 생각이 말살되거나 사라지는 나가 아니기 때문에 국가라도 나의 생각을 무시할 수 없다.

아마도 함석헌이 "인간은 '나'를 가져야 한다"(함석헌전집19, 371쪽)고 한 것도 그런 이유일 것이다. 그런데 이 '나'는 소통하는 '나', 대화하는 '나'이어야 한다. "생각은 소통되는 데 있습니다. [……] 개인 사이의 대화, 민족이 대화를 통해서 내 것 네 것보다 놓은 데로 나갈 수 있습니다"(함석헌전집19, 369쪽). 소통과 대화를 통해서 더 높은 나로 나아가야 작은 '나', 작은 '너'에서 '큰 나'가 될 수 있다. 이른바 "세계국가주의"이다. "나는 세계국가주의자다. [……] 온 세계가 한 나라가 되기 전에는 이 세계에는 전쟁을 금할 수 없을 것이다. [……] 싸움이 그쳐야 평화가 온다"(함석헌전집19, 371쪽). 나는 생각이 서로 다른 나와 맞서기(gegen) 위해서 존재하지 않는다. 민족이라는 것도 다른 민족과 맞선 존재가 아니다. 그것은 "민중이 참여하는 역사"(함석헌전집19, 371쪽)로서 서로가 서로를 맞서는 국가주의를 넘어서는 그야말로 온 세계가 하나가 되는 평화로운 나라, 평화로운 세계를 말한다. 나의 경험은 곧 세계의 경험이고 세계의 경험은 나의 경험이다. 나와 세계, 나의 민족과 세계국가가 서로 맞서 있는 것이 아니라 하나의 세계로서 존재하는 것이다. 그러므로 나의 생각은 나의 민족의 생각, 나의 말은 나의 민족의 말로서만 경험되어지는 것이 아니라 세계국가적·세계민중적 경험으로 연결되어 있기에 중요하다.

"지금의 민중은 국가주의와 싸워야 합니다. 우리를 지배해온 것은 민족사상이었지만 이것은 민족이 말한 것이 아니라 그 민족의 지배자가 그렇게 말을 붙여온 것입니다"(함석헌전집19, 368쪽). 민족의 이데올로기, 민족의 경계, 민족의 의식이 과연 민중의 것이었는가를 되짚어봐야 한다. 그것이 지배자의 것이었다면 탈피해야 한다. 박노자는 이렇게 말한다. "[……] 우리 모두가 국가의 입장만을 생각해야 된다는 논리는 부당하다. [……] 이는 한편에서 국가라는 피라미드를 받쳐주는 노동자와 농민에 대한 무한한 세뇌와 착취를 의미하기도 한다. 국가 전체를 위해선 어쩔 수 없다는 논리 때문에, 빽과 돈이 없는 일반인들만 군대에서 맞고 사는 '빈민 개병제'가 정당성을 의심받지 않는다. 노동자들이 파업하다 개처럼 맞아 쓰러지는 것도 국가를 위해서라는 논리에 의해 합리화된다."[151] 지배 계급에 의해서 명명되고 규정된 것이 모아지고(legein) 말하여진 혹은 읽힌 것(legen, lesen)이 민족사상이었다면 이야기는 달라진다. 함석헌이 지적하고 있듯이, "민중이란 민족이 다르다고 해서 적의를 갖는 것이 아니라고 생각"한다(함석헌전집19, 368쪽). 민중은 적의가 없다. 민중의 생각은 민족주의, 민족의 이념을 넘어서 있기 때문이다. 민중의 생각은 열려 있다. 민중이 읽고 민중이 모아(legein) 비은폐시키려고(un-concealment) 하는 것은 세계국가주의 혹은 세계민중주의이다.

항상 관계를 생각하며 평화를 말하는(logos) 주체는 지배 계급이 아니라 민중이다. 경계와 구분, 차별을 철폐하고 영원히 고착화되어 있는 적대감을 하나의 의식, 하나의 통일된 생각으로 품으려고 하는

151 박노자, 나를 배반한 역사, 인물과사상사, 2003, 20쪽.

것이 민중이다. 더군다나 민중이 생각하는 것은 국가, 민족, 이념이 아니라 '인간성'이다. "이 세상에 인류가 살아가는 것은 [……] 인간 속에 있는 서로서로의 인간성이 자기를 능히 희생해서라도 서로서로 같이 살아가자 하는 인간성이지, 이것이 사회와 국가를 유지해가는 힘입니다"(함석헌전집19, 368쪽). 민중의 공통된 인간이 상호성을 보장하고 각 사회와 국가를 유지한다. 인간성이 담보되지 않은 국가는 폭력을 행사하게 되고 사이적 존재와 타자적 국가에 대한 호혜성은 있을 수가 없다. 민중을 통해서 세계국가주의(세계민중주의)는 각 민중의 앞에 함께 서 있도록, 하나로 모이도록 하는 것이다. 이 세계국가주의(세계민중주의)는 자신을 희생하지 않고서는 서로의 앞에 함께 서 있지 못할 것이다.

그 희생의 원동력은 무엇일까? 한마디로 영적인 데 있다. 인간의 정신적인 데 있다. "인간은 영적인 점에 느낄 수 있는, 영적인 것에 갈 수 있는 것이 인간일 것입니다. [……] 인류에게 지식이 있지만 지식만이 아니고 도덕적인 점 영적인 점이 있는 것입니다. [……] 영적인 것에 접하는 그 점이 대화의 참 중요한 점입니다"(함석헌전집19, 369쪽). 자신을 희생하여 세계국가주의를 만들어가려면 민중 각 개인이 철저하게 영적·도덕적·정신적 존재가 되어야 한다. 인간의 유연성, 즉 서로가 서로에게 고체적 부딪침을 방지하려면, 그래서 세계국가주의를 형성하려면, 영적·도덕적·정신적 존재에 토대를 두고 대화하는 것이 필요하다.

세계국가주의를 위한 또 하나의 가능성은 개인의 생각이 전체 생각(전체주의와는 분명히 다른)이 되어야 한다. 독일의 유명한 신학자에버하르트 윙엘(E. Jüngel)은 말한다. "선이란 우리가 무조건 신뢰할 수 있는 것으로서 그것은 진리입니다. 선이란 다른 사람을 평준화하지 않는 것, 획일적으로 다른 삶을 배척하지 않는 것, 다른 사람과 함께 살 수 있는 것입니다. 악이란 남과 함께 사는 관계를 파괴하는 것입니다."[152] 또한 함석헌은 "지금까지는 개인이 생각하는 역사였지만 이 앞으로는 전체가 생각하는 역사를 만들어야 한다"(함석헌전집19, 373쪽)고 말한다. 개별적 존재의 사유만으로 국경을 초월한 세계국가주의가 될 수 있고, 세계가 달라질 수 있다는 생각은 부족하고 쇄미하다. '전체'가 '생각'해야 한다. '전체'가 선을 지향해야 할 뿐만 아니라, '전체'가 사고해야 하고 '전체'가 관계를 고려해야 하는 생각이 세계국가주의를 가능하게 할 것이다. 그럼에도 잊지 말아야 한다. '전체'보다 중요한 것은 '생각'이다. 생각이 있고 전체가 있는 것이지, 전체가 있고 생각이 있는 것이 아니다. 각 민중이 깨어나서 생각할 수 있다면 전체는 얼마든지 다른 역사를 만들어 갈 수 있기 때문이다.

"오늘과 같이 국제적인 협력을 심각히 요구하는 시대는 없는 것 같다. 이 국제적인 협력에 가장 장애가 되는 것은 국가주의(Nationalism)이다. 앞에서 새 종교 새 국가관이 나와야 한다는 말은 민중의 역사, 민중의 종교, 즉 몇몇 사람들의, 지배 계급의, 독재자의 역사나 종교가 아닌 온 평민의 역사, 국가가 되어야 한다는 것이다"(함석헌전집19, 373쪽). 국가주의를 넘어야, 국가주의를 폭로해야(비은폐) 새 종교, 새 국가관, 즉 민중이 중심이 되는 종교, 민중이 중심이 되는 국가가 나올

152 J. Moltmann, 이신건 옮김, 나는 어떻게 변하였는가, 한들, 1998, 137쪽.

수 있다. 지배 계급에 의존하지 않는 민중만이 초월자의 새로운 생각을 말할 수 있고 해석할 수 있다. 민중의 소리만이 모든 사람이 들을 수 있는 전언(message)을 말할 수 있다. 민중만이 국가라는 숙명적인 틀을 앞세우지 않고 하나가 모든 것(전체, One is All)이라는 말을 할 수 있다. 민중은 지배가 아니라 모든/각 개인의(을 위한) 주인으로 모이기 때문이다.

3부

물화된 생활세계 지평의 초탈

1장

민중의 철학적 의식과 비폭력적 미학

1장

민중의 철학적 의식과 비폭력적 미학

인간에게 완전한 인식이란 가능한 것인가? 미셸 푸코(M. Foucault)는 인간이라는 존재도 한갓 "역사를 지닌 이론의 구성물"이라고 말했을 정도로, 인간의 우연성을 논파했다. 그런 인간의 이성을 통해서 사태에 대한 정확한 인식을 했다고 하는 것은 불완전할 수밖에 없다. 사태에 대한 깊이 있는 인식에까지 도달하는 한계가 있다는 말이다. 하지만 사유의 아스케제를 통한다면 사태에 대한 분명한 통찰력이 아예 없다고 단정 지을 수도 없다. 함석헌은 그것을 "생각"이라고 말한다. 단언컨대 사태를 꿰뚫어보는 눈, 생각, 비판이성을 가진 민중은 깨어날 수 있고 새로운 역사를 기획할 수 있다. 또한 민중은 생각, 곧 사유를 통하여 살림의 철학, 삶의 철학, 생명의 철학을 자신의 의식과 행위의 근본적인 철학으로 삼는다. 이러한 철학적 의지를 가진 민중은 정치의 주체가 될 수 있으며, 그에 따라 정치적 혁명의 기틀을 다져 혁명적 정치를 실현하게 된다.

정치의 주체는 민중이다. 민중은 생각하는 주체이다. 의심할 바 없이 생각은 민중 자신을 넘어서서 새로운 역사와 정치의 진보를 가져오는 원천이다. 생각하는 민중은 개체적 존재이면서 동시에 전체를 생각하는 인격, 생각하는 존재 전체이다. 따라서 민중의 생각과 행위는 관념적이지 않다. 그것은 엄연한 정치적 현실태, 역사적 현실태라고 말할 수 있다. 생각하는 존재 전체인 민중은 비폭력이라는 정치 행위로서 자신의 의지를 실재화한다. 민중의 비폭력은 단순히 수사학적 언어가 아니다. 민중의 정치미학이다. 그것은 정치적 존재자들 혹은 정치적 행위자들이라 자부하는 이들의 폭력에 맞서 새로운 정치의식, 정신의 혁명으로 도덕적 정치를 회복하려는 것이다. 비폭력의 미학은 그렇게 폭력적 정치에 저항하는 삶의 운동, 생의 운동으로서 타자를 긍정하고 타자의 욕구를 인정하는 것이다.

1. 민중, 씨ᄋᆞᆯ철학을 가진 자

함석헌이 말하는 '봄'이라는 것, '본다'라는 것은 단순히 시지각적인 행위를 말하는 것이 아니다. 그는 '봄'의 부정성으로서의 '안 봄'과 '참 봄'의 부정성으로서의 '겉 봄'을 구분하고 있다(함석헌전집2, 11쪽). 그러면서 지금의 시대가 참 봄이 아니라 겉 봄의 시대라고 비판한다. 어쩌면 그의 봄(시각 및 인식)의 철학은 시지각적인 행위가 아니라 인식론적이며 계보학적 측면을 부각시키고 있는지 모른다. '본다'(see, voir)는 행위는 인식론적으로 '안다'(savoir)라는 정보의 습득과 남김 없는 타자의 파악, 그에 따른 조정과 '소유'(avoir)까지도 내포하고 있기 때문이다. 그럼으로써 그는 정말 본다는 것은 안 봄, 즉 비폭력적인 무시선적인 태도가 진정한 봄이라고 한다. 흘끗 봄, 사적 관심이나 이익을 가지고 타자를 바라보는 행위는 타자에 대해서 거리를 한껏 좁혀 인식론적으로 포착, 자기 것화 하려고 하기 때문에 폭력이 될 수 있다. 존재를 인식하되 완벽하게 인식하겠다는 것은 오만이다. 시각적으로, 시신경 안으로 들어온 정보는 지극히 선택적 정보라는 사실을 감안할 때, 보는 즉시 우리는 판단의 과정 속에서 타자를 전부 이해했다고, 세계를 다 알았다고 생각할 수 있지만, 이것은 그야말로 함석헌이 말한 '겉 봄'에 불과하다.

따라서 지금은 생각을 해야 한다. "죽어서도 생각은 계속해야 합니다. 뚫어봄은 생각하는 데서 나옵니다"(함석헌전집2, 12쪽). 생각은 존재의 기본 행위, 존재의 근원적 본질을 특징짓는 행위이다. 생각이 없을 수는 없다. 사람은 무슨 생각이든 생각을 할 수밖에 없다. 그러나 생각을 한다고 해서 다 생각이 아니다. 생각은 현상을 깊게 뚫어 볼 수 있는 사유가 전제되지 않으면 안 된다. 한 번의 생각이 영구불변한 생각일 수 없듯이 생각은 고정되어 있는 것이 아니라 변한다. 변해야 생각이다. 하지만 생각 없이 생각을 하면 생각이 변하는 것이 아니라 생각의 모순, 즉 '무생각'이 되고 만다. 생각이 아예 없는 것이다. 뚫어봄, 즉 세계와 현상을 올바르게 꿰뚫어보는 인식론적 통찰력을 올바르게 갖지 않는 이상, 그것을 생각이라 말할 수 없다. 단지 정보를 갖고 판단하고 이해하는 오성적 인식으로는 부족하다. 자기 동일성인 이성을 가지고 사태를 정직하고, 있는 그대로 인식할 수 있는 비판력이 있어야 한다.

함석헌이 왜 남들이 다 싫어하는 사상의 넝마주의를 자처했을까? 왜 인생의 넝마주의, 역사의 넝마주의가 되겠다고 주저 없이 말했던 것일까? 그 근저에 "혁명"이 있기 때문이다. 정신의 쓰레기를 줍는 넝마가 곧 혁명이기 때문이다(함석헌전집2, 14-15쪽). 생각을 통하여 흩어져 범주화·종합되지 않은 온갖 사상의 쓰레기, 정신의 쓰레기를 한곳으로 모으는 순간, 놀라운 일이 벌어진다. 그 정신의 쓰레기가 인류를 지탱하는 사유와 정신, 역사를 이끄는 원동력이 되기에 그렇다. 함석헌 스스로 민중의 사유를 결집시키고 한곳으로 모아 생각하게 하는 선구자가 되고 싶었던 것이다. 생각의 넝마주의자는 아무나 될 수가 없다. 사유의 쓰레기가 가치가 있다고 생각하는 사람만이 그 생각과 시선이 제대로 된 쓰레기를 모음, 곧 사상과 정신, 역사의 넝마주의자가 될 수가 있다. 정신과 사상이 모이게 되면 인류를 보는, 세계와 역사를 해석하고 역사를 보는 시선과 생각이 달라져 결국에는 혁명을 가져올 수 있다. 민중이 깨어 생각하고 스스로 정신을 계몽할 수 있다면 역사는 달라지는 것이다. 그래서 생각의 넝마는 투쟁, 삶의 투쟁이 될 수밖에 없다.

그러면 어떤 수단과 방편을 강구할 수 있을까? 말과 글, 그리고 역시 생각이다(함석헌전집2, 17쪽). 이것들은 서로 연결되어 있으면서 살림을 가져온다. 살리는 말, 살리는 글, 살리는 생각. 그런데 지금 살림은 죽음이 되고 생각의 흐름은 차단이 된다. 자본과 체제와 국가, 권력, 욕망에 의해서 말은 왜곡되고 글은 가벼우며 생각은 발달하지 못한 미숙아가 되어버렸다. "살림이 마르고 생각이 막힌 나라"(함석헌전집2, 17쪽), 거기에는 희망이 없다. 그러면 어떻게 해야 이 현상을 극복할 수 있을까? 함석헌은 뜻을 강조하고 욕심을 버릴 것을 종용한다. 말과 글, 그리고 생각에 뜻이 있어야 한다. 나를 살리고, 민족을 살리는 살림의 뜻만이 죽어가는 인간 세계를 일으켜 세울 수 있다. 뜻을 달리 말하면 살림의 철학, 살리겠다는 의지, 삶의 의지를 꺾지 않고 세우는 것을 지칭한다. 그것이 아니면 짐승이다. 욕심만 앞세우고 나 살겠다고 타자를 죽이고, 자연을 파괴하고 세계의 행복과 연대를 짓밟는 행위는 뜻 없는 삶, 삶의 철학적 의지가 결여되어 있는 것이다(함석헌전집2, 18쪽).

그러므로 죄는 네 죄 내 죄가 따로 없으며, 살림은 네 살림 내 살림이 따로 없다. 죄라면 전체의 죄가 있는 것이요, 살림이라면 전체 살림이 있을 뿐이다. 나는 전체요, 전체는 곧 나이기 때문에 서로 별개로 생각할 수 없다(함석헌전집2, 18쪽). 나는 전체의 살림 앞에서 현전하는 것이요, 전체 속에서 존재 의미가 있다. 나는 전체 속에 던져져서 전체의 살림을 위해 헌신하는 개별적 존재, 곧 나이다. 그렇다고 전체를 위해서 개인의 희생을 수단적으로 강요하는 전체주의가 아니다. 전체의 살림이 곧 나의 살림이라는, 전체가 개인보다 선행하는 사유 덩어리이기 때문이다. 민중 전체가 사유 덩어리, 생각의 몸체로서 살지 않으면 개인의 살림 또한 유약하기 짝이 없는 존재가 될 수 있다.

더 나아가서 민중은 자신의 속에 있는 생각과 의식을 하나하나 내뱉는, 다시 살림의 언어를 통해 언어적 체험, 체험적 언어가 서로 만나는 누에가 되어야 하는 누에의 철학, 나비의 철학이 필요하다(함석헌전집2, 19쪽). 멈추지 않고 끊임없이 생성·변화하는 생명의 삶, 살림의 삶을 자아내는 철학, 곧 "새 시대의 말씀"(함석헌전집2, 19쪽)이다. 누에나 나비는 자기를 지양(止揚, Aufhebung)한다. 자기 속의 존재는 그대로 간직하여 가지고 있지만 외양은 변하여 더 높은 세계로 나아간다. 자기 지양이 없이는 발전이 없다. 달리 말해 자기 존재의 변화가 없다. 존재의 살림, 즉 자신이 살고자 한다면 자기 속 깊은 곳으로부터 나와야 하며, 또 그곳을 통해 운동을 해야 한다.[153] 자기 속의 말을 가지고 깨치고 자기 자신과 자기모순들을 무화시키면서 새로운 변화들을 모색해야 민중이 살 수 있다. 자기 존재의 말로 자기 자신의 본질(본모습)을 설계하지 못하는 민중은 존재하지 못한다. 누에나 나비는 끊임없는(자기부정), 외부로부터의 규정을 깨고 스스로 자신을 세우려 하기 때문에 살 수 있는 것이다(Spinoza, Omnis determinatio est negatio; "모든 규정은 부정이다").[154]

따라서 '살금살금', '옴질옴질' 먹는 민중의 삶이 요청된다. 민중은 날카로운 이빨을 가지고 있는 것은 아니기에 천천히 잠식(蠶食)하면서 변화할 수밖에 없다. 이것은 이른바 "나비의 생활철학"이요, "씨ᄋᆞᆯ의 생활철학"이다(함석헌전집2, 20쪽). 존재의 새로운 옷을 위해서 급할 것이 없다. 잠식하는 철학이면 된다. 민중의 존재를 조금씩 조금씩 세계의 핵심, 세계의 중심으로 만들어가는 잠식이 된다면 민중은 산다. 국가, 자본, 체제, 권력 등으로부터 잠식당하지 않고 부정의 부정을 거듭하면서 다른 것, 다른 존재 변화로 넘어간다면 모든 규정, 모든 지

153 Jean-Paul Sartre, 정소성 옮김, 존재와 무, 동서문화사, 2009, 63쪽.

154 Jean-Paul Sartre, 위의 책, 64쪽 재인용.

배, 모든 철폐, 모든 부자유, 모든 무사유, 모든 무지, 모든 왜곡으로부터 벗어나는 흰 나비가 될 수 있을 것이다. 그러므로 민중은 잠식의 철학을 위해서 잠깐의 고통을 견뎌내야 한다.

자본, 국가, 권력, 체제는 나비철학, 씨ᄋᆞᆯ철학을 와해(파괴)시키려 할 것이다. 누에가 번데기가 되고 그리고 마지막에는 흰 나비가 된다는 것조차도 부정하게 하고 믿지 못하게 할 것이다. 그것이 그들의 전략이다. 하지만 누에는, 번데기는 잠시 중단될 뿐 멈춘 적이 없다. 실을 자아내고 잠식을 하는 한, 언젠가는 흰 나비가 된다는 강한 긍정의 신념의 철학을 가지고 있는 한, 삶/살림은 계속 될 것이다. 그러므로 명심해야 한다. "씨ᄋᆞᆯ은 가만 못 있는 것"이다(함석헌전집2, 9쪽). 민중의 의식은 항상 자기와 세계를 넘어서려고 하기 때문이다.

2. 민중의 정치철학과 역사철학

혁명(革命)이 하나의 혁명으로서 인정받기 위해서는 혁명이 결단코 무(Nichts)를 말하는 것이 아님을 증명해내야 한다. 혁명은 정치가 달라지게 하는 것이다. 그것도 일부분만 달라지는 것이 아니라 전부, 함석헌식 언어로 말하자면, "왼통 뜯어고치는 일"이다(함석헌전집 2, 25쪽). 전체를, 모두 다, 정치를 새롭게 하는 것은 정치의 존재 방식, 정치가의 존재가 새롭게 달라지는 일이었음에도 불구하고, 역사적으로 혁명은 무화시키는 것이라 생각해서 정치적 공포와 두려움으로 정치 현실은 늘 어둡게 만들었다. 하지만 혁명은 정치적 장(political field), 정치적 존재의 무화가 아니라 하늘 말씀의 충실과 성실이었다. 정치 지도자는 하늘이 낸다고 볼 때, 정치적 실존, 정치적 현존재는 하늘에 대해 "책임"을 져야 했다(함석헌전집2, 25쪽). 정치적 실존은 하늘의 뜻[天命]을 민중들과 함께 실현해야 하는 막중한 책무가 주어져 있다고 해도, 그가 무소불위의 권력자는 아니다. 하늘의 뜻과 민중의 뜻은 동일한 것이었기 때문에 민중의 뜻을 거스른다는 것은 곧 하늘의 뜻을 거스르는 것이나 다름이 없었다. 그런 의미에서 하늘의 뜻을 간파하기보다 민중의 뜻을 간파해야 선택받는 정치적 실존으로 손색이 없다고 볼 수 있다(함석헌전집2, 26쪽).

그러므로 정치의 의미는 민중의 뜻을 받드는 데 있다는 것은 당연하다 할 것이다. "나라의 주체는 민중"이기 때문이다. 정치적 주체가 임금 혹은 대통령을 중심으로 하는 내각수반세력으로 생각할 수 있지만 실은 정치적 주체는 항상 민중이다. 그럼에도 민중을 정치의 대상으로 간주하고 정치가를 정치의 주체라고 생각하는 것은 정치의 본질을 호도하는 것이다. 민중의 뜻과 생각이 달라진다면 정치 또한 달라져야 하는 것은 마땅한 일이다. 물론 민중의 뜻과 생각이 항상 정치적 이상(理想)을 대변한다고 볼 수는 없으나 그 이상 역시 민중의 뜻과 생각을 근본으로 하여 설정되지 않으면 아무 소용이 없다. "사람이 사람된 점은 생각하는 데 [……] 자기를 가지는 것입니다"(함석헌전집2, 26쪽)라고 말하듯이, 정치적 욕망에는 민중의 현실, 민중의 뜻, 민중의 생각이 작용하여 일어나는 것이다. 민중이 생각이 없고 주체적 의식이 결여되어 있는 듯이 정치적 실존, 정치적 존재들이 그들을 몰아세운다면, 혁명은 반쪽짜리 혁명이 되고 만다. 정치가 완전히 달라지려면 민중의 깨인 의식과 행동을 정치의 실존적 참여의 주체로서, 그들의 뜻이 곧 하늘의 뜻이라는 것을 확고하게 인식해야 한다.

사람의 역사, 곧 정치의 역사는 주체인 민중에 의해서 새로워질 수 있다. 그래서 정치적 존재, 정치적 동물로서의 민중은 정치와 역사를 통해서 모험의 길인 생명의 길을 모색하려고 한다(함석헌전집2, 27쪽). 정치와 역사는 잠정적으로 모험이다. 내딛지 않은 길을 가려하기 때문에 위험한 모험을 감수해야 한다. 누가 시켜서가 아니라 정치 현실은 실존적으로 민중을 위한 것이기 때문에 위험의 가능성, 모험을 해야만 하는 필연성이 존재할 수밖에 없다. 정치적 실존들이 단지 권력 쟁투나 밥그릇 싸움을 하기 위한 것이라면 의미가 없다. 그것은 정치 세계가 갖고 있는 우연성이나 부정성이 되고 말 것이다. 다만 이렇게 말할 수 있을 것이다. "새롭다 하는 데는 목적의식이 들어 있습니다. [……] 진보라 하는 이상, 무의식 속에 나마라도 어떤 의미의 실현을 목표로 하고 있습니다. [……] 역사적 현재는 늘 새 출발을 명령합니다. 그러므로 그것은 끊임없는 혁명일 수밖에 없습니다"(함석헌전집2, 27쪽). 정치는 민중의 삶과 역사가 진보하기 위한 것이고, 의미 실현이다. 진보하기 위해서는 늘 새로워야 한다. 정치는 서로 다른 생각들을 의미 없이 다투는 에너지의 소진, 당쟁이나 정당의 이익을 위해 분투한다거나, 앞으로 나아가기 위한 정치적 전략보다 민중을 앞세우는 생각이다.

함석헌은 늘 '생각'을 말한다. 생각하는 존재로서의 민중, 이 민중은 과거, 현재, 미래에 대해서 기억하고 성찰하며 상상하는 존재이다(함석헌전집2, 28쪽). 민중은 이렇게 시간 속에서 자기 자신을 반성하면서, 자신이 갖고 있는 이성과 감성으로 새로운 역사를 기획한다. 문제는 이러한 민중의 실존적 지향, 시간성 안에서의 인식을 방해하는 사람들이 문제이다. 지배자는 지금까지 보수적이었다. 자기 이익을 위해서라면 민중의 생각을 조직적으로 짓밟아 왔다. 그래서 함석헌은 "역사의 걸음을 방해하는 악에 대하여 조직적으로 과학적으로 하는 투쟁 그것이 곧 정치요 혁명"(함석헌전집2, 28쪽)이라고 말한다. 정치와 역사의 진보를 방해하는 세력들에 대해서 투쟁하는 일, 민중의 길, 민중의 정치 세계를 무화시키려는 정치적 엘리트나 정치적 열망에만 사로잡힌 자들을 정치적 장으로부터 추방하는 것이 혁명이다. 민중은 정치적 실존을 획득함으로써 스스로 자기 자신이 되고 싶어 한다. 민중 스스로 정치적 실존이나 정치적 주체가 되려면 새로운 인간, 즉 초인, 자기 극복인이 되어야 한다. 자기 자신을 계몽하고 끊임없이 자기 자신을 넘어서서 진화해 나가려는 의지가 있어야 한다. 소수의 권력자는 민중이 자기 자신이 되는 것을 바라지 않는다. 그래서 민중의 의식을 무화시키려고 한다. 민중은 그것을 알아차리고 자기 자신을 넘어서 새로운 존재, 역사의 주체, 하늘의 뜻을 이 땅에 실현할 수 있는 존재가 되어야 한다(함석헌전집2, 29쪽).

그렇다면 그것(혁명)의 궁극적인 목적은 무엇인가? 폭력주의인 국가주의에 맞서고 공(公)을 우선으로 하고 사(私)를 나중으로 하는 데 있다. "혁명의 목적은 공(公)을 살리기 위해 사(私)를 죽이는 데 있습니다. [……] 공을 위하는 것이 정신입니다. [……] 세계가 곧 공입니다. [……] 살아도 인류 전체가 같이 살고 죽어도 인류 전체가 같이 죽게 된 것이 오늘의 세계의 현실입니다. [……] 하나로서의 세계입니다"(함석헌전집2, 30쪽). 민중은 낱개로서, 개별로서 존재하는 것만으로 그치지 않는다. 개별이 존재한다는 것은 공존재적, 함께 있음으로 존재하는 것임으로 전체를 생각해야 한다. 인류, 종교, 도덕, 정의 등 전체와 떼려야 뗄 수 없다. 전체 연관성이다. 민중으로서의 전체를 살리는 것이 혁명이다. 민중과 전체 사이의 거리가 소멸되는 것, 그것이 혁명이다. 민중은 전체로서 세계에 나타난다. 그렇게 될 때 국가주의에 의해서 개별적 민중이 와해되지 않는다. 민중이 전체의 핵심이자 전부이기 때문이다. 민중은 국가가 아니다. 민중은 생각이고 깨어난 의식이다. 생각과 의식이 사람의 규정이라면, 그 전체의 인격이 곧 민중이 될 수 있다. 조직이나 체제도 아니다. 민중은 생각하는 존재 전체이다(함석헌전집2, 31쪽 참조).

이제 새 인류의 도래를 고대해야 한다. 개별적 존재, 민중의 자유가 보장되는 전체, 생각을 전체로서 하는 사회를 꿈꾸어야 한다(함석헌전집2, 31쪽). 사르트르는 말한다. "인간의 자유는 인간의 본질에 선행하는 것으로, 본질을 가능하게 한다. 인간존재의 본질은 인간의 자유 속에서 공중에 매달려 있다. 그러므로 우리가 자유라고 부르는 것을 '인간존재'의 '존재'와 구별할 수 없는 것이다. 인간은 '먼저' 존재하고 '그런 다음에' 자유를 얻는 것이 아니다. 인간의 존재와 인간이 '자유라는 것' 사이에는 차이가 없다."[155] 혁명은 죽이는 것, 혁명은 과거를 무화시키는 것이라고 생각했던 적이 있었다. 그러나 이제 혁명은 민중의 뜻과 하늘의 뜻을 일치시키는 것임을 알아야 한다. 또한 민중

155 Jean-Paul Sartre, 정소성 옮김, 존재와 무, 동서문화사, 2009, 78쪽.

의 생각과 정신을 무화시키려 하지 말고 스스로 깨우칠 수 있는 실존임을 인정해야 한다. 민중은 전체라는 의식과 더불어, 민중은 단순히 관념이 아니라 정치 현실이자 정치 주체라는 인식이 정치의 변화를 가져올 수 있다. 민중과 혁명은 추상이 아니기 때문이다.

3. 비폭력의 철학과 정치미학

비폭력의 철학은 함석헌에 의해서 처음 말해졌던 것은 아니다. 잘 알다시피 비폭력의 개념과 실천은 간디로부터 유래하여 함석헌에게 지대한 영향을 끼쳤다. 이러한 비폭력의 지시(체)(Bedeutung; 기호가 지시하는 대상, 혹은 현상학적·언어적 개념으로서의 어의[語義])는 하나일 수 있으나 그 의미(Sinn; 대상의 지시 방식, 혹은 사건적 의미나 사태적 의미)는 여러 가지일 수 있다. 그럼에도 비폭력은 말 그대로 진리파지(眞理把持)이다. 그것은 참이다. 누구나 꼭 붙들어야 할 진리이다. 그것 아니고는 혁명이 무의미하다는 것을 깨우쳐주는 세계와 정치를 바꾸는 진리 행동이다(함석헌전집2, 34쪽). 비폭력은 단순한 정치 수사학이 아니라 정치의 근본 정신이자 혁명 정신의 극치이다. 프랑코 모레티(Franco Moretti)가 말하고 있듯이, "모든 수사학적 형식들은 시대정신(Zeitgeist)이 되기를 갈망"[156]한다. 함석헌의 정치 수사학도 마찬가지이다. 그렇다고 해서 함석헌이 자신의 정치 수사학을 강요하는 것

156 F. Moretti, 조형준 옮김, 공포의 변증법, 새물결, 2014, 429쪽.

은 아니다. 본래 수사학이란 "상호 주체적 진리를 확신시키는 것이 아니라 특정한 가치 체계에 대한 지지를 요청하는 것이 목적"[157]이다. 함석헌의 정치 수사학은 비폭력의 철학적 가치 체계를 민중이 지지해 줄 것을 요청하는 것이다. 비폭력은 정치적 형식이자 동시에 질료가 되어야 한다는 것이다. 비폭력의 정치 수사학은 시대정신, 시대가 요구하는 민중의 정신이요, 세계의 정신이다. 비폭력의 정신은 바로 그러한 토대에서 민중을 평유(平癒)하게 하고 정치를 치유할 수 있는 원동력이다. 따라서 비폭력이 아닌 "힘의 철학, 폭력의 정치"로는 안 된다. 자신을 죽이고 타자를 인격으로 대하지 못하는 힘에 의지하는 철학은 상처와 술수와 치졸과 거짓만이 난무할 뿐이다(함석헌전집2, 36쪽).

그러므로 정치, 국가-만일 그것이 존재 가능이라면, 적어도 국가에 대한 회의는 다음과 같은 이유 때문이기도 하다. "민(民)이란 나라님의 자식 같은 사랑스러운 백성이 아니다. 노예나 다를 바 없이 죽지 않을 정도로 노동력을 쪽쪽 빨아먹는 대상이다. 굳이 표현하자면 봉건 흡혈귀의 혈액은행이다. [……] 모든 제후국의 지배자 계급은 주 왕실을 종가로 하는 친척이자 일가족이며, 나라가 바로 가문이고 왕의 가문이 바로 국(國)-가(家)인 구조다"[158]-그리고 민중은 정신에만 의존해야 한다. "정신은 스스로의 방안과 노선을 낳습니다"(함석헌전집2, 36쪽). 그렇기 때문에 정신이 새로운 정치철학의 바탕이 되어야 하며, 정신이 세계철학의 지향이 되어야 하고, 정신이 민중의 사유 원천

157 F. Moretti, 위의 책, 397쪽.

158 이호영, 여자의 속사정, 남자의 겉치레, 책밭, 2014, 266-267쪽.

이 되어야 한다. 비폭력은 이로써 정치 현실(추악함, 비도덕, 조잡함)과 정치이론을 조화시키고 민중이 신바람이 나는 정치미학이 되어야 한다. 정치적 존재(실존)와 정치적 현실 사이에 있는 간극을 좁히고 삶을 삶답게 만들어주는 정치미학은 정치적 존재자들(정치적 행위자들)과 정치적 실존(민중)을 서로 편안하게 하는 비폭력으로 통하지 않으면 안 된다. 공권력은 국가의 질서를 위해서 사용되어지는 것이 아니라 민중 개개인의 권리를 위해서 사용되어질 때 폭력이 되지 않는다. 반면에 그것은 국가 체제, 정부, 조직을 유지하기 위해서 소수의 엘리트 계층을 위한 권력으로 작용하게 될 때 폭력이 되는 것이다. 민중은 그들에게 정치를 맡긴 적이 없다. 되레 그들 자신이 정치한답시고 잡아당긴 것이다. 그것을 잘 알면서도 민중이 묵인하고 인종(忍從)하고 굴종한 것은 잘못이다. 그것이 지나치면 무식이요 무성의요 무책임이 되고 마는 것이다(함석헌전집2, 37쪽).

그러면 어떻게 해야 하겠는가? 정신, 곧 '혁명정신'을 일으켜야 한다. 정신은 혁명적이다. 혁명이 아니고서는 정신이 아니다. 민중의 정신은 가만히 있으면 안 된다(함석헌전집2, 39쪽). 민중의 정신이 일어나야 세계가 산다. 민중의 정신이 광기에 사로잡히라는 말이 아니다. 망상에 사로잡히라는 말은 더더욱 아니다. 민중의 정신은 세계를 고치는 이상을 품어야 한다는 말이다. 민중은 누구의 지도나 누구의 계몽도 없다면 전혀 깨어나지 못하는 무식자가 아니다. 정신과 의지(Wille)가 스스로 진보하고 사물이 사물이 되게 하고 세계가 세계가 되는 힘(A. Schopenhauer)이라면, 민중은 스스로 일어날 수 있는 힘, 정신을 가지고 있다. 지각되거나 의식되지 않는다고 해서 민중의 정신이 없거나 우매하다고 말할 수 없다. 정신, 의지는 그것이 그것이 되게 하는 힘이기 때문이다.

더 나아가서 어지러운 사회를 구하기 위해서는 '새 도덕'이 필요하다(함석헌전집2, 40쪽). 낡은 체제 속에서의 정신과 생각을 이끌었던 도덕은 더 이상 소용이 없다. 새로운 세계를 만들려는 도덕적 분투만이 사회를 구할 수 있다. 폐단, 구태, 차악, 안일, 안주, 절망, 자멸로 이끄는 도덕을 도덕이라 할 수 없으니 새로운 도덕을 구현해야 하는 것이 당연한지도 모른다. 도덕마저도 정치적 행위자들의 수단으로 전락하고, 깨이지 못한 민중이 부화뇌동하여 자신의 사적 이익에 도덕이라는 훈장과 초자아를 부르짖는 현실에서 도덕의 갱신은 필연이라고 볼 수밖에 없다. 원래 "도덕 영역에서 모범이 되는 인간을 '덕 있는 사람'이라고 합니다. '덕'(德)을 독일어는 Tugend라고 하는데, 이 말은 '유용하게 쓰인다'를 의미하는 taugen에서 파생된 말이다. [……] 덕이란 근본적으로 자연적 천성이 아니라 인간이 의식적으로 획득해야 하는 것이다. [……] 왜냐하면 욕정과 본능적 삶을 적절하게 조정함으로써 비로소 덕이 형성되기 때문이다."[159] 그래서 함석헌은 "낡은 체제에 속한 한, 너도 나도 다 악"하다고 단언한다. 그런 세계 속에서 선은 특정인, 특정사상, 특정주의에 국한되기 마련이다. 차별주의나 당파주의는 더 큰 문제이다(함석헌전집2, 40쪽). 정치적 무의식은 차별, 분리, 당파, 구별이다. 통합하고 화해하고 치유할 줄 모른다. 정치적 무의식은 본능(id)과 현실적 자아(ego) 사이에서 갈등하면서 본능을 향해 치

159 전재원, 로고스와 필로소피아, 경북대학교출판부, 2014, 111쪽.

닫는다. "이드와 현실 사이의 중간에 위치한 존재로서 자아는 너무나 도 자주 아첨꾼이자 기회주의자, 거짓말쟁이가 되려는 유혹에 넘어가는데, 그것은 마치 어떤 정치가가 사실을 다 알고 있으면서도 자기의 위치를 대중들이 좋아하는 상태로 유지시키려는 행위와 비슷하다."[160] 프로이트의 말이다. 그러므로 정치적 실존, 정치적 도덕성을 회복하기 위해서 새로운 도덕을 구상해야 한다.

함석헌은 공산주의도 당파주의의 소산이요, 민주주의도 결국 다수결을 가장한 폭력이라고 비판한다. 따라서 좌우도 아닌 새로운 세계관, 새로운 인생관, 새로운 윤리, 새로운 종교가 나와야 한다고 주장하면서 그것의 궁극은 비폭력의 철학이라고 말한다. 비폭력은 "너 나와의 대립을 초월한 것입니다. 차별상을 뛰어 넘은 것입니다." 비폭력은 인격의 차별, 인축(人畜)의 차별도 없다. 오직 "생에 대한 절대의 존경을 그 도덕의 토대로" 한다(함석헌전집2, 40-41쪽). 정치는 이제 정치적 상투어를 파괴하고 정치의 상투적인 행위를 타파해야 한다. 모든 삶의 바탕에는 이분법적 잣대를 들이대는 좌우진영논리, 좌우이념이 아닌 비폭력철학이 있어야 한다. 비폭력은 자아를 존중하듯이 타자를 환대한다. 그 무엇보다도 생의 운동, 삶의 운동이라는 것을 통하여 외형의 형식과 가식을 뒤로 하려고 노력한다.

정부는 정치적으로 희생된 목숨들의 안타까움과 진실을 외면하고 경제 부흥만을 부르짖는다. 정치적 행위자들은 그저 형식과 가식, 체

160 S. Freud, 박찬부 옮김, '자아와 이드', 쾌락 원칙을 넘어서, 열린책들, 1997, 153-154쪽 재인용, F. Moretti, 앞의 책, 448쪽.

면, 가면만을 생각하고 민중을 짓밟으려고 한다. 민중은 정신도 없고, 도덕도 없는 듯이 막 대한다. 부흥도 민중 전체가 '감격'해야 가능한 것이다. 감격시키지 않는 정치에는 퍼포먼스나 쇼만 있을 뿐이다. 감격은 앞에서 말한 타자에 대한 인식과 환대가 기초가 된 감정의 교환이다. 하지만 정부는 이것이 없다. 민중의 감격과 감정, 이성은 아랑곳하지 않고 싸움, 파쟁, 당쟁만 일삼는다. 심지어 민중의 정신과 목숨을 담보로 타협을 한다. 이렇게 될 때 민중의 정신은 상승, 성장, 성숙할 수 없다. 진보는 바랄 수도 없다(함석헌전집2, 41-42쪽).

민중의 정신이 일어나야 혁명할 수 있다. 산다는 것은 경제적 부흥이나 경제적 성장만을 의미하지 않는다. 돌이켜보면 경제적 풍요를 충분히 누리는 우리들이다. 다만 극부와 극빈이 너무 심하니 그 둘을 조화롭게 하는 미학적 삶, 정치미학, 경제미학의 쾌감적 능력을 발휘해야 할 상황이다. 그러기 위해서는 민중 전체가 일어나는 전체 운동이 전개되어야 한다. 민중 전체가 일어나야 한다. 민중 전체의 정신은 "그동안 사회적인 혜택을 가장 적게 받은 사람들에게 가장 큰 이익이 돌아갈 수 있도록 하면 실질적인 기회의 평등이 실현되고 결과적으로 최대 다수의 사람이 최대의 행복을 누릴 수 있는" 이른바 존 롤스(J. Rawls)의 '최대극대화의 원칙'[161]에 입각한 것이라고 생각한다.

비폭력은 자기를 부정하고 타자를 긍정하는 것이며, 자기의 욕구를 포기하고 타자의 욕구를 인정하는 데서 출발한다. 민중의 삶의 충동, 삶의 의지를 위해서 정치는 고통과 악을 넘어설 뿐만 아니라 순간

161 전재원, 앞의 책, 147쪽.

적인 욕망을 단념하고 삶 자체를 관조하고 기쁨을 얻도록 한다. 대상과 현상은 욕망하도록 추동하지만 일시적이고 무상(허무)한 세계를 벗어나서 물자체, 즉 이데아 세계로 향하도록 해야 한다. 정치의 목적, 정치적 비폭력은 인간 앞에 있는 것들이 짓북새를 놓으며 우리를 기만하려고 하는 데에서 자유롭게 하는 것으로서, 욕망하는 자아를 정확하게 보고 욕망의 동기들을 내려놓은 것이다. 그럼으로써 결국 우리의 의지는 동요시켰던 자아를 평온하게 하는 것이다.

2장

함석헌의
사회철학적 사유의 명법

2장
함석헌의 사회철학적 사유의 명법

모름지기 국가(이성)는 도덕이성에 기반을 두어야 한다. 다시 말해서 한 국가가 자민족중심주의나 국가이기주의가 되어서는 안 된다. 적어도 국가이성이 도덕이성이어야 한다는 말은 국가주의 혹은 민족주의를 넘어선 세계민중사회, 혹은 민중의 이성이 모인 세계민중이성의 공동체를 지향해야 한다는 것을 의미한다. 그런데 이러한 세계민중이성을 통한 국가의 통일은 물리적, 지리적 통일보다 앞선 '정신'의 통일이 되어야 한다. 이에 함석헌은, 남북통일의 방식은 반드시 비폭력의 통일이어야 한다고 주장한다. 이러한 비폭력의 통일은 '정신'의 통일에서 나오는 것이며, 정신의 통일은 곧 평화적 통일을 위한 민중이성의 의사소통적 합의에 바탕을 두고 있다.

민중이성을 통해서 발언하는 말은 단순히 소리-말이 아니다. 민중이성의 말은 정신과 정신을 통합하고 교감하는 사이의 사건이다. 민중과 민중 사이에서 일어나는 사건은 각 개인의 개별이성에만 관심

(inter-esse)을 두는 것이 아니라, 국가이성 전체, 민중이성 전체를 도덕이성을 통하여 개별 민중의 이성과 전체로서의 민중 존재자의 이성을 조화하는 그때그때 다가오는 있는 그대로의 실존적 이성을 배려하면서 상승한다. 따라서 민중이성은 획일성과 보편성만 주장하는 전체주의적 틀 안에서 모든 존재자를 포섭하겠다는 발상이 아니다. 오히려 실존을 생각하며 이익과 사적 관심을 부인, 거부하려는 자기 초월적 이성이나 하이데거가 말한 나 자신으로 존재하는 '각자성'(Jemeinigkeit)의 존재이다.[162] 그럼으로써 민중은 역사적 상황을 고려한 전체, 역사적 실존 전체를 위한 혁명을 자신의 과제로 삼는다. 그러나 민중이 이성적으로 깨어있지 못한다면 역사적 실존으로서 부여받은 혁명을 완수할 수 없을 것이다. 민중의 이성이 역사이성이어야 하고, 세계민중이성이어야 하는 이유가 여기에 있다. 혁명은 나의 혁명이기도 하지만 동시에 민중 전체, 민족 전체의 완전한 달라짐, 즉 민족정신, 민족이성의 개조에 있기 때문이다. 이로써 민중이성은 자기 비판적 이성, 자기 성찰적 이성이라고 말할 수 있으며, 민족의식과 민중의식의 고양과 함께 세계민중이성을 포용성과 개혁의지의 능력으로까지 확장시켜 세계민중사회를 실현할 수 있을 것이다.

162 Mark A. Wrathall, 권순홍 옮김, How to read 하이데거, (주)웅진씽크빅, 2008, 28쪽.

1. 상호주관적 도덕 공동체의 시대적 참뜻-말-알

민중은 국가 공동체에 대해서 염증과 회의를 느끼고 있다. 국가 공동체가 과연 민중의 살림, 민중의 생명에 대해서 책임질 수 있는가에 대한 근본적인 의구심이 들고 있는 것이다. 이에 대해서 함석헌은 이미 국가 공동체에 대한 좀 더 근원적인 해명을 시도하였다. 그의 국가에 대한 정의는, '악과 투쟁하는 공동체'로서 규정된다. 국가, 함석헌의 정확한 표현에 의하면, 나라는 악에 대항하는 공동체가 되지 않으면 안 된다. 일반적으로 나라가 민중의 재산과 안녕과 질서를 보장(담보)해 줄 수 있어야 한다고 생각할 수 있겠으나, 함석헌은 그것을 부차적으로 생각하고 있는 것 같다. 그보다 나라가 공동체라면, 개별적 민중 하나하나는 도덕적 존재, 도덕적 인간이어야 한다. 그러니까 나라는 도덕적 존재들이 모여서 구성한 집단이라고 보고 있는 것이다. 그러한 도덕적 존재들이 "사람을 사람으로 보는 것이 윤리"이다(함석헌 전집2, 42쪽). 상호주관적인 윤리적 인간으로 인정하는 데서 도덕적 공동체가 시작된다. 더 나아가서 이러한 도덕 공동체, 상호주관적 윤리 공동체는 타자를 윤리적으로 인식하고 인격적으로 대우한다.

따라서 나라는 단순히 민중의 재산이나 보호하고 안녕과 질서를 유지시키는 도구적 행위 공동체가 아니다. 오히려 그것을 넘어선다. 나라를 구성하고 있는 존재가 어떤 의식과 행위를 해야 하는가에 주목해야 한다. 물론 이것을 민중에게만 요구할 수 있는 것은 아니다. 정치적 행위자 혹은 정치적 행위 가능자에게까지 해당되는 강한 주체 인식과 행위를 요청한다. 그래서 함석헌은 "사람을 사람으로 대접하는 것을 모든 행동의 표준을 삼고 살고자 하는 것이 윤리"라고 주장한다. 분명히 나라는 유기체이며 동시에 윤리 공동체, 사람 노릇을 하는 공동체이다(함석헌전집2, 42쪽). 그러나 여기에서 한 가지 중요한 차이가 있다. 함석헌은 민족주의나 국가주의를 넘어서고 있다는 점이다. 도덕적·윤리적 공동체의 범위는 일개 나라를 초월하여 범국가공동체, 세계운명공동체로 확대하고 있는 것이다(함석헌전집2, 43-44쪽). 그런 의미에서 세계 국가는 기능적 명령이나 행위를 수행하는 것이 아니라 세계 인류 공동체라는 자각이 필요하다. 개별적인 국가들은 이기적인 삶을 실현하지 않고 국가 이기적인 삶의 내용을 넘어서 도덕적 인간을 토대로 물질적 실존을 소외시키거나 파괴하지 않으면서 상호주관적 민족 공동체의 분열을 지양하고 추상적 인간의 실존을 공적 도덕성으로 묶는 역할을 수행한다.[163]

이러한 도덕적 실존, 윤리적 공동체를 바탕으로 통일을 생각해보면 경제적 우월성, 경제적 성장을 통한 국가의 통합보다 "정신"이 훨씬 중요하다는 것을 알아야 한다. 오직 정신으로 국가 공동체의 의식이 고양되어 있어야 경제적 삶, 경제적 부흥도 꾀할 수가 있는 것이다. 정신으로 통일하는 것이기 때문에 완력이나 폭력은 있을 수가 없다. "비폭력혁명으로야 된다는 것"을 명심해야 한다(함석헌전집2, 45쪽). 비폭력은, 하버마스가 말한 것처럼, "시적-조물주적"이다. 그것도 "역사적 진리들의 조물주적 작품화"이면서 "자기 자신을 실현하는 개인들의

163 J. Habermas, 이진우 옮김, 현대성의 철학적 담론, 문예출판사, 1994, 86쪽.

실천이라는 혁명적 기획투사"[164]라고 말할 수 있다. 통일은 흡수통일이라는 폭력적, 허구적인 힘으로서도 아니요, 경제적 자만을 통한 차별적 우위로 혁명화하는 것이 아니다.

그것은 결국 경쟁적 통일 지평일 뿐이다. 통일과 삶은 강자도, 약자도, 승자도, 패자도 없는 "전체"를 위한, 전체가 주체가 되는 것이어야 한다(함석헌전집2, 46쪽). 모두가 원하는 삶, 모두가 원하는 혁명, 모두가 원하는 통일이 되어야 한다. 함석헌은 비폭력적 통일론에서 한 걸음 더 나아가 "대립이 없는 하나의 세계"를 꿈꾼다. 앞에서 말한 우승열패의 허구적 삶이나 경쟁을 통해서 불평등적 생활세계가 등장하는 것을 비판한다. 하나의 생활세계, 하나의 소통되는 세계, 하나의 공통된 일상실천이 가능한 세계, 서로 돕는(상호부조의 철학) 세계, 상호참여가 가능한 세계가 되어야 한다는 것이다. 그것의 원리는 '자기를 희생하는 사랑'에서 나온다. 자기희생 없이 구체적이고 일상적인 생활세계적 실천, 즉 비경쟁성, 비지역성, 비폭력성이 이루어질 수가 없다(함석헌전집2, 47-48쪽).

거듭 말하지만 비폭력주의는 경쟁이 아닌 자기희생이다. 상대방이 가지고 있는 좋은 힘을 이끌어내는 것이다(함석헌전집2, 49쪽). 적극적인 의미에서 평화의 구현이다. 평화는 사회정의의 실현, 인권의 옹호와 확대, 궁핍으로부터의 해방 등이다. 이에 반해 평화 없음(peacelessness)은 기아, 영양실조, 질병, 환경오염 등이다. 인간과 자연, 세계에 가하는 폭력적 행위는 평화 없음의 상태로 치달을 수 있다. 개

164 J. Habermas, 앞의 책, 371쪽.

인 간의 경쟁, 국가 간의 경쟁이 심화되고 경제적 부를 향유하기 위해서 자연을 희생시키는 것 역시 평화 없음의 파괴적 현실로 치닫게 된다. 그러므로 "진출, 확장, 정복, 지배, 순치, 주입의 시스템"이 아니라 "경청, 배움, 섬김, 자율, 상생, 평화를 위한 우정과 연대 시스템"으로의 전환이 필요하다.[165] 이 모든 행위들 속에서는 물론 생활세계적 삶을 공유하는 구성원들의 이성적, 의사소통적 간섭, 상호이해가 절실하게 요구된다. 그것의 타당성의 요청은 관념으로만 되지 않는다. 의사소통적 합의는 평화와 비폭력을 추구하는 참여자들의 의지와 조정에 달려 있다고 해도 과언은 아니다.[166]

이렇게 적극적인 평화와 비폭력의 철학이 정착되기 위해서는 그 시대에 타당한 말(씀)을 가져야 한다. 함석헌은 "그 말(씀)이 그 시대의 뜻"이라고 말한다(함석헌전집2, 51쪽). 시대가 원하는 뜻을 통해 세계를 해명하고, 공존재적 삶을 만드는 언어가 있어야 한다. 언어, 즉 뜻이 있어야 한다. 뜻이 없으면 시대도 없다. 시대를 가리키고 시대를 선도할 정신이 없기 때문이다. 말은 말-알이기 때문에 말 속에 이미 그 참뜻을 품고 있는 것이다. 그래서 말을 내뱉을 때는 단순히 소리를 발하는 것이 아니라 말의 알, 즉 말의 지극한 뜻을 세계 앞에 내놓는 것이다. 세계로 내던지는 말-알은 말을 둘러 싼 속 알맹이이므로 그 알맹이는 변하지 않는다.

그는 다만 "변함은 변하지 않는 것의 스스로 나타냄이다. 그러므

---

165 박성준, "인문학의 희망, 우정의 공동체를 열다", 장동석 지음, 살아있는 도서관, 현암사, 2012, 137-144쪽.

166 J. Habermas, 앞의 책, 375쪽.

로 역사에는 시대가 있고 시대는 제 말씀을 가진다"(함석헌전집2, 51쪽)고 설파한다. 이 말은 모든 것은 흐르고 변할 뿐, 정지된 것은 없다(panta rhei)는 마치 고대철학자 헤라클레이토스(Heracleitos)를 연상시킨다. 그는 변화 속의 어떤 단일성을 상정하고 현상의 배후에 대립되는 법칙이 있다고 주장하면서 만물은 투쟁, 대립하지만 참되고 유일한 법칙 곧 로고스(logos)에 의해서 지배된다고 보았다.[167] 역사도, 시대가 변하지만 그 현상 이면에 불변하는 말이 있다. 그 말이 뜻이 되어 역사와 시대를 지탱하는 것이다. 자람과 생명은 연속이고 쉼이 없다. 변화하지 않으면 죽은 것이다. 그러므로 초월과 역사는 변하면서 변하지 않으려는 어떤 의지적인 힘이다. 생명의 철학자 한스 요나스(H. Jonas)는 이것을 유신론적 존재론으로 풀어간다. "본능과 불안, 쾌락과 고통, 승리와 포기, 사랑 그리고 심지어는 잔인함이 예리하게 언제나 증대하고 있다는 사실은, 그것들의 강도가 압박해 오고 있다는 사실은, 모든 경험 자체가 압박해 오고 있다는 사실은 신적인 주체에게는 성취를 의미하며, 수없이 반복되면서도 결코 무감각해지지 않고 인내하며 꾸준히 살아가는 삶은, 이미 이 때문에 죽음과 새로운 탄생의 필연성은 성숙한 본질을 마련해 준다. 그리고 신성은 이 성숙한 본질을 바탕으로 자신을 쇄신시키는 본질을 형성해 간다. 이 모든 것들은 놀이의 순전한 찬란함과 박차를 가하는 엄격함에 의존하면서 진화를 도구로 사용한다."[168]

---

167 강성률, 서양철학사 산책, 평단문화사, 2009, 16–19쪽, Hans J. Störig, 세계철학사(상), 분도출판사, 2004 참조.

168 H. Jonas, 한정선 옮김, 생명의 원리, 아카넷, 2001, 508쪽.

거의 같은 맥락에서 함석헌은 생명 그 자체와 영원성 혹은 초월자의 존재를 이렇게 표현한다. “산 것은 자라는 것이다. 참이나 완전은 생각하는 데 자란다는 생각은 빼고는 바로 되었다 할 수 없다. 하나님은 있는 이라기보다도 영원히 있으‘려’는 뜻이다. 영원의 미완성이다. 그 무엇이‘려’ 하는 데서 영원이 나오고 또 무한이 나온다. [……] 생명은 변하지 않는 것, 변하지 않기 위해 변하는 것이다. 많으면서도 하나인 것, 많으므로 하나를 나타내는 것이다”(함석헌전집2, 52쪽).

로고스는 말인 동시에 뜻이다. 변화하지만 변화 속의 변화하지 않는 본질적인 것으로 모든 현상을 지배하고 통제하는 것이다. 현상을 설명하려면 변하지 않는 실체가 있어야 한다. 현상이 변한다고 해서 현상 이면의 것, 본질적인 실체까지도 변한다고 볼 수 없다. 다만 변하는 것처럼 보일 뿐이다. 말은 변하는 현상을 정확하게 포착하여 그것을 해명하고 뜻과 의미지평으로 확정짓는다. 그 현상과 더불어 나타나는 말은 그렇게 변하는 현상 속에 실려서 역사의 지평과 함께 흘러가지만 뜻, 혹은 말은 변하지 않는 영원으로 남아 있는 것이다. 그래서 현상이 많은 듯하지만 하나이고 하나인 듯하지만 많은 것처럼 보이는 것이다. 수많은 현상은 결국 하나의 실체에서 파생되거나 분화된 것이고 또 그 현상들은 하나의 실체에서 연원된다. 달리 말하면 화엄사상의 일즉다(一卽多) 다즉일(多卽一)과 비슷하다고 말할 수 있겠다. 따라서 함석헌이 지칭하는 말은 영원=로고스=초월자=생명과도 같은 의미를 품고 있음을 알 수 있다.

말이 가식과 포장이 되지 않고 진정성을 담은 말이 되고자 한다면, 말은 영원성과 초월성을 담지하고 있다는 신념을 가져야 한다. 설령 사태가 변한다 하여도 말의 진정성마저도 변한다면 말(씀)을 통한 의사소통과 비폭력을 통한 통일은 요원할 것이다. 흔히 사람들은 정치언어니 일상언어니 서민의 언어니 시정잡배의 언어니 구분을 하지만 그 언어의 밑바탕에는 참뜻만이 존재해야 한다. 참뜻을 전달하지 못하는 언어는 죽은 언어나 다름이 없고 언어 이면의 초월의 뜻이 성립할 수 없으니 말의 순수성이나 말의 진중함과 신중함조차도 사라지는 것이 아니겠는가. 그러므로 비록 언어(言語)가 기능적으로 사람의 소리[言]와 함께 나의[吾] 말[言]을 통해서 생각을 전하는 매개체일지라도, 말은 말의 속 알맹이, 즉 말-알로서 본질적으로 그 속에 있는 참뜻의 교환이라는 것을 잊지 말아야 한다.

2. 민중 전체의 생각, 지금은 혁명 중

말은 도대체 무엇을 내보는 것일까? 말은 단순히 소리를 내뱉는 것을 의미하지 않는다. 그렇다면 말은 소리 이외에 무엇을 전달한단 말인가? 뜻이다. 함석헌에 의하면 말은 뜻이 나타난 것이라고 말한다(함석헌전집2, 52쪽). 이는 들뢰즈(Gilles Deleuze)가 "말하는 자는 항상 타자, 즉 자신이 말함으로써 점유하게 되는 대상들의 '소유주'이다"[169] 라고 확언한 말의 뜻 점유나 대상을 소유하는 자로서의 말과는 전혀 다르다. 뜻을 발생시키고 사건을 발생시킨다고 해도 말을 하는 자는

169 Gilles Deleuze, 이정하 옮김, 소진된 인간, 문학과지성사, 2014, 34쪽.

타자를 소유할 수 없다. 함석헌에게 있어 말은 정신이자 물질이요, 역사이자 계시이다(함석헌전집2, 52쪽). 그런 의미에서 말은 말하는 자의 소유가 아니라 사건이다. 일어나고 있는 사건이다. 뜻이 발생되는 지점에서 실존은 변하고 세계는 운동을 한다.

"시대의 말씀은 전체의 말씀이요, 참의 음성이요, 하나님의 뜻이다. [……] 시대의 말씀은 민중의 입에서 나와야 한다. 민심(民心)이 천심(天心)이다"(함석헌전집2, 53쪽). 말은 민중의 입을 통해서 나올 때 역사가 된다는 뜻이리라. 민중은 전체를 생각하고 전체로서의 민중이기 때문이다. 어디 그뿐인가. 들뢰즈가 "신은 근원적인 것, 아니 모든 가능성 전체"[170]로 본 것처럼 모든 가능성으로서의 초월자의 뜻은 가능성으로서의 전체요, 민중 전체를 위한 가능성으로서의 뜻을 내뿜는다. 그래서 민심이 천심이 될 수 있는 것이다. 변화 가능성 전체, 혁명 가능성 전체는 민중이 가지고 있으며, 그 가능성의 실현은 하늘의 뜻이기도 하다. 그런데 여기서 민중이라고 해서 맘대로 혁명을 하거나 세계 변화의 가능성을 꾀할 수 있는 것은 아니다. 하늘의 말, 초월자의 말을 잘 알아들어야 한다. 달리 표현하면 하늘의 뜻인 사랑을 품어야 한다. 세계를 변화시키는 근본 원리와 원칙, 그리고 동기는 사랑에서 나온다. 사랑만이 편협하게 내 편 네 편을 가르지 않고 전체를 아우를 수 있다. 사랑을 통해서만이, 사랑에 의해서만 모든 것이 전체 속에서 하나가 되고 통할 수 있는 것이다(함석헌전집2, 56쪽).

시대의 변화를 끌어내는데 전체를 앞세우지 않고 사적 개인만을

170 Gilles Deleuze, 위의 책, 24쪽.

생각할 경우에 너와 내가 전체 속에 흡수될 수가 없는 것은 자명한 이치다. 전체가 혁명과 시대 변화의 명분이다. 한 개인의 아픔과 고통, 억압 때문에 혁명과 변화를 기획했다면 그것은 그 개인이 굴욕과 수모 때문에 일어나야 한다. 민중 전체를 제도로서 구속하겠다면 혁명을 해야 한다. 제도보다 우선하는 것이 민중이요, 그것도 민중의 삶과 생명인 것이다(함석헌전집2, 57쪽). 민중의 삶과 생명은 어떤 국가나 제도에게도 양도불가능한 것이기 때문에 더욱 그렇다. 민중의 삶과 생명은 전체로서의 삶이고 전체로서의 뜻이다. 따라서 함석헌은 이렇게 말한다. "모든 잘못의 근본 원인은 너, 나를 갈라 생각하는 데 있다. 나라는 너 나 생각이 없고, 너도 '나'라 하는 데 있다. 모든 것을 '나'라 하는 것이 나라요, 나라하는 생각이다"(함석헌전집2, 60쪽).

'나'라는 개인의 실존이 덩어리가 된 것이 '나라'가 되었다는 그의 논리에는 나와 너의 구분이 없이 너라고 하는 실존까지도 아우르면서(포섭) 전체가 하나의 공동체가 된다는 연대성을 강조하고 있다. 물론 그렇다고 해서 타자인 '너'가 '나'와 완전히 동일하다는 전체주의나 동일주의와는 다르다. 전체를 생각하고 전체와의 상관성 속에서 존재하는 거대 실존(집단 실존)과 개인 실존의 실재적 필연 관계를 나타내는 것이다. 집단으로서의 실존 역시 매순간 직면한 상황들 속에서 결단하고 전체를 위해서 개별 실존을 어떻게 품을 것인가를 갈등, 고민, 긴장해야 한다. 집단 공동체의 생명이 거기에 있는 바, 집단 실존의식은 매우 중요하다 할 수 있겠다.

그뿐만 아니라 개인의 실존도 역사적 실존과 사회·역사적 노동실존에서 벗어날 수가 없다. 그 실존의 첫 단추가 자기 초월이다. 사르트르(Jean-Paul Sartre)가 퐁주(F. Ponge)의 말을 인용하여 "인간은 인간의 미래"라고 말했다시피, "인간은 만들어가야 할 존재", 자기 초월적 존재이다.[171] 현재의 인간을 부정하고 미래의 실재적 가능 존재로 만들어 가기 위해서, 인간은 계속 자기를 부정하고 현재를 넘어서야 한다. 그는 불완전한 존재요 고정된 존재가 아니기 때문이다. 인간은 아직 인간이 아니다. 그는 계속 자신의 고착화된 존재 규정과 싸워야 한다. 그것이 내부에서든 외부에서든 인간 자신을 특정한 계급이나 지위에 세우려는(차지) 의지에 대해서 끊임없이 거부해야 한다. 그래서 자기 초월이요 자기 부정이다. 그렇지 않은 인간은 혁명을 할 수가 없다. 정신과 역사를 바로 세우려고 하는 의지에 자기 헌신과 자기 생각을 실현할 수가 없다. 이러한 의지와 계급과 싸워야 하는 인간의 초월을 실패한다면 진정한 혁명가라 자부할 수 없다(함석헌전집2, 66쪽).

이와 같은 모순된 사유와 행위로부터 해방될 수 있는 길은 무엇인가? 생각이다. "생각이 터져 나온 것이 혁명"이기 때문이다(함석헌전집2, 67쪽). "민중을 마비시키는 이데올로기가 민중 속에서 계속해서 되살아나는 현상과 맞서 싸우는"[172] 올바른 생각, 환상을 엎어버리는 생각이 객관적인 정신, 절대정신이 될 때 혁명이 일어나는 법이다. 생각 없는 혁명은 혁명이 아니다. 생각을 기반으로 하는 문제의식의 정신 덩어리가 이데올로기의 특수주의와 싸움으로써 혁명이 될 수가 있다. 생각은 혁명을 실천으로 옮기기 위한 계기이다. 혁명은 민중이 주

171 Jean-Paul Sartre, 박정태 옮김, 지식인을 위한 변명, 이학사, 2007, 65쪽.

172 Jean-Paul Sartre, 위의 책, 82쪽.

체적인 사유의 자유가 있다는 행동이다. 그러므로 민중이 혁명을 한다는 것은 이미 정신의 무르익음을 전제로 하는 것이다. 이 정신의 반성적 사유 역시 모든 민중을 위하여, 전체를 위하여 해야 한다. 민중이 생각한다는 것은 민중만이 아니요 역사적 실존 전체가 생각하는 것이요, 민중이 행동을 한다는 것은 민중의 인간화, 민중의 전체가 행동하는 것이다. 전체를 위해서만이 선이고 정의이고 참 행동, 참 감정이다(함석헌전집2, 67-68쪽).

인간은 실천적 타성과 의식의 식민화를 극복하기 위해서 무사유의 위험과 모험 속으로 자신을 내던져 다시 민중으로 돌아와야 한다. 인간, 곧 민중 자신이 나온 곳으로 되돌아가 생각을, 정신을 재생산해야 한다(함석헌전집2, 68-69쪽). 혁명은 다시 돌아감(revolution)이다. 모든 이데올로기, 눈앞에 보이지 않는 억압의 세계, 계급의 굴레에서 벗어나서 민중이 서야 할 자리로 돌아와야 한다. 거기에서 벗어나서 진정한 인간화를 역사에 내재화하는 것이 민중의 과제이다. 옛말에 권토중래(捲土重來)라고 했다. 흙먼지를 날리며 다시 온다. 즉 한 번의 실패에 굴하지 않고 몇 번이고 다시 일어난다는 뜻이다. 민중이 그런 존재다. 민중은 다시 본래의 자기를 생산하려고 한다. 설령 실패를 하더라도 다시 민중 현존재의 혁명을 위해서 자기 자신을 전체로서 세계에 드러낸다.

민중은 자기를 전체로 파악하고 이 세계를 전체로 인식한다. 전체는 계급이나 이데올로기가 없다. 민중은 전체로서의 세계 현존재일 뿐이다. 민중이 말하는 것은 어떤 특정한 실존의 목소리가 아니다. 스스로에게 관심을 가진 것을 세계 내에서 전체화하려고 하는 보편적 실존이다. 그 보편적 실존의 생각이 혁명을 가져온다. 민중 고유한 삶을 소외시키고 사물화하는 모든 것을 저항하기 위해서 "삶은 모든 것의 근본이며 또 자신을 위험에 빠뜨리는 것에 대한 근원적인 부정이기 때문"[173]이다. 더 나아가서 하버마스가 말한 실체화된 권력의 지배로부터 의식을 해방시키려는 관심(해방적 관심)[174]이라 말할 수가 있다. 이에 함석헌은 말한다. "너는 깊이 생각하라"(함석헌전집2, 70쪽).

3. 혁명을 깨달은 자들의 노성(怒聲)

함석헌은 혁명운동의 가능 조건을 크게 3가지로 언급하고 있다. 그것은 "지도 인물, 조직, 이론"이다. 당연히 혁명운동의 주동 세력은 인간, 즉 혁명을 이끌어 나가는 '지도 인물'이 있어야 하는 것이다. 그 지도 인물은 사회의 부정·불의와 타협하지 않는 정의감이 강한 사람이어야 한다(함석헌전집2, 70쪽). 혁명운동의 정신적 바탕은 사회의 모순과 구조를 타파할 뿐만 아니라 모순적 삶의 방식을 뜯어 고치는 것에 있다고 볼 수 있다. 따라서 그 혁명운동을 이끌어가는 인간의 의식은 다른 누구보다도 정의에 대한 사유와 실천에 분명한 입장을 가지고 있어야 한다. 인간 현존재의 삶의 세계에 탈구조, 탈체계적인 지향 의식이 혁명운동의 방향을 바꿀 것은 자명한 사실이기 때문이다.

---

173 Jean-Paul Sartre, 앞의 책, 155쪽.

174 전재원, 로고스와 필로소피아, 경북대학교출판부, 2014, 169쪽.

그 다음으로 생각해볼 수 있는 것은 혁명운동의 가능 조건인 '조직'이다. 이 조직은 민중의 지혜, 민중의 힘을 나타내는 중요한 수단이다. 함석헌은 "생명진화의 가장 높은 단계인 정신 생활은 인간의 조직적 사회를 통해서 발달했다"고 말하면서 '종교'라는 조직이 가장 높은 조직이라고 평가한다. 강제성이 없는 조직, 무형의 조직(함석헌전집2, 71쪽). 어쩌면 조직이라고 해서 일정한 집단적인 세력, 단합적인 힘의 행사라고 생각할 수 있지만 조직은 정신적 규합체, 정신적 공동체, 다시 말하면 정신의 총합이라고 해야 할 것이다. 민중의 정신이 모인 것, 그런데 그 이성적 모습, 그 에너지의 추동을 가능하게 해줄 매체가 종교라는 말이 아니겠는가. 탈구조, 탈체계적, 탈모순적 혁명운동을 전개하겠다면서 되레 또 하나의 권력 집단을 형성한다는 것은 자체의 모순을 가진 것이나 다름이 없다. "지배적인 이성적인 인간은 권력 관계 속에서 자기를 구속하고 나아가 자기에 복종된 타인들도 구속한다."[175] 그러므로 함석헌이 말하는 종교라는 조직은 아나키(anarchie)이다. "넓은 뜻의 아나키는 단순히 정부나 권력을 뿌리째 부정하는 데로 빠지지 않는다. [……] 좋은 아나키는 오히려 넓은 비시대성 또는 탈시대성과 같이 가는 탈권력의 움직임이다." 민중의 힘, 민중의 총체적 정신(전체 정신)은 늘 비시대성, 탈시대성, 탈권력이라는 점에서 아나키와 닮아있다. 그래서 조직을 통한 혁명운동(반란)은 "아름다운 놀이, 위험한 놀이"이다.[176]

175 김진석, 초월에서 포월로, 솔, 1994, 105쪽.

176 김진석, 위의 책, 17쪽.

마지막으로 혁명운동의 가능 조건은 '이론'이다. 이론은 혁명운동의 주도 인물과 조직과의 연관성에서 보면 가장 중요한, 그러면서도 민중 정신의 모음이다. 민중 정신이 하나로 모인 것, 하나가 되도록 하는 정신, 그것이 이념과 이상이 될진대 그것의 근본적인 실체와 의미가 무엇인가를 규명하는 것이 이론이 되겠다. 다시 말해서 이론의 밑바탕은 민중을 하나 되게 만드는 정신적 실체에 있음은 두말할 필요가 없다. 혁명운동을 하는 데 그것을 뒷받침해주는 민중의 자기 의식, 민중을 자각하게 만드는 정신이 있어야 한다. 그것이 아니고서 혁명운동을 한다는 것은 빈껍데기에 불과하다. 민중의 의식 저변에 흐르고 있는 행동의 규범, 행동하게 만드는 강한 의지와 동기는 민중 스스로에 의해서 각성된 정신에서 나온다. 그뿐만 아니라 혁명운동은 나 혼자서만 하는 것이 아니기 때문에 정신적 총합체의 공동 구성원인 타자에 대한 이해가 있어야 한다. 타자와 더불어 만들어 가는 혁명운동이기 때문에 타자는 반드시 공통되고 합의가 이루어지는 대화적 사고의 주체이자 대상(상호주관적)으로서 존재한다. 따라서 타자가 가진 정신(Geist)은 무엇인가, 타자의 혁명운동의 시대적 정신은 어디에 기반하는가를 정신적으로 교류해야 한다. 그렇지 않으면 혁명운동의 시대착오가 발생할 수밖에 없다. 함석헌은 그 이론[理]을 자기 깨달음, 세계관, 인생관이라고 말한다. 자기를 볼 수 있는 눈, 타자를 볼 수 있는 눈, 세계와 인생을 볼 수 있는 눈, 다시 말해, 봄의 철학적, 봄의 직관적, 봄의 감성적 바탕이 곧 혁명운동의 중요한 관건이 된다(함석헌전집2, 71-72쪽).

함석헌은 혁명운동이 철저하게 민중에 의한, 민중을 위한, 민중 자신의 것이어야 한다고 역설한다. 혁명은 민중, 즉 민중 전체의 직접적인 운동이 되어야 한다. 민중은 시대와 함께 하지만 시대를 앞서가야 한다. 시대 앞에 놓여 있는 문제(과제, pro-blem)를 해결하는 것도 중요하지만 그보다 더 중요한 것은 문제보다 앞선 미래를 향해서 자신의 이상세계를 던져 놓을 수 있어야 한다. 민중은 어리석은 존재, 즉물적 존재, 현재의 빵만 생각하는 단순·순진 무지몽매한 존재가 아니라 문제의 핵심을 부수고 미래를 향해 꿰뚫고 나아가는 인격이기 때문이다. 민중은 스스로 하는 인격이요 스스로 하는 정치의 요체이다. 민중은 스스로 자신의 정신적, 시대적 호흡이 무엇인지를 자각해서 시대를 비판하고 이론과 방안을 세우고 감시할 수 있는 자기 운동, 자기 이성의 주체가 되어야 한다. "스스로 하는 것이 민이요, 스스로 하는 민의 종합행동이 정치다." 이런 의미에서 스스로 역사의 흐름과 질곡에서 자기 이성과 자기 행동, 자기 호흡을 시험대 위에 올려놓을 수 있는 용기가 필요하다. 스스로라고 하는 책임성과 자발성, 자각은 역사적 혁명운동의 실천의 핵이다(함석헌전집2, 73쪽).

그래서 함석헌은 "전체의 운동은 스스로 하는 운동이다. 자신(自新)하는 운동이다. 민중이 민중으로 속에서 깨지 않으면 안 된다"라고 진심어린 조언을 아끼지 않는다. 민중은 전체로서 깨어나야 한다. 혁명은 자성(自省)이자 자각(自覺)이다. 어느 누가 깨우침을 주는 것은 바깥에서 안으로의 타율에 의한 각성이기 때문에 이미 스스로 하는 혁명이 될 수 없다. 스스로 하는 혁명이어야 타율에 의한 복제적·모방적 혁명이 아닌 창조적 혁명이 일어날 수가 있다. 여기서의 타율은 소수의 엘리트, 소수의 지식인, 소수의 권력층이 될 수 있다. 하지만 그것은 이미 스스로의 관점과 스스로의 의식의 발현이 아니기 때문에 자기의 시대를 다시 탈시대로서의 역량을 스스로 끌어내지 못하게 된다. 소수의 지식인을 신봉하는 시대, 소수의 엘리트의 혁명의식을 소비하는 데 지나지 않기 때문이다. "민중은 하나님의 발꿈치, 나라의 발꿈치"라는 것을 기억해야 한다. 민중은 수난과 고통을 스스로 감수하면서 동시에 환희와 웃음을 생산해내는 주체이다(함석헌전집2, 73-74쪽).

이것은 결국 "국민성격 혹은 민족성을 개조"하는 혁명의 목표를 달성하는 기틀에 있다. 민중의 민중-됨이 없이 민족성을 바꾼다는 것은 어려운 일이다. 민중 스스로 깨이지 않고 시대를 선도할 능력을 함양하지 않고서는 전체로서의 민족성격이 개조될 리가 만무하다(함석헌전집2, 74쪽). 더욱이 "혁명은 악과 싸우는 일"이다. 물론 악의 잠재태나 현실태를 완전히 소멸시키기 어려울 것이다. 근본악은 인간 본성이기 때문에 혁명을 통하여 새로운 민족성, 자아개조가 이루어졌더라도 혁명의 가능성이 남아있게 된다. 하지만 악의 형태는 바꿀 수 있다. 악의 소멸은 불가능하더라도 악의 모습, 악의 세력, 악의 속도, 악의 이념 등은 끊임없이 바꾸어 가면서 새로운 민족성을 개조할 수 있지 않겠는가. 그런 측면에서 함석헌은 민족성의 개조에 이르지 못한다면 혁명은 실패라고 단언한다. 또한 "역사상의 모든 죄악은 결국 민족적 성격이 결함이다. [……] 자기를 인격적으로 무한히 발전시키자는 강한 욕망을 가지는 인간의 한 단체가 그 타고난 자연과 역상의 조건을 이용할 수 있는 데까지 이용하여 자기 속에 본래부터 들어 있는 바탈을 실현해낸 것이 민족성이다"(함석헌전집2, 77쪽). 인간 현존재의 바탈을 실현하는 것이 민족성 개조다. 그 혁명의 속도야 어떻든 현존재의 바탈을 지배와 권력, 억압과 폭력, 강제와 비인간으로부터 탈(脫)하도록 만드는 것이다. 그것을 위해서 반드시 선결적으로 요구되는 것은 "자아개조"이다(함석헌전집2, 78쪽). 먼저 자아가 바뀌지 않는데 어떻게 민족성이 바뀌겠는가. 자아는 비인간적 구조, 권력중심적 구조, 무비판적 구조로부터 자신의 인식과 시간성을 달리하는 것이다. 이름하여 "탈"(脫, 벗어남, 넘어섬)이다. 모든 지배로부터 시간에 앞서 가는 것, 앞서 보는 것, 앞서 말하는 것이다.

비인간성을 극복하지 못한 분열증, 서로의 마음이 감응하지 못하는 불감증은 모두 자아 개조를 할 수 없을 뿐만 아니라 민족성 개조도 할 수 없는 정신적 무능력, 정신적 무기력에 빠지게 된다. 혁명운동의 자양분인 전체로서의 정신은 생각하는 힘, 성찰하는 힘으로서, 그것을 잃은 병리적 인간은 민중 스스로의 병에 대한 인식과 더불어 치료하고자 하는 의사로서의 역할을 감당해야 한다. 다시 혁명을 위한 생각하는 힘과 성찰하는 힘을 회복하기 위해서 말이다(함석헌전집2, 78-79쪽).

3장
정신 토대론에 입각한
기술전체주의 비판

3장

정신 토대론에 입각한 기술전체주의 비판

"도덕적 삶을 살기 위해서는 훗날 폴 리쾨르(Paul Ricoeur)가 말했듯, "자신을 남처럼" 보아야 한다."[177] 나를 타자화하고, 타자를 자기화하는 것은 동일성의 폭력 안에 타자를 가두겠다는 것이 아니다. 적극적인 의미에서 타자에 대한 인식과 윤리적 태도는 혁명을 위한 새로운 존재 인식을 가능하게 한다. 타자를 무화(無化)시키고 자아의 존재론적 의지를 관찰하는 것만이 능사가 아니다. 라캉(J. Lacan)에 의하면, 자아는 현실원칙에 의해서 조직되거나 대상화된 거기에다 생각을 붙여 놓는 것이 아니다. 그것은 몰인식의 기능이다. 자아는 현실의 부정이나 거부 혹은 소망하는 생각들에 의해서 구성된다. 하지만 자칫 그러한 방식으로 타자까지도 허구적인 상상적 존재로 만들어 버릴 수 있

177 Antoine Compagnon, 장소미 옮김, 인생의 맛. 몽테뉴와 함께 하는 마흔 번의 철학 산책, 책세상, 2014, 91쪽.

다.[178] 반면에 구성된 자아를 넘어서 타자를 포용, 관용하면서 삶과 생명으로 상호적인 쾌(快)를 만족시킬 때 혁명이라 할 수 있다. 다시 말해서 이는 전체를 아우르는 실존의 혁명가와 이익을 생각한다면 오직 타자와 자아를 포괄하는 '구체적인 민중의 전체성'을 고려해야 한다. 그러기 위해서는 폭력의 무화를 통한 평화, 자아와 타자의 공존을 모색하는 민중의 철학이 필요하다.

여기에 종교성이 내재할 수밖에 없다. 인간론의 확장을 통해서 인간이 초월을 지향하는 존재, 초월자를 현실화하는 존재가 됨으로써, 혁명의 '명'(命)이 하늘의 명령임을 깨달아 그것을 자기반성과 본질적인 사유로 통일시킬 수 있어야 한다. 이와 같은 전체철학(Totale Philosophie)은 인간과 타자로서의 자연의 조화, 통일, 생명 실현으로 나아간다. 즉 자아와 타자를 대립된 존재로 인식하는 것을 지양하고 전체로서의 하나의 생명으로 인정하는 것이다. 분열, 혹은 분리되었던 인간과 자연의 관계를 기술이기주의가 조장한 반생명적 현실을 이성적인 반성을 통해 변혁해야 한다. 그것은 실존의 선택과 정신적 실존에 의해서 기술이기주의를 비판하고 타자로서의 자연, 그리고 생명의 실현을 위해서 봉사하는 과학으로 선회하는 것을 뜻한다. "과학적 발견에 관하여 나는 실존적 선택을 주장합니다. [……] 그의 모든 실존적 선택은 자신의 잠재적 발견에 대한 반응으로 이루어지며, 자신의 정신적 실존이 확장되도록 온갖 이해의 가능성을 감지하고 따르게 하도록

178 Lionel Bailly, 김종주 옮김, 젊은 치료자를 위한 라깡, 도서출판 하나의학사, 2013, 71쪽.

구성되어 있습니다. 실존적 선택의 각 단계는 단계마다 요구되는 필요를 충족시켜야 하며, 과학자의 자유란 이에 지속적으로 봉사하는 것입니다."[179]

이것은 자연의 존재론적 지위를 대상화하여 비이성적 실천 영역 안에 가두는 것을 비판하면서 생명으로의 복귀, 생명이성으로의 복귀에 초점을 맞추는 윤리를 지향하는 것이다. 더불어 과학기술이기주의에 의해 자연을 순수 생명으로 보지 못하는 인간의 비이성의 이념을 거두고 자연이 자기를 실현하도록 생명공동체 장 안에서 그들의 개별적 독자성을 신뢰하는 평화의 긍정이 요구된다. 우리는 인간과 자연, 자아와 타자와의 관계를 생명과 평화의 변증법적 전개 과정으로 볼 수 있어야 한다. 만일 그렇다면 타자도, 자연도 결국은 자기 자신의 의식화, 생명과 평화의 의지와 욕망을 드러내는 우주의 총체(성)이며, 자연적인 우주와 우주적 혁명의 개별적 주체임을 알 수 있을 것이다.

1. 진정한 혁명 전사, 새 정신의 혁명

혁명이라 하면 자칫 유혈적인 전복이나 실존이 르상티망(ressentiment)을 타자에게 투사하는 것으로 보기 쉽다. 그것이 혁명의 명분이나 정당성으로 간주되기도 한다. 그러나 그것을 진정한 의미에서 혁명이라 할 수 있을까? 함석헌은 혁명을 좀 더 근원적인 데서부터 사

179 Michael Polanyi, 김정래 옮김, 암묵적 영역, 박영사, 2015, 116-117쪽.

유하기를 원한다. 모름지기 혁명은 근본에서부터의 자기 변화이다. 함석헌은 그것을 "뿌리 뽑음"과 "회개"로 표현한다. 혁명은 개인의 실존적인 문제이기 전에 역사적 책임을 다해야 하는 역사적 실존의 행동으로서 새로운 역사를 만들겠다는 각오나 결단과 다르지 않기 때문이다. 혁명이 역사적 소명 없이 실존적 분풀이로 끝나는 것은 역사적으로 좋지 못한 결과들을 낳고 말았다(함석헌전집2, 102쪽). 그와 같은 혁명의 명분을 찾기 위해서 실존은 항상 타자를 해석하는 폭력과 전복의 형식을 띠었으며 같은 사회적·언어적 몸체를 형성하고 있으면서도 타자의 가치를 인정하지 않는 우를 범하는 사건도 종종 있었던 것이 사실이다. 타자와 일정한 거리 둠의 방식으로 객관적으로 사태를 파악하지 않고 타자를 자아로 환원하고 동일화하여 평가하는 폭력은 결국 평화적 혁명이 아닌 유혈적 폭동 축소, 미완이 되고 만다. 다시 말하지만 혁명은 먼저 자아를 창조적으로 재구성하는 것이다.[180] 혁명은 마르쿠스 툴리우스 키케로(Marcus Tullius Cicero)가 말한 것처럼, "누가 이득을 얻는가?"(Cui bono)라는 정치적 관점(질문)으로만 접근할 문제가 아니기 때문이다.

따라서 혁명을 하는 데 있어 먼저 개인의 실존적인 죄에 대한 인식이 중요하다. 여기서 말하는 실존적인 "죄란 초월적 타자로서 신의 뜻을 어기는 것이기보다는 자기 자신에 대한 배신이다. 또 구원이란 인간이 자기 밖의 어떤 높은 존재에 자신을 몽땅 바치는 인간 소외가 아

180 Rosalyn Diprose, "Nietzsche and the Pathos of Distance", ed., Paul Patton, Nietzsche *Feminism & Political Theory*, London and New York: Routledge, 1993, pp. 11–20.

니라 인간으로서 자기 본성을 온전히 실현하는 자기실현이다."[181] 개인의 실존에 있어 내면적 배신 혹은 민중의 짐, 역사의 짐을 지지 않겠다는 것이 죄라고 볼 수 있다. 도덕적, 윤리적 의미에서의 죄과와 죄책을 넘어서 혁명가가 되기 위해서 실존적 죄의 무게는 민중이 처한 역사적 짐을 먼저 져야 하기 때문에 무겁고 힘겹다. 그래서 "혁명의 원리는 죽어서 삶이다"(함석헌전집2, 102−103쪽). 그렇다고 그 실존적인 죄의 한계가 그의 족쇄가 되는 것이 아니라, 민중 전체를 위한 마음 바꿈(metanoia), 정신을 전환하는 선봉에 서서 민중의 마음을 움직이는 원동력이 될 수 있다. 개인의 실존적 죄의 인식이 거만함을 상징하거나 자만을 표시하는 것은 아니다. 몽테뉴(Montaigne)가 말한 철학적 대화법으로 살펴본다면, 그것은 민중 전체를 대화 상대자로 생각하고 언제든 이성과 감성을 통한 공통감(common sense)을 확보하기 위해서 '자기의 무기를 내려놓은 행위'라고 볼 수 있다.[182] 자기를 부정하는 것이다. 전체를 살리기 위하여 나를 죽이는 것이다. 혁명은 타자를 분쇄시키고 자기가 사는 것이 아니라 무기를 들고 있는 타자조차도 아우르면서 전체로서의 타자를 더불어 새로운 존재로서 변화 가능한 대상으로 받아들이는 것이다. 타자에 대한 르상티망을 승화시키고 타도하는 것만이 혁명이 아니라, 새로운 나, 새로운 전체를 만족시킬 수 있는 것이어야 한다.

그러기 위해서 함석헌은 혁명을 위한 지원병이 되라고 말한다. 그

181 길희성, 길은 달라도 같은 산을 오른다, 휴, 2013, 41쪽.

182 Antoine Compagnon, 앞의 책, 16−19쪽.

것은 무슨 지원병일까? 혁명의 주체인 민중은 세계가 하나 되게 만드는 평화군, 새 나라의 독립군이 되어야 한다. 물론 평화군은 총칼을 든 군인이 아니라 평화의 마음을 무기로 삼는 군인이다. 그러한 평화의 사도로서의 민중이 세계와 나라를 살리는 군인의 역할을 감당해야 한다. 죽이는 것이 목적이 아니라 살리는 것이 평화군의 덕(virtus)인 것이다. 역설적으로 평화군은 타자를 죽이지 못한다. 오히려 평화와 혁명을 위해서 자신의 실존적 죽음도 마다하지 않는다(함석헌전집 2, 104-105쪽). 만일 혁명을 위해서 나선 독립군이자 평화군이, 혁명의 명분 때문에 타자를 소멸시킨다면, 혁명은 그저 확실성을 상실한 흔적과 파편만이 남게 될 것이다. 그러면 전체가 손상되지 않은 완전한 혁명을 실현하기 위한 안착점, 해석학적 정당성을 어떻게 확보할 것인가. 시시각각으로 변하는 세계, 그리고 정치와 경제, 환경과 교육, 삶의 자리에서 민중은 어떻게 자신의 "귀착점"을 찾을 수 있을 것인가. 더군다나 혁명을 위한 자리를 찾기 위해서 자신은 어떠한 역할을 감당해야 할 것인가는 매우 어려운 탐구일 것이다. 민중이 전방위적인 관점(혹은 원근법주의, Perspectivism)을 가질 수 있다면, 그러한 상황 속에서 자신의 자리, 정체성을 찾을 수 있을지도 모른다. 이른바 '평화를 위한 지원병'이다.[183] 그의 시선은 다양하게 변화하는 세계 속에서 예전의 자신의 관점만을 고집하는 것이 아니라 여러 가지 가능한 관점과 시각을 가지고 바라볼 수 있어야 한다. 그럼으로써 자신의 시야에 나타난 현상에 대해서 진리의 파수꾼으로 행동을 할 수 있는 분기점을

183 Antoine Compagnon, 위의 책, 22-23쪽.

마련할 수 있을 것이다.

또한 "평화의 기술, 그것은 수사학이 아니다. 그것은 설득하기보다는 견제하는 힘이다."[184] 평화를 위해서는 어떤 영웅이 필요한 것이 아니다. 평화를 위해서 한쪽의 축을 완전히 억압하고 사라지도록 만드는 것도 아니다. 생각이 다른 타자를 소멸시키는 것은 그저 폭력이나 정당화될 수 없는 인간 전체의 박탈에 지나지 않을 것이다. 다만 평화를 위해서는 힘의 균형과 견제가 필요하다. 평화(平和)라는 한자어에서도 폭력의 해석학이나 독식의 정서, 일방적 승리의 도취가 나타나지 않는다. 앞에서도 언급했듯이, 평화는 타자를 죽이는 것이 아니라 먼저 내가 죽음으로써 고조된 긴장과 폭력의 감정을 순화시키고 타자와의 균등한 힘의 관계를 유지하는 것이다. 그러므로 평화는 폭력의 무화(Nichts), 폭력의 부재가 되어 나와 타자가 오직 공존하는, 실존하는 인식과 상태에 있는 것이다. 다시 말해서 폭력의 문자는 영원히 해독, 해석 불가능한 기호로 남겨놓는 것이다. 이를 위해서는 종교의 정신과 혁명의 정신은 동일한 이념적 지평 속에 있어야 한다. 함석헌은 이 둘의 의미 연관을 다음과 같이 각인시킨다.

> "사람이 고쳐 된다는 것은 정신을 두고 하는 말이다. 반드시 성인이 된다는 말이 아니다. 그런데 새 정신은 새 시대에 있다. [……] 새 시대의 정신에 몸을 던지란 말이다. 그러면 어떻게 부족했던 사람도 새 시대의 새 역사의 일꾼이 된다. 그것이 정말 혁명이다. 그것이 정말 종교다. 참 종교는 참 전쟁이요, 참 싸움은 참 종교다. 개인으로는

184 Antoine Compagnon, 위의 책, 85쪽.

여전히 잘못이 많아도 참 싸움, 참 종교에 참여하면 참 사람이다. 내가 참을 하는 것 아니라 참이 나를 살릴 것이다"(함석헌전집2, 105쪽).

정치적 입장으로 보자면, 함석헌에게 있어 종교란 반체제적 종교요, 새로 고치는 종교라고 볼 수 있다. 종교는 새로운 세계를 끊임없이 만들어내지 못한다면 그 생명력을 상실할 수밖에 없음을 말하는 것이리라. 그런 의미에서 종교와 삶의 혁명, 체제의 혁명, 정신의 혁명은 맞닿아 있다. 공공의 영역에 종교가 참여하지 않고 종교가 사유화(개인화, privatization)가 진행이 되는 이 시점에서 인간의 의식을 바꾸고 정신을 성숙시키는 일뿐만 아니라 국가의 체제, 그리고 거시적으로 보면 세계의 평화를 위한 혁명을 일구는 일에 앞장서는 종교라면 공공의 영역과 사적인 영역이 전혀 다른 것이 아니라고 봐야 한다.[185] 이런 의미에서 종교가 단지 이성과 무관한 신이 내린 선물이자 은총으로만 간주하는 신앙주의(fideism)[186]가 되어서는 안 된다. 그러한 신앙주의는 결국 종교의 사유화로 치닫게 될 것이고, 종교는 혁명이니 혁신이니 개혁이니 하는 공공의 실천적 행위에 대해서 시종일관 침묵을 하고 말 것이다. 초월자가 개인화되는 순간 신의 현존 영역은 축소될 것이고, 신적인 사회적, 공적 문자의 해석 여부는 더욱 불투명해질 것이다.

지금까지 함석헌이 말하고자 하는 혁명이란 어떤 의미에서 "영적 휴머니즘", 즉 "우리로 하여금 끊임없이 자신의 현재 모습을 거부하도

185 Ronals A. Kuipers, *Richard Rorty*, London, New Delhi, New York, Sydney: Bloomsbury, 2013, pp. 140–148.

186 Antoine Compagnon, 앞의 책, 125쪽.

록 추동하는 자아, 하느님과 하나 되는 신적 자아, 만인을 품을 수 있고 만물과 하나 되는 우주적 자아, 본래적이고 본성적인 자아"[187]를 지닌 인간을 추구하고 있는 것이다. 우리는 혁명을 부패한 체제의 전복이나 변화, 개혁이라고만 생각할 수 있으나, 그것을 위해서 그 무엇보다도 선행되어야 하는 것은 '정신의 쇄신'이다. 새로운 시대를 도래(M. Heidegger)하게 하기 위해서는 새로운 마음과 정신이 앞서야 한다. 새 시대에는 새로운 인간과 짝해야 하는 것이 마땅하다. 새로운 실존으로의 이행과 새로운 정신으로의 전향이 곧 사람이 고쳐지는 역사가 되는 것이다. 새로운 인간으로서의 탄생만이 구시대를 해체하고 참, 참 시대를, 참 세계를 구현한다. 그러므로 참, 진정성, 충실성, 진실성을 표방하는 종교(적 인간)와 혁명은 불가분리의 관계이다.

"영성의 세계에서 말하는 참나란 우연적 산물인 개인의 특성이나 재능을 가리키는 것이 아니다. 참나는 인간이면 누구나 타고난 본연의 인간성 자체다. [……] 성인이란 곧 참사람을 일컫기 때문이다."[188] 혁명의 잔인성, 혁명의 퇴행성, 혁명의 반혁성을 해체, 결별하고, 감상적 해석을 떠나서 진정한 의미의 혁명을 논하고 완성하려면, 참나의 발견은 필연적이다. 그뿐만 아니라, 혁명의 성공적 운명은 참나, 새로운 정신과 얼마나 가까운가, 그리고 참나의 음성과 경청, 봉사에 진심이 있는가에 달려 있다고 해도 과언은 아닐 것이다.

187 길희성, 앞의 책, 205쪽.

188 길희성, 위의 책, 39쪽.

2. 함석헌의 초월론적 인간론

함석헌은 사람이 산다는 것은 "아들 노릇을 바로 하자"는 것이라고 말한다(함석헌전집4, 330쪽). 물론 이 말은 그리스도교적인 신앙에 입각한 자기 고백적인 선언이라고 말해야 할 것이다. 설령 그렇다 하더라도 그의 인간론이 유신론적인 인간이라 하더라도, 일정한 종교에 국한된 인간의 행위와 도덕을 일컫는 것이 아니라, 예수가 가지고 있었던 인간에 대한 이해, 즉 범세계적 인류 사상 혹은 세계시민주의를 말하고 있는 것이다. 적어도 유교나 불교, 힌두교, 도교 등의 사상을 뛰어 넘어 인간이라면 마땅히 취해야 하는 삶의 태도가 있는 법이다. 그것은 각각의 민족과 종교의 주체성, 그리고 그에 대한 진리의 특수성에 매여 있지 않은 인간 존재 사건의 표상이다. 다시 말해 개별 철학과 관념, 그리고 종교가 표상하는 인식의 편견과 편협성을 떠나 근원으로서의 행동 규범의 척도를 지시하는 기호이다. 거기에 주체와 특수성을 부여하는 순간 한 언어가 가진 진리의 구속과 명령의 폭력성을 강요하게 된다.

"미셸 푸코(M. Foucault)는 주체로 파악된 인간이란 특정한 담화체계에 속하는 역사적 개념이자 구성된 개념이지, 권리들이나 보편적 윤리를 정립할 수 있는 탈시간적 자명성이 아니라고 해서 스캔들을 불러일으켰다."[189] 아들이라는 주체는 특정한 개념과 인식하에서 만들어진 용어일 뿐, 그것이 가지고 있는 시공간적 보편성이라는 것은 역설

189 A. Badiou, 이종영 옮김, 윤리학, 동문선, 2001, 12쪽.

적으로 우리가 자명하다고 하는 역사적 시공간을 뛰어넘는다. 여기에서는 타자에 대한 "무한한 거리의 현시"만이 존재할 뿐이다.[190] 바디우(A. Badiou)는 거듭 말한다. "사실상 단 하나의 주체만이 있는 것이 아니다. 진리들이 있는 만큼 주체들이 있는 것이며, 진리의 공정들이 있는 만큼 주체성의 유형들이 있는 것이다."[191] 인간의 인륜적 사유는 그것이 가지고 있는 진리라고 규정되는 독선으로 인간의 보편적 척도를 삼을 경우, 인간의 자기 이해는 무한히 축소될 수밖에 없다. 함석헌은 이를 인식하고 개별 철학과 주체성의 종교 관념을 극복하는 인간 존재의 자기 행동의 기준을 열어 확장시킨다.

그러나 여기서 반드시 짚고 넘어가야 하는 것이 있다. 함석헌이 유신론적 인간관을 말한다고 해서 신과 인간을 주종 관계로 설정하고 초월자가 인간의 이성을 지배하는 존재로 인식하는 것은 아니다. 그에 의하면 "인간의 본체는 '자주하는 것'이"다. 다시 말해서 인격을 자주라고 생각하는 것이다. 그러니까 인간은 초월자에게 어린 아이가 아니라 성인(成人)이다. 자기의 이성과 인격을 가지고 자유로운 판단을 하면서 주체적으로 살아가는 인간이다. 아버지는 기득권을 가지고 있는 존재요, 아들은 아버지의 지배 권력에 복종을 해야 하는 존재로 보는 이른바 그리스도교적 전통에서 자유로운 해석을 하고 있는 셈이다. 만일 역사가 바뀌고 새로운 가치가 지배하는 세계에서 여전히 과거 중세의 언어와 신학을 통한 인간관을 제시한다면, 그것은 어불성설이 될

190 A. Badiou, 위의 책, 31쪽.

191 A. Badiou, 앞의 책, 39쪽.

것이다. 진보적인 사상가 함석헌은 적어도 성인이 된 그리스도교적 인간은 그러한 굴레와 신학을 벗어나서 새로운 인간, 즉 비약하는 인류를 꿈꿔야 한다는 것을 직시한 것이다(함석헌전집4, 331-332쪽). 이와 같은 함석헌의 철학과 사상은 본회퍼(D. Bonhoeffer)의 비종교적 해석과 맞닿아 있다.

> "우선 '하느님 없이'라고 할 때의 하느님은 작업가설로서의 하느님, 종교적인 전능한 해결사 하느님, 개인주의적 하느님이다. [……] 이 하느님은 타율적이고 미성숙한 하느님으로서 인간과 세상을 지배하는 하느님이다. 이 하느님은 인간 위에 군림하는 하느님으로서 인간을 예속적 상태에 묶어 두는 하느님이다. 이런 하느님을 믿는 종교적 인간은 수동적이고 의존적 미성숙한 인간으로서 책임적 행위를 할 수 없게 된다. '하느님 없이'라는 말은 자기중심성에서의 해방을 의미한다. 종교적 하느님은 이기적 자아의 정당화이며 확인이다. 이런 종교적 하느님의 부정은 이기적 자아의 부정이며 공동체적 자아의 긍정이다. 그것은 하느님과 인간의 고난에 대한 적극적 참여이며, 종교의 관념적 허구에서 구체적 현실에로 옮김이다. [……] 하느님 없이 사는 인간은 그리스도의 십자가 고난, 역사적 고난의 현실 속에서 책임적으로 행동하는 성숙한 인간이다. 하느님 없이 산다는 것은 하느님 나라를 실현하는 과정인 역사의 주체로서 산다는 것을 뜻한다."[192]

함석헌의 인간 존재 규정은 이와 같은 해석에 그치지 않는다. 자

---

192 박재순, 하나님 없이 하나님 앞에. 디트리히 본회퍼의 그리스도론적 하나님 이해, 도서출판 한울, 1993, 208-209쪽.

기 주체성의 확보, 역사와 고난의 현장에 투신하는 책임적인 인간은 철저하게 사유하는 인간이다. 그에 의하면, 인간이라는 존재는 "생각하는 존재", 그것도 그냥 생각하는 것이 아니라 '나' 자신을 반성하는 존재이다(함석헌전집4, 332쪽). 생각은 인간을 확정짓는 특징이다. 생각이라는 인간의 필연적 능력이 없이, 인간적 삶이라는 것도 불가능하다. 생각함, 사유함은 인간 존재 여부의 분기점이다. 인간의 존재론적 고유성의 척도는 이러한 사유를 통한 반성하는 삶에 있다. 사유함과 반성함은 별개의 인간 실존의 능력이 아니라 오히려 실존적 삶을 가능하게 만드는 이성의 본질이다. 따라서 인간 실존의 존립 근거는 부정하려는 자기반성의 철저화에 있다고 해도 과언은 아닐 것이다. "사유는 경건하게 "자기자신이 요구되도록 만드는 것"이다."[193]

그러한 사실을 인식하는 것은 결단코 단순 지식의 확보나 감각에 있지 않다. 안다는 것은 (성서적) 문자의 자리, 감각을 통한 지식의 자리가 아니다. 그것을 넘은 초월의 자리에 이르지 못한다면 진정으로 안다고, 생각한다고 말할 수 없는 것이다. 그것은 궁극적으로 무엇을 말하는 것일까? 백성의 마음, 백성의 마음을 전체로서 사유하는 것이다. 그렇게 되면 자기의 주장만 고집하는 아집과 독선에 빠지지 않기 때문이다(함석헌전집4, 333쪽). 생각의 자리는 초월의 영역으로 확장된다. 물론 "존재하는 것은 지각되는 것이다"(esse est percipi)라는 버클리(G. Berkeley)의 관념처럼, 인간 존재 유무와 관계 없이 신의 존재를 믿고 모든 대상의 근거를 신에게 둔다는 의미는 아니다. 함석헌이 말하는 것은 오히려 감각의 불확실성, 문자에 의한 인식의 오류 가능성

193 J. Habermas, 이진우 옮김, "형이상학 비판에 의한 서양 합리주의의 약화: 하이데거", 현대성의 철학적 담론, 문예출판사, 1994, 173쪽.

을 비판하면서 민중의 마음, 곧 전체로서의 사유가 초월의 자리라는 것을 명료하게 주장하고 있을 뿐이다. 무엇을 안다는 것은 유한한 문자나 감각을 넘어서 그 자리를 초월의 자리로 비약시키지 않고는 온전한 인식에 도달할 수 없다는 반증일 것이다. 문자의 이면, 감각의 이면의 물자체(Ding an sich), 인식 가능 근거는 민중의 마음을 전체로서 사유하는 데 있다. 전체는 획일주의, 전체주의, 독단주의가 아니라 개별적 인간의 독단과 독선, 아집에 대한 겸허한 공적 주체 혹은 민중 주체이다.

민중 주체가 초월의 자리에 있을 수 있는 이유는 어디에 있을까? "하늘이 말씀한 것이 우리에게 오는 것을 바탈이라고 하는 것인데, 이것을 '천명'이라고 한다면, 인간이란 바탈[性]대로 살아가자는 것"이다. 그런 의미에서 실존과 명(命)은 동일하다. 민중의 마음은 하늘이 명한 바탈대로 살아가려 하기 때문에, 민중은 초월을 향한다고 볼 수 있다. 자신의 실존의 근거는 하늘[초월]에 있다. 그렇기 때문에 인간의 사유는 자기 반성적 사유인 동시에 초월에 대한 사유이다. 바탈 안에 이미 초월에 대한 암호가 새겨져 있다. 그러므로 인간은 바탈, 즉 하늘의 명대로 살아가려는 본질적 관심을 간직하고 있다. 실존의 욕구는 바탈, 즉 하늘의 명을 지향하면서 동시에 그것을 본질적 사유로 인식한다. 이로써 인간의 삶에 있어서 지향해야 하는 목표는 "'내 속에 있는 그리스도'를 실현해내는 것"이다. 즉 씨올이 되자는 것이고, 사람이 되자는 것이다. 진정한 의미에서 사람이 된다는 것은 자신 안에 있는 본성을 실현하는 것이다(함석헌전집4, 333쪽).

인간의 본성을 실현한다는 의미는 자아의 실현이고, 그것을 다른 말로 바꾸면 초월자의 실현(Realization of God)이다. 신을 현실화하는 것이 인간이 되는 것이고 인간의 본래성이다. 인간은 그것을 자기 자신의 노력에 의해서 직접 실현하는 것이 아니라 자기 자신 안에 있는 초월자 혹은 자존자가 직접 실현할 때에 인간이 된다. 스스로 계신 이가, 스스로 자기 자신을 인간 안에서 실현하는 것이다(함석헌전집4, 333쪽). 이것을 루이 라벨(Louis Lavelle)은 다음과 같이 논증한다. "우리는 결코 자아를 존재와 분리된 체험 안에서 만날 수 없다. 우리에게 원초적으로 주어진 자아는 존재에 선행하고 존재와 아무런 상관없는 자아가 아니라, 자아의 실존 혹은 실존하는 자아이다. 즉 자아의 체험은 존재의 체험을 함축하고 있으며 존재의 체험을 규정하는 것이다."[194]

이것은 신의 내적 실재론 혹은 내적 신의 지각을 암시한다고 볼 수 있는데, 인간은 초월자를 벗어나서 존재할 수 없고 또한 초월자는 인간 안에 암호로서 존재한다는 것이다. 초월적 대상은 인간 의식의 바깥에 존재한다기보다 인간 의식 안에 내재화하여 자기 스스로, 시나브로 자기를 실현하여 인간으로 하여금, 신화(deification)하도록 한다. 신은 외부의 운동이 아니라 자존적 운동을 통하여 자기를 현실화한다. 인간 안에서 자기 자신을 시간화, 구체화, 사회화하는 것이다. 그럼으로써 인간은 한 민족, 혹은 개별적 인간에게만 한정되어 있는 삶, 진리가 아니라 무한히 인식의 지평을 확장하여 초월자 안에서 자기 반성적 존재로 살아간다. 그것은 자기 삶의 근거, 실존의 근거를 초월의 자리에다 놓고 내적 실재(내적 실체)를 자기 본성의 실현으로 알고 자아

194 Louis Lavelle, 최창성 · 이상호 옮김, 영원한 현존, 서광사, 2000, 43쪽.

를 초월적 자아의 존재로까지 상승시키는 것이다. 또한 그러한 실존의 깊이를 가지고 온갖 삶을 부인(부정)하려는 의지(nihilism)를 극복하고 삶을 어떻게 살아갈 것인가에 대한 진지한 고민으로 나아가는 것이다. 인간 실존은 초월을 자기 범주로 삼고 자기 자신을 그 근거 위에다 두려고 한다. 이때 자기 자신은 초월을 통해서 드러난다. 그곳으로 돌아갈 뿐만 아니라 자기 자신이 되려고 한다.

3. 생태적 존재론과 정치적 기술이기주의 비판

오늘날 자연철학 혹은 환경철학이 우리 사회의 전면에 등장하고 있는 이유는 인간을 비롯한 모든 생명체들의 목숨이 심각한 위기에 처해 있기 때문이다. 다시 말해서 존재할 것이냐 존재하지 못할 것이냐(to be or not to be)의 문제에 직면해 있는 것이다. 인간과 생명체의 존재론적 지위에 대한 반성적 인식에는 공통재(common stock)인 자연을 수단과 대상으로 현존재의 생존을 위해 사유화 혹은 사사화(私事化, privatization)하였기 때문이다. 자연의 사유화 혹은 사사화는 조화와 공존적 사유(思惟)와는 거리가 멀다. 그것은 일방적인 착취이자 폭력이다. 모든 생명체의 공통재/공유재인 자연을 사유화하여 인위적, 인공적 삶을 위해서 소비해 버리는 태도가 지금의 환경 위기를 자초한 것이다. 자연을 떠나서는 살 수 없는 유한성을 지닌 인간 실존이 자신의 몸 살림과 정신 살림을 위해서 원초적 근거(Urgrund)인 생명 터전을 유린하고 있다. 함석헌이 말한 것처럼, "자연은 현존재의 어머니"이다

(함석헌전집5, 166쪽).[195] 이를 짓밟고 있는 것은 회귀와 근원조차도 완전히 말살되고 상실된 채 죽음의 충동에 사로 잡혀 있는 것이다. 이는 탈출구 없는 생명의 폐쇄나 다름이 없다.

현존재가 인위적으로 가공한 삶의 세계의 첨단은 도시 문명이다. 도시적 삶이라는 것이 인간의 혁명적 구조를 가지고 왔다고는 볼 수 있으나, 인간 실존의 바탕에 과연 긍정적 변화를 초래하였는가는 단정 짓기 어려울 것 같다. 환경이 파괴되고 급기야 인간의 삶까지도 위협을 받는 상황에서는 인간이 대규모로 모여 사는 삶은 자연과는 동떨어진 반생명적 삶이 될 수밖에 없다. 그래서 자연은 삶의 문제이기도 하고 또 사유의 문제이기도 하다. 자연은 인간 현존재의 생명을 영위하기 위한 수단이나 대상이 아니라, 그것은 인간 의식을 가능하게 하고 또 인간으로서의 원초적 근원을 사유하도록 하는 사유 근거이기도 하다. 어떤 의미에서 자연에 대해서 숙고하는 철학(Naturphilosophie)은 반성 이전(pre-reflective)의 존재의 현상학이라고 말할 수 있다. 왜냐하면 자연은 인간 현존재를 둘러싸고 있는 존재가 아니라 인간은 자연과 연결되어 있는, 세계의 몸과 불가분리적 존재이기 때문이다.[196]

함석헌에 의하면, 인간 현존재는 어머니 대지와 연결되어 있는 존

---

195 Dmytri Kleiner, 권범철 옮김, 텔레코뮤니스트 선언, 갈무리, 2014, 29쪽.

196 Jason M. Wirth, "The Reawakening of the Barbarian Principle", ed., Jason M. Wirth with Patrick Burke, *The Barbarian Principle. Merleau-Ponty, Schelling, and the Question of Nature*, Albany: State University of New York Press, 2013, pp. 9–11; Angelica Nuzzo, "Finding the Body's place in Nature: Merleau–Ponty on Schelling's Phenomenology of Pre–Reflective Being", ed., Jason M. Wirth with Patrick Burke, *The Barbarian Principle. Merleau-Ponty, Schelling, and the Question of Nature*, Albany: State University of New York Press, 2013, p. 221.

재로서, 자연과 떼려야 뗄 수 없는 관계를 가지고 있다. 현존재의 의식과 이성도 마찬가지이다. 그것은 자연에 의해서 주어진 것들, 혹은 자연과의 연관성 속에서 이루어진 것이지, 인간의 독특한 자기 산물이 아니라는 말이다. 그래서 "자연은 인간의 또 다른 면"이라고 말할 수 있는 것이다.[197]

"만물의 영장"이라는 인간의 교만이 회의주의를 거듭하는 이유는, 다른 생명체와는 다른 인간의 사유가 결국 도구적 이성으로 전락하였기 때문이다. 생각의 힘이 문화와 문명을 만들고 인위적이고 인공적인 세계를 형성하였지만 정신의 남용은 자연을 파괴하고 궁극적으로는 초월자의 의지까지도 잘못 해석하는 오류를 범하고 말았다. 초월자의 의지는 자신의 모습을 닮은 현존재를 산출했지만, 반대로 인간의 (생태적) 오만은 타락하고 이기적인 자신의 모습을 본뜬 디스토피아의 양산이 되어버렸다. 이성의 한계를 넘어서려는 욕망은 현존재의 계몽과 해방으로 그치지 않는다. 그것은 조화를 깨뜨린 사물적 폭력, 자연의 폭력으로 나타나게 되어 있다(함석헌전집5, 166-167쪽).

이러한 자연의 황폐화의 근본적인 문제는 이성의 오남용이라는 데에는 이견이 없다. 그에 대한 탈자연적 삶, 즉 도시적 삶은 더 큰 문제를 양산한다. 도시 문명은 자연친화적 삶, 자연 중심의 삶보다는 더 많은 오염 문제를 발생시키기 때문이다. 그런데 함석헌은 좀 더 근원적

197 Robert Vallier, "*Être sauvage* and the Barbarian Principle. Merleau-Ponty' Reading of Schelling", ed., Jason M. Wirth with Patrick Burke, *The Barbarian Principle. Merleau-Ponty, Schelling, and the Question of Nature*, Albany: State University of New York Press, 2013, p. 137.

인 데서 이 오염문제를 찾는다. 바로 "정신오염"이다. 정신오염으로 인해서 대기오염, 수질오염, 오존층 파괴와 같은 현상들이 생겨났다는 것이다. 그럼에도 환경론자나 환경학자들의 진단은 피상적이고 현상적인 접근에만 매달려 있는 것을 볼 수 있다. 그들은 과학기술을 통해서 환경오염이 극복될 수 있다고 확신하는 것이다. 기술이기주의의 발상도 인간중심주의라는 측면에서 볼 때 인간 세계의 탈자연화의 연속선상에서 놓여 있는 것이나 마찬가지다. 도구적 이성에서 벗어나지 못한 환상적 의식과 전혀 다르지 않다. 생명의 위기, 환경의 위기는 "자연의 복수"라는 것을 깨닫지 못한다면 지금 처해 있는 모든 오염의 문제를 극복할 수 있는 대안이 없다. 함석헌이 그렇게도 강조하고 있는 "정신의 오염을 씻지 않는 한" 소용이 없다. 정신은 자연을 존재하게도(on) 존재하지 않게도(me on) 할 수 있는 능력을 가지고 있다. 인식의 태도를 탈피하면 얼마든지 자연의 존재론적 지위를 윤리적으로 숙려할 수 있는 것이다. 다만 이것은 인간의 지식이 자연과 동떨어져 있는 것처럼 생각하여 분열주체가 되어 버린다면, 자연 역시도 분리와 분열된 시각으로 바라볼 수밖에 없을 것이다(함석헌전집5, 168-169쪽).

함석헌은 과학기술에 대해 신랄하게 비판한다. 자연 환경의 파괴와 착취의 원흉에는 기술맹신주의에서 비롯되었다는 것이 그의 생각이다(함석헌전집5, 169-170쪽). "우리 사회는 빈곤과 부정의라는 오래된 고통에 직면하고 있을 뿐 아니라, 소수 엘리트의 축적을 유지하기 위해 요구되는 생산수준이 우리를 반복해서 전쟁으로 이끌고 필연적으로 환경 재앙에 이르게 한다는 것이 분명해지고 있다. 보다 공정한 사회를 이룩하지 못하면 우리가 견딜 수 있는 것보다 훨씬 심각한 결과가 초래된다."[198] 이처럼 정치적 이기주의가 기계발달과 문명발달, 자본발달 그리고 기술관료주의를 통해서 인간을 지배하려고 할 것이다. 그래서 점점 더 인간은 기계에 의존하고 기계에 의해서 자신의 의식조차도 기계화가 되고 말 것이다. 생각하는 인간이 될 것인가, 그렇지 않으면 기계에 의해서 생각하는 능력을 상실하고 빼앗기고 말 것인가. 정신의 세계를 완전히 버리고 더 기계화가 될 것인가 하는 기로에서 있는 것이 바로 인간 현존재의 실존적 상황이라고 볼 수 있다. 그것을 기술관료주의를 통해서 인간을 기계화하고 환경 재앙을 아랑곳하지 않는 정치에 맞서서 여전히 정신의 세계를 지키려는 종교의 견제로 가능할 수 있을지는 의문이다(함석헌전집5, 170쪽).

이에 부즉불리(不卽不離)를 생명철학(Lebensphilosophie) 혹은 자연철학의 근간으로 삼는 것이 필요하다. 붙은 것도 떨어진 것도 아닌 적절하고 적당한 거리를 유지하는 것이다.[199] 인격의 세 구조인 몸, 마음, 얼이 자주성, 자율성을 획득하면서 동시에 사회성, 통일성을 확보한다면 진정한 사귐과 타자성에 대한 배려가 가능하다. 나의 생명의 독특성과 고유성, 그리고 자주성이 중요한 만큼 타자의 그것들도 존중한다면 생명을 함부로 유린하는 일은 없을 것이다. 특히 도시의 삶은 인격적 거리가 더 요구되는 바, 개인주의, 이기주의가 만연된 사회 속에서는 더더욱 타자에 대한 시공간적 배려가 반드시 필요하다(함석헌전집5, 170쪽).

198 Dmytri Kleiner, 앞의 책, 29쪽.

199 김대식, 함석헌의 생철학적 징후들, 모시는사람들, 2014, 221-225쪽.

거리의 확보와 일정한 공간(chora)은 생명의 호흡과 여유를 찾을 수 있는 윤리적 이성, 실천이성의 거리이기도 하다. 그 시공간적 거리에서 우리는 "죽이지 말라고 호소하는 타자의 얼굴"을 발견한다. "얼굴은 인식의 대상이 아니라 윤리적 관계의 상대(타자)"이다.[200] 틈새를 여는 관계, 사이적 존재로 바라볼 수 있는 윤리적 관계가 형성되지 않으면 타자(자연)에 대해서 왜곡하고 끊임없이 인위적으로 조작하려 한다. 심지어 어떻게든 이념적으로 타자를 이용과 사용의 가치로 변화시키는 타당성과 합리성의 장치를 통해 자연(타자)의 존재론적 지위를 끌어내리려고 한다. 이러한 문제의식을 가지고 함석헌이 추구하는 일관된 사상이 부즉불리의 삶의 철학이자 소규모의 생명공동체 결성을 통한 생태적 정신의 추구이다. 도시 속에서 인격적 삶의 불가능성을 인식한 그는 그것을 실현케 할 공동체를 국가나 종교에서 찾지 않는다. 국가는 비대하고, 종교는 국가처럼 기계를 맹신, 기계정치를 펴는 "정치의 종살기" 역할밖에는 못한다고 본 것이다(함석헌전집5, 172쪽). 이미 기술의 탈은폐(Entbergen)에 대해서 우려를 표명하면서 존재론적으로 바라본 하이데거(1889-1976)의 입장도 거의 같은 시대를 살았던 함석헌(1901-1989)의 생각과 맥을 같이 한다.

> "그러나 오늘날의 농토 경작은 자연을 닦아세우는(stellt), 이전과는 다른 종류의 경작 방법 속으로 흡수되어 버렸다. 이제는 그것도 자연을 도발적으로 닦아세운다. 경작은 이제 기계화된 식품 공업일

200 다케다 세이지(竹田靑嗣), 현상학연구회 지음, 정미애 옮김, 처음 시작하는 철학공부, 서울: 컬처그라퍼, 2014, 220쪽.

뿐이다. 공기는 이제 질소 공급을 강요당하고, 대지는 광석을, 광석은 우라늄을, 우라늄은–파괴를 위해서든 평화적 이용을 위해서든–원자력 공급을 강요당하고 있다."[201]

데이비드 흄(D. Hume)에 의하면, "철학의 목적은 우리의 생활 태도를 개선하고 악을 근절하는 데 있"다. 또한 인간에게 있어서 관습(custom)과 습관(habit)은 과거의 사건과 경험을 통해 현재와 미래를 예측하는 역할을 한다.[202] 우리는 생태적 의식을 통하여 진정으로 과거와 현재의 삶을 조망한다면, 우리가 미래를 위해서 과연 무엇을 원하는가를 알 수가 있다. 과거와 현재의 사건과 경험이 반드시 미래의 예측 가능한 부정적 현실로 다가올 것이라는 것을 충분히 파악할 수가 있기 때문이다. 그런 의미에서 철학, 보다 구체적으로 생태철학은 현재의 잘못된 환경인식을 개선하고 생태학적 악을 고쳐나가는 것이라고 볼 수 있다. 그러기 위해서는 국가나 종교에 의한 정치기술, 혹은 기술정치에 기대를 할 수가 없다. 국가는 자연을 지배하기 위한 기술정치를, 종교는 자신의 초월자를 자연으로부터 인식하는 방식을 금기시하는 것을 보면 국가나 종교는 모두 자연을 극복하려는 욕망을 가진 실체들이다. 여기에서 벗어나기 위해서는 생태철학적 인식과 윤리를 가진 이들과 함께 연대하면서 소규모의 생태영성적 공동체, 혹은 생태사유적 공동체가 필요하다. 인간 안에는 세계영혼(Weltseele; anima mundi)과

201 M. Heidegger, 이기상 옮김, 기술과 전향, 서광사, 1993, 41쪽.

202 D. Hume, 김혜숙 옮김, 인간의 이해력에 관한 탐구, 지식을만드는지식, 2012, 64–73쪽.

맞닿아 있는 최소한 본성(nature)을 신뢰해야만 하기 때문이다. 그것이 어쩌면 함석헌이 말한 자연에 대한 열린 마음이며, 새 시대 새 하늘을 꿈꾸는 인간 본성의 모습이 아닐까(함석헌전집5, 172쪽).

4장

민족통일을 위한 객관적 실존인식과 실천범주의 해석

4장

민족통일을 위한 객관적 실존인식과 실천범주의 해석

민족의 분단과 분열의 아픔, 한계, 무력감, 무능력 등, 이 모든 것들의 현상은 민족 공동체와 개별 민중으로 하여금 통일이라는 성취를 무거운 과제(Aufgabe)로 여기게 하는 듯하다. 갈라져-있음이라는 분단의 현상이 곧바로 물리적인, 지리적인 완결성과 합치로 이어지는 것은 아니다. 그에 앞서서 정신의 일치, 마음의 일치를 통일 실현을 위한 주요 문제로 인식해야 한다. 함석헌이 분단국가인 두 나라가 정신의 바탈이 성숙되어야 함을 말하는 것도 그러한 이유에서이다. 우리의 이성과 현실(Vernunft und Wirklichkeit)은 서로 대립된 관계에 있는 것이 사실이다. 이성은 통일을 원하나 현실은 그 통일을 저해, 오해, 방해하는 것을 극복하기 어렵다. 그러므로 이성과 이성, 정신과 정신이 서로 만나 교류하면서 통일이 단순히 이념이나 이상이 아닌 민족의 구체적인 이행(Übergegangen)이 되도록 해야 한다. 그럼으로써 이질적인 두 국가가 어떤 사상적, 정신적 회통과 원융(圓融)을 지향해야 할 것이다.[203] 정치경제적 협력과 노력, 개방과 실용적 외교도 중요하지만 정신적 힘의 결합과 정신적 진보를 이루어내지 못하면 통일은 그저 또 그 당대의 선전문구나 전략적 선동에 지나지 않을 수 있다. 따라서 진정한 통일을 위해서는 정신의 자유와 진보로 상호 응집과 상호 교호적 관계를 마련해야 한다. 그것은 이념 논쟁조차도 초월하는 성찰적 사유를 통한 마음 바꿈이라 볼 수 있다.[204] 더 나아가서 함석헌은 인격적 통일을 주창한다. 통일의 기틀을 놓기 위해서는 반드시 인격의 자주성, 인격적 자아의식이 담보되어야 한다는 것이다. 지금까지 필자가 말한 함석헌의 통일론은 내면적, 내부적 의식의 통일이 먼저라는 것을 강조하였다. 외부적이고 외형적인 통일은 두 번째 문제다. 그렇다고 통일을 추상화시키고 형이상적인 이상론을 제시하고자 하는 것은 아니다.

함석헌은 한반도의 갈라짐의 현상을 지엽적인 문제로 보지 않는다. 그것은 세계 평화의 관계성 속에서 인식한다. 통일은 세계평화라는 거대 구조 속에서 바라 봐야 민중이 좀 더 평화적 사도로서의 행동을 주저하지 않게 된다. 또한 민중은 양쪽의 이념을 초월한 제3의 해석학적 통일론을 견지할 수 있어야 한다. 어느 한쪽의 이념을 다른 한쪽의 이념으로 환원(Reduktion)하여 상대방으로 하여금 더 냉각, 경직되게 만듦으로써 타자를 복속시키려는 의지는 올바른 통일의식이 아니다. 그것은 일방적으로 자신의 존재의식을 드러냄으로써 타자의 삶

203 임석진, 변증법적 통일의 원리, 청아출판사, 1992, 164-165쪽.

204 임석진, 위의 책, 156-157쪽.

과 체제를 퇴락시켜 통일무용론으로 빠지게 하기 때문이다. 따라서 가능한 한 정신적 중립지대에서 타자를 환대, 인정할 수 있는 의식이 필요하다.

어느 누가 분열되어-있음, 갈라져-있음의 현상에서 하나가-됨이라는 그 처음, 시초로 회귀하고 싶지 않겠는가. 그것을 누가 막을 수 있겠는가. 하나가 되려는 의지는 민족의 보편의지이자 일반적인 욕구이다. 그러기 위해서는 상호인정을 통한 관계의 해방을 가져와야 한다. 혹여 타자를 무시하고 타자의 의사와는 전혀 관계없이 흡수통일을 하겠다는 것도 통일을 위한 보편적 법칙이나 방법론은 아니다. 개별의지의 반영이 통일이라는 실재를 완전히 실현할 수 있다는 독단은 피해야 한다. 자칫 그와 같은 오만이 타자를 더 폐쇄적인 상황으로 몰아갈 수 있음을 명심해야 한다. 통일은 결코 한 개인의 주관적, 개인적 의지와 욕구에 의해서 좌우되지 않는다. 민족의 통일을 전체에서, 세계평화의 관계에서, 민중의 인격에서 조망해야 하는 까닭이 여기에 있다. 통일의 물리적, 지리적, 정신적 일치가 결여되었다 해서 타자를 마냥 욕망할 수는 없다. 타자를 주체로 내세우고 인정하지 않는 이상, 나의 결핍과 결여로 대상에게 끊임없는 요구를 하는 신호를 보내게 될 것이 아니겠는가. 타자에게 자신의 욕망을 지속적으로 전달하지만 타자는 그것이 자신의 갈망이 아니라고 할 수 있다. 그렇다면 통일의 대상이 존재하는가? 욕망만이 존재하는 것이 아닌가? 그들은 대상이 아니다. 다만 통일 욕망의 원인일 수는 있다. 이때 타자의 욕망은 무시해도 되는 것일까? 그런 의미에서 근본적으로 상호간의 통일의 욕망을 탐색해야 한다.

통일의 형이상학과 인식론이 한낱 담론이나 사변으로 그치지 않고 모든 민중들의 관심이 될 수 있으려면 정신, 곧 통일이성의 강력한 내면적 욕구(Bedürfnis), 통일철학에 입각한 실천적 행위가 수반되어야 한다. 건전한 통일이성을 가지고 민족과 민족이 동일성을 확보할 수 있도록 모든 인위와 수단과 방법을 유보하고 세계 속의 관계를 조망하면서 하늘의 마음을 읽을 수 있는 혜안이 요구된다.

1. 민족통일을 위한 정신적 진보와 과제 인식

함석헌은 "사람은 종교적 존재다. [……] 사람은 종교적 존재라는 말은 정신이 주인이란 말이다. 정신은 영원하고 무한한 것이다"라고 말한다. 그럼으로써 종교 없이 통일을 논하는 것 자체가 이치에 맞지 않는다는 것이다(함석헌전집3, 178쪽). 이는 정신적 기초가 형성되지 않는 한 통일은 요원하다는 것으로 들린다. 민족의 통일은 우리 시대의 과업이나 다름이 없다. 당대의 통일을 해야 한다는 소리는 늘 있어 왔기에, 그 저변에 통일을 하기 위한 여러 가지 정치, 경제적 노력도 중요하지만, 그보다 정신적 바탈의 성숙이 되어 있어야 한다. 정신적 바탈 없이 물리적 통일이라고 하는 것은 결국 허울 좋은 일치일 뿐이지, 우리가 바라는 이상적인 통일의 모습은 아닐 것이다. 거기에 크게 기여를 해야 하는 것이 바로 종교라고 함석헌은 부르짖고 있는 것이다. 다시 말하면 그것은 먼저 "정신적 진보"를 가지고 오지 않고서 통일을 말한다는 것은 거의 불가능하다는 점을 지적한 것이나 다름이 없다. 정신을 근원으로 하지 않은 통일은 아무리 정치적, 경제적 협력 하에 이루어진 것이라 할지라도 쉽게 와해될 수 있다.

이에 스테판 에셀(Stephane Hessel)의 접근에 귀 기울일 필요가 있다. "민주주의, 이는 '사람들'입니다. 특권층이 아닌 보통 사람들 말입니다. 우리가 도처에서 최상층 부자들과 극빈자들의 기막힌 격차를 목도한다면, 민주주의는 뭔가 행동하고 또 해야 하며, 극빈층이 그들의 권리와 자유를 누리고 살 수 있게 도와야 합니다. 정치는 이런 것을 위해 하는 것이며, 우리는 여기서 정신적 영역을 회복합니다. 우리는 단지 자기 나라의 국가적 자부심에만 관심 갖는 정부가 아니라 다른 나라들과도 함께 일하기를 배우는 정부를 갖고 싶습니다. 우리게 필요한 것은 정부 간 소통, 그리고 여러 나라의 참여입니다."[205] 우리가 공유하고 있는 정신의 참여를 통하여 소통하는 정부와 국가가 될 때 통일이 가능하다. 국민들이 합의하고 국민들의 정신적 고양을 통하여 만들어가는 통일이어야 하는 것이지 한 국가의 수장만으로 될 수 있는 문제는 아니다. 통일은 전체, 즉 전체의 우리로서의 이성과 정신의 합의, 진보를 통해서 힘을 얻고 성사가 될 수 있다. 거기에 기틀을 잡고 큰 역할을 해야 하는 것이 종교라는 것은 말할 것도 없다. 이미 우리보다 먼저 통일을 이뤄낸 독일만 보아도 그들의 종교적 정신을 통하여 어떻게 노력을 하고 통일을 위한 이해와 해석, 그리고 민족 전체가 나아가야 할 방향을 모색했는가를 잘 알 수가 있다.

205 Dalai-Lama & Stephane Hessel, 임희근 옮김, 정신의 진보를 위하여. 달라이 라마와 스테판 에셀이 나눈 세기의 대화, 돌베개, 2012, 67쪽.

함석헌은 "종교는 한나[一 · 元 · 同一我 · 大我]를 믿음이다. 만물이 다 한 바탈, 곧 생명으로 됐고, 만물이 곧 한 몸임을 믿는 것이 종교다, 소위 종교란 것을 믿거나 말거나 이 종교는 누구나 다 살고 있다. 존재하는 종교다. 그리고 민족을 통일하여 한나라를 이루는 데 이 종교 없이 될 수 없다"(함석헌전집3, 178쪽)고 공언한다. 종교는 인간의 바탈을 구성하는 것이기도 하지만 인류 전체가 하나의 바탈이라고 하는 것을 깨닫게 하는 것이다. 더 나아가서 만물도 하나의 바탈 속에 있다. 모두가 연결되어 있다는 것을 깨닫는 것이 종교다. 종교를 단지 숭앙(崇仰)하는 문제가 아니라 종교의 바탈을 어떻게 자신과 인류, 그리고 세계의 바탈이 되도록 할 것이냐 하는 것을 항상 염두에 두어야 한다. 정신적 바탈이 통일의 해결 열쇠라는 것, 그것은 곧 남한이든 북한이든 똑같은 바탈 속에 있고, 함께 연결되어 있다는 생각을 전제로 해야만 한다. "나라란 한 개 산 인격이지 결코 기관이나 기계가 아니기 때문이다. 그 산 몸에서 종교는 정신이요 정치는 행동이다. 그러므로 종교 없는 정치는 아주 옅은 수단이요, 종교를 생각하지 않은 통일론은 보잘것없는 껍데기 수작이다"(함석헌전집3, 178쪽).

달라이 라마(Dalai-Lama) 역시 이러한 시각에 대해서 동일한 관점을 가지고 있다. "이는 큰 '전체'라기보다는 큰 '우리'입니다. 하지만 지금 우리는 아직 '우리'와 '그들'의 구분이 지배하는 체계 속에 살고 있습니다. 그리고 이 구분이 우리 정신 속에 깊이 각인되어 있습니다."[206] 통일을 위한 존재론적 인식은 우리와 그들이라는 이분 도식의 생각에

206 Dalai-Lama & Stephane Hessel, 위의 책, 37쪽.

서 벗어나야 한다. 큰 바탈 속에 있어서 우리와 그들은 모두 큰 우리라는 연대의식을 가지고 있지 않는 한 여전히 우리는 그들을 교화하고 선도하며 지배해야 한다는 관념을 가질 수밖에 없다. 우리가 알고 있는 존재론적 정보를 통해 그들의 세계를 점유, 혹은 전복해야 한다는 논리로 갈 때, 여전히 그 통일론에는 타자에 대한 우리의 우월한 의식을 투영하는 것이 되고 만다. 따라서 스스로 자기 이해를 먼저하고 자기의 이성과 정신을 진보시켜서 타자 이해의 방편으로 삼으며 바탈과 바탈이 소통되는 방향으로 통일을 모색해야 한다. 서로의 정신적 교류와 정신적 바탈이 서 있지 못한 상태에서 한나라를 이룬다는 것은 불가능하다. 무엇인가 통일의 매개체 역할을 해야 한다면 그것은 민족이 가지고 있는 정신적 산물을 민족의 진리로 받아들일 수 있는 것들이 있어야 하지 않겠는가. 함석헌이 말하고자 하는 논리는 무슨 종교를 내세우거나 심지어 그들에게 종교의식을 심어주자는 얘기는 더더욱 아니다. 역사를 돌아보고 민족의 의식을 하나로 이끌 수 있는 토대, 민중의 바탈이 될 수 있는 기반, 민족의 옷이 될 수 있는 정신적 기치가 무엇인가를 민족 공동체가 함께 고민을 해야 한다는 것이다(함석헌전집3, 179쪽).

남북의 분단은 하나의 과제이다. 함석헌이 말하듯이 "38선은 하나님의 질문이다. 하나님이라는 소리 듣기 싫거든, 역사의 질문"(함석헌전집3, 179쪽)이다. 현세대에게 주어진 과제는 단순히 정치적 행동이나 경제적 해법으로만 풀 수 있는 것은 아니다. 정부는 국가의 소통을 그런 식으로 해서는 통일을 가져올 수 없다는 인식을 해야 한다. 달리 말하면 통일도 역시 형이상학적 문제다. 그것을 간파한 이가 바로 함석헌인데, 남과 북이 분단되고 찢긴 것은 "한나"를 믿지 않았기 때문이라는 것이다. 하나-임, 모든 것이 하나에서 비롯된 정신적 산물이고 초월의 바탕 위에서 생겨난 국가요 민족이라는 생각과 신념을 가졌다면 과연 지금과 같은 민족의 숙제로 에너지를 소진하는 일이 있었겠는가. 따라서 통일은 이제 정치적 과제이기도 하지만, 정치로서는 한계가 있으므로 민중의 정신, 민중의 신념으로 해결해야 한다. 앞에서 말한 것처럼 인간의 정신적 진보를 신뢰하고 인간 안에 있는 정신적 힘이 나와서 통일을 해나가는 초월적 자아의 책임이 있어야 한다(함석헌전집3, 179-180쪽).

국가의 운명을 좌우하고 민족의 통일을 책임적으로 완수할 수 있으려면 통일의 진리는 민중 자신의 정신적 자기 계몽에 있다는 생각을 철저하게 해야 한다. 그러한 의지만이 민족의 공동체적 운명이자 과제인 통일을 이룩할 수 있는 것이고, 통일론의 허언이나 외설, 혹은 낭설과도 같은 선전문구가 아니라 모든 바탈, 전체로서의 우리가 함께 염원하는 진리가 될 수 있을 것이다. 그러기 위해서 필요한 것은 정신적 회개, 정신적 틀-바꿈, 마음의 전환이다. 나라가 분단, 분열된 것은 민족적, 세계정신의 죄악이고, 그 죄악의 결과로서 발생한 것이기 때문이다. 함석헌은 역설한다. "38선의 잘라짐은 불행이 아니요 죄악이다. 세계적 인륜적 큰 죄악이다"(함석헌전집3, 180쪽). 또 다른 문헌에서는 한반도의 분단 사건을 이렇게 언급하고 있다. "나라는 결코 물건이 아니요, 한 개 생명체다. 한 인격이다. 나라 땅과 국민과 주권은 서로 떨어진 것이 아니요, 하나다. 우리나라 땅을 절반으로 자른 것은 우리 3천만의 허리를 개개이 자른 것이요, 우리 한 사람 한 사람의 심장과 골을 반씩 자른 것이다. [……] 38선은 지리상의 선도 아니요, 정치

외교도 선도 아니다. 그것은 민족 역사의 선이요, 성격의 선이요, 우리 맘의 선이다"(함석헌전집4, 38, 42쪽).[207] 사실 하나의 나라가 둘로 나뉜다는 것은 세계사적, 세계 정신적 퇴보나 다름이 없다. 세계의 정신이 퇴락을 했기 때문에 욕망과 이기심으로 인해서 세계 인격이요, 민족의 인격이요, 정신 공동체인 국가가 소멸되거나 갈라지는 것이다.

따라서 세계 인격의 퇴락, 세계 정신의 퇴폐를 경험하고 있는 분단된 통일 국가를 회복하기 위해서는, 앞에서 말한 정신적 틀을 바꾸는 것 이외에 정신적 회개와 회심을 비롯한 같은 맥락의 "도덕적 자아비판"이 있어야 한다. 주변의 열강들에 의해서 나라가 갈라섰던 것에 대한 통렬한 책망과 함께 자기 자신에 대한 비판은 타자, 즉 북한의 정신적 회심과 더불어 일어나야 한다. 정신적 진보와 마찬가지로 정신적 회개, 틀을 바꾸는 것은 우리만 가지고 되는 문제가 아니다. 그들도 정신적 회개와 틀을 바꾸어야(함석헌식 표현으로, 합작을 해야) "인격적 통일"이 앞당겨 질 수 있다(함석헌전집3, 180-181쪽). 사상의 분단적 경계선을 무너뜨리고, 국민적 성격의 분열을 넘어서 이제는 남과 북이 서로 "영파"(靈波)를 느낀다면 하나의 바탈이요, 하나의 정신으로 되어 있다는 것을 공감하게 될 것이다. 그래서 정신적 회개는 사적 회개에 그치는 것이 아니라 국가적 정신의 회개요, 공적인 정신의 회개요, 전체의 정신적 회개가 되어야 한다. 인간의 정신적 진보를 믿는다면, 정신과 이성의 진보를 통하여 마음과 마음, 정신과 정신이 만나서 흐르게

207 조요한, "민족의 해방과 통일의 논리", 한국철학회편, 해방의 철학, 철학과현실사, 1996, 58쪽 참조.

된다면 반드시 통일을 이룰 수 있는 반응이 나타날 것이다(함석헌전집 3, 182-183쪽). 그러므로 북한의 정신과 의식은 무시하고 너무 남한에서만 일방적으로 밀어붙여서는 안 된다. "어느 한쪽의 변화는 다른 쪽의 변화와 "공기"(共起), 즉 함께 일어나기 때문이다."[208] 실천이 없는 통일의 인식과 논의, 그리고 이론의 양산에 골몰하여 많은 시간을 소진하는 것도 문제이다. 하지만 그럴수록 정치적 오류와 정신적 태만을 줄이면서 화해와 화평의 정신, 그리고 상호간의 정신적 진보를 앞세우되 서두르지 말고 지혜롭게 민족의 과제를 성취해야 할 것이다.[209]

2. 민족통일의 주체의식과 평화통일을 위한 조건

통일은 염원만 가지고 되는 것이 아니다. 통일이 진리와 실천의 영역에서 다루어지려면 그 통일을 하도록 만드는 주체를 상정해야만 한다. 통일이 문제가 되는 이유가 무엇일까? 그것은 항상 국가 주도적인 운동 혹은 국제적인 역학 관계에서의 운동이 전개되기 때문이다. 하지만 통일은 나라의 인격적인 분열이기 때문에, 그것을 해결하는 것도 인격적인 것이 아니면 안 된다. 세계정신의 퇴보와 퇴락이라면 더욱더 정신의 힘을 빌려서 통일을 이룩해야 한다는 것이다. 그래서 함

208 Dale S. Wright, 윤원철 옮김, 선불교에 대한 철학적 명상, 지식과 교양, 2011, 260쪽.

209 조요한, 앞의 책, 61쪽.

석헌은 통일의 주체를 말하면서 "우리가 통일이라 하는 것은 유기적 통일, 인격적 통일이다"라고 갈파하고 있는 것이다. 한 개인이 모여서 하나의 생명체가 되고 한 사람의 주체가 되듯이, 통일을 하는 주체는 인격의 자주성과 자아의식, 자존성을 가진 사람이어야 한다(함석헌전집3, 183쪽).

이러한 통일을 이끄는 세력인 백성, 즉 민중은 민주주의에서 차별 없이 똑같이 존재하는 순전한 인간, 맨 사람을 일컫는다. 또한 민중은 정신적 존재이며, 나 속에서 전체를 보고 전체 속에서 나를 보는 인간을 말한다. 곧 민중이란 전체의식을 가진 존재, 어쩌면 사심 없이 이념과 사익을 넘어서 전체를 생각하는 존재, 다시 말하면 초월적 존재임을 가리키는데, 그런 의식을 가진 사람이 아니고서는 통일을 할 수가 없다. 전체로서의 존재는 민중 자신을 고려하는 것이고, 각 주권자로서의 민중의 개별적 의지가 민중 전체의 의지, 즉 개별의지가 일반의지가 되는 것을 의미한다. 그럼으로써 통일은 사익이 아니라 공공의 이익을 위한 것이어야 한다. 따라서 "평균적 지성과 상상력"을 가지고 국가의 집단적 이기주의나 민중의 욕망에서 발현된 탐욕스런 국가주의를 넘어서지 못하는 통일, 평균적 인간의 비도덕성과 국가의 전체주의적 비인격적 통일(관)은 아픔과 고통만 안겨줄 뿐이다(함석헌전집3, 184-185쪽).[210]

함석헌이 말하고 있는 이른바 "정책적 활동"이라는 것이 일정한

210 Jean-Jacques Rousseau, 김중현 옮김, 에밀, 한길사, 2003, 836-837쪽; 손봉호, "현대국가의 권력과 이기주의", 복음과 상황 엮음, 하나님나라와 정치, 도서출판 두레시대, 1992, 49-68쪽.

공동체의 이익과 이념을 통한 통일을 두고 하는 말인 바, 그것을 넘어서 민중이 스스로 전체의식으로 무장할 수 있는 "종교"라는 것이 필요하다. 물론 여기서 말하는 종교란 특수한 초월적 존재를 믿고, 또한 초월적 존재에 의탁하여 자주적이지 못하고, 수동적인 존재를 말하는 것은 아닐 것이다. 함석헌이 말하는 종교란 좀 더 포괄적인 의미로 받아들여야 옳을 것이다. 이것은 민족정신을 함양하고 깊음이 있는 생각을 갖게 하는 그야말로 '매개체'로 보아야 할 것이다. 더 나아가서 그것을 통하여 자기 발견, 자기의 성찰을 가능하게 해주는 그러한 초월성을 지닌 '으뜸이 되는 가르침'[宗教]을 마음에 두고 있는 것이 아닐까. 우리 스스로, 아니 민중 스스로 자기 주체의식을 고양시키지 못한다면 그것을 가능하게 하는 매개체가 분명히 있어야 하는데, 함석헌은 그것을 종교라고 규정하고 있을 뿐이다(함석헌전집3, 184-185쪽).

그렇다면 그 다음으로 통일을 위한 조건들은 무엇인가? 함석헌이 지적하고 있는 몇 가지를 나열해보면, 먼저 '경제력'이다. 우리가 남북이 분단되고 통일을 하지 못하는 것은 경제적 자립을 하지 못해서이다. 그는 경제적 자립이 없이 정치적 자립도 어렵다고 주장하면서, 심지어 우리가 경제적인 곤란을 겪게 된다면 공산당이 들어설 것이라고 비판한다. 여기에서 함석헌의 공산당에 대한 혐오증을 발견할 수 있는 대목이기는 하나, 아마도 자신의 실존적 경험에서 비롯된 자기 확신이라고 볼 수 있겠다. 게다가 그러한 이념적 대립이 형성이 되는 이유는 결국 경제적 가난에서 비롯되는 것이니 만큼 분열과 분리를 넘어서 교류와 통일을 위해서라도 경제적 자립은 필연적이라는 것을 거듭 강조한다. 두 번째는 '사상'이다. 숭고한 정치적 이념, 즉 깊은 생각이 없으면 통일을 하기 어렵다는 것이다. 세 번째는 '성격'이다. 개인에서 더 나아가 민중의 성격이 통일 여부를 확정짓는다. 민중의 인격이 담보가 되어야 한다. 일관성 있는 처신들, 서로 신뢰감을 주는 평화로운 마음들이 통일을 앞당길 수 있다. 이는 사랑과 지혜와 용기의 세 가지 덕이 민중의 성격, 민중의 인품, 민중의 인격이 되어 주체적인 통일을 가져올 수 있다는 것이다. 우리 자신의 수양과 인격의 도야 없이 국제 정치적 흐름과 역학 관계에만 의존하게 되면 통일을 이루기 어렵다는 것이 함석헌의 지론이다. 통일을 위한 마지막 조건은 '신앙'이다. "스스로 사는 힘이 있고, 높은 이념이 있고, 고상하고 굳은 성격이 있어도 신앙 없이는 통일은 될 수 없고 또 이 세 가지 힘도 신앙 아니고는 길러지지도 않을 것이다. [……] 신앙은 변화하는 힘, 초월하는 힘이다. 다 각각 자기주장을 하고 자기 본위로 사는 개인들로 전체를 나타내게 하는 것은 신앙뿐이다"(함석헌전집3, 186–187쪽).

민족의 통일에 앞서서 민중 개인 혹은 전체로서의 민중의 마음을 통일시키는 힘이 있어야 한다. 그것이 꼭 그리스도교라는 종교적 신앙이 아니어도 상관없다. 함석헌을 그리스도교인이라 규정하는 것도 너무 단편적인 판단일 뿐이다. 그렇다고 그것을 넘어서 불교, 유교, 이슬람, 천도교 등의 신앙의 힘을 빌리자는 것도 아니다. 필자가 보기에 다만 통일을 위해서 민중을 변화시키는 매개체, 정신적인 힘의 근원, 초월적인 결집체, 사심이 없는 마음을 갖도록 하는 '뜻'(형이상학, 초월자, 역사)을 암시하고 있는 것이 아닌가 싶다. 그렇게 보는 이유는 우리가 통일을 하기 위해서 자칫 그리스도교적인 신앙체계가 기초가 되어야 한다는 논리로만 가자면 일정한 종교적 신념으로 무장된 종교 국가를 전제로 할 수밖에 없는데, 함석헌의 전체 논지로 볼 때, 그가 그렇게까지 그리스도교적인 신념을 강요했다고는 볼 수 없기 때문이다. 따라서 여기서 말하는 신앙이란 민중을 규합하는 통합적 실체-그것을 '뜻'으로 본다면-혹은 이익과 상관없이 전체를 움직이게 하는 모티프나 에너지 같은 것으로 보는 것이 나을 것이다. 이를 테면 그것을 '법칙', '양심', '성찰', '보편의지' 등으로 표현할 수도 있겠다. 그를 방증하는 것이 "통일이 되려면 민중의 가슴도 뜨거워지고 민중이 움직여야 될 것만은 분명한 사실이다. 통일은 정치가가 할 일이 아니요 민중 전체가 할 일이다"라는 데서 알 수가 있다. 마음을 뜨겁게 하고 민중을 규합하는 것은 오직 어떤 신앙과도 같은 것이 아니면 안 된다(함석헌전집3, 187쪽).

통일 주체인 민중의 마음이 움직이기 위해서는 여론과 정견이 통일이 되어야 하고, 정신과 육체가 통일이 되어서 인격이 통일이 되어야 한다. 여기에서 함석헌은 다시 한 번 초월자의 믿음을 상정한다. 초월자에 대한 믿음이 통일의 근본이 된다는 것이다. 인간과 초월자가 일치해야 통일을 이룰 수 있다는 함석헌의 논리 속에는 통일의 바탕이 되는 힘, 절대적 주체를 향한 일치된 민중의 마음이 중요하기 때문일 것이다. 민중이 통일을 염원하는 마음은 종교와도 같고, 그 지향성은 초월자에게 의탁하는 믿음과도 같은 것이다. 그래서 분열, 분리, 구별된 마음을 모든 민중들의 공통적인 정신의 실체인 초월자를 상정하고, 그 초월자는 모든 민중들의 정신 속에 깃들어 있다고 주장한다(함석헌전집3, 187-188쪽). 그의 이러한 통일론의 형이상학적 지론이 자칫 종교와 부합된 운동으로 전개되는 듯이 보일 수도 있지만, 그의 저의는 아마도 외부적 통일을 위해서는 민중의 내부적, 내면적인 통일이 먼저이어야 하고, 그러기 위해서는 어떤 통일된 마음을 갖도록 만드는 힘이 필연적이라고 강조하고 있는 것이다.

그런데 이보다 선결해야 할 화급한 문제가 놓여 있다. 그것은 세계 평화의 문제이다. 함석헌은 세계 평화가 실현되지 않는 상태에서 민족의 통일을 앞당길 수 없다고 본다. 민족의 통일이 빨리 오도록 하려면 먼저 세계 평화 운동을 전개해야 한다고 주장한다. 하나가 되는 평화의 지구를 정착시켜야 하는 이유는, 한반도의 분단이란 결국 세계의 분단이기도 하다는 데에 있다. 우리나라의 남북 분단의 경계는 세계의 경계, 갈라진 금이라는 것이다. 그럼에도 우리가 평화를 일구어 내려면 절대적 폭력주의나 분노, 원망, 미움, 원수 갚음이 아닌 절대적 평화주의적 전략을 구상해야 한다. 무력이나 전쟁, 강압과 강제는 안 된다. 민족의 새 동원령을 내려 평화적 사도가 되어야 한다는 것을 외쳐야 한다(함석헌전집3, 188-189쪽).

그렇다면 평화 통일을 위한 일꾼이 되는 데 절대적으로 필요한 것은 무엇인가? 그것은 정신이다. 통일을 위한 정책적 토론보다도 중요한 것은 민중의 정신적 능력이다. 남과 북이 서로 적대적인 타자로 단정 짓고 자신들이 가진 힘을 내세워 겨루기를 하려고 한다면 통일은 흔적도 없는 거짓된 진리가 되고 말 것이다. 힘겨루기나 전략적 비교가 아니라 양심적 상호 화해의 분위기를 만들어 나가는 것이 급선무이다. 어떠한 정신으로 상대를 바라보느냐에 따라서 민족의 통일 여부가 결정된다. 그러므로 정신의 중립지대가 있어야 한다. 정신적 중립지대란 남과 북의 주의(ism)를 넘어서고 반공논리를 벗어나는 데서 출발한다. 가능한 한 통일을 위해서 타자를 새로운 시각으로 번역하고 해석할 수 있는 제3자적 지위와 해석학적 입장이 정신적 중립지대가 될 수가 있다. 그런 의미에서 함석헌은 제3자적 해석학적 지위론을 주장한다. 공산주의니 자유주의니 하면서 서로 자기 입장을 고수함으로써 다른 한쪽을 제압하거나 흡수하는 통일론을 내세우는 것이 아니다. 그는 오직 진정으로 타자를 참과 사랑으로 대하게 될 때 평화 통일이 이룩된다고 굳게 믿는다. 민족 통일은 마법과 같은 것이 아니다. 무슨 신비적인 힘에 의해서 이루어지는 것도 아니다. 다만 미리 준비하면서 다양한 분야에서 생각하고 통일을 위해 교류, 협력, 화해할 뿐만 아니라 민중의 정신을 규합하고 일치시키는 것, 그것이 곧 통일의 수사학과 통일의 보편적 의지를 현실화시키는 길이 될 것이다(함석헌전집3, 189–191쪽).[211]

3. 민족통일의 인식과 상호인정주의

함석헌의 한국전쟁과 민족통일에 대한 인식은 세계정세를 읽어내는 탁월한 시각에서 비롯된다. 그 당시 강대국이었던 구소련과 미국 사이에서 지리적·전략적 위치 때문에 한국전쟁이 일어났을 뿐만 아니라, 자신들의 이익을 위해서 타국을 역사적으로, 민족적으로, 지리적으로 분단을 야기했다는 것이다. 그는 이러한 역사적 사건을 필연이

211 손규태, 한국 개신교의 신학적–교회적 실존, 대한기독교서회, 2014, 360쪽.

요, 역사가 그은 금[線]이라고 해석한다(함석헌전집1, 289쪽). 그의 역사인식과 한국전쟁에 대한 인식은 세계사적 관점에 의한 역사 해석을 통하여 이루어진 비판이라 할 수 있다. 그가 이렇게 말할 수 있는 것은 그의 세계사적 지평과 세계 해석학적 지평이 맞물린 것이라 볼 수 있다. 강대국의 국가 이익에 의해서 발생된 민족의 수난을 반드시 민족적 시대 인식과 존재 방식이 아닌 주변 강대국의 힘과 작용점에 의해서 발화되었다는 것은 민족과 세계를 좀 더 거시적인 안목에서 조명하고 있음을 알 수 있다. 그러면서도 민족적 책임이 전혀 없다는 것이 아니라 다만 미국의 민주주의와 구소련의 공산주의 사이의 이념적 대립에서 빚어진 "현대문명의 낙제선"(落第線)이라고 단언한다(함석헌전집1, 290쪽).

하지만 이 역사적 필연은 결국 하느님이 그은 금이라는 해석을 하면서, 동시에 38선 조차도 초월자가 민족을 위해서 낸 시험 문제, 민족의 숙제라고 말한다. 전쟁의 결정론적·숙명론적 해석 같지만, 함석헌의 주장은 한국전쟁과 민족분단은 세계사적 지평에서 볼 때 주변정세를 잘 읽지 못한 우리들에게도 책임이 있다는 것을 시사하는 것이다. 또한 그와 같은 희생과 변화들이 역사적 흐름 속에 있었다는 것을 강력하게 논하고자 한 의지를 엿볼 수 있다. 따라서 초월자가 낸 숙제는 다름이 아니라 바로 남과 북을 해방시키고 역사의 연합 운동에 동참, 갈라진 분단의 선을 넘을 수 있는 역량이 있는지 없는지를 시험하기 위한 것이다. 문제는 통일과 자유에 대한 인식이다. 그것 없이 한국전쟁에 대한 자성이 무의미하며 민족분단의 수난에 대한 진정한 의미를 깨닫지 못할 것이다. 그것을 고난이라고 생각하고 민족의 자기 인식과 자기 위치를 확인하고 "대동"(大同)으로 이끌 수 있어야 한다. 다시 말해서 민족의 "고난의 철학"을 분명하게 보편의지로 확장시켜야 한다. 그럼으로써 민족이 갖고 있는 허울, 좌절, 과오, 상처 등을 극복하고 오로지 하나의 나라, 새로운 나라가 되어야 한다는 생각을 품어야 한다. 우리는 "38선이 민족의 가슴을 쪼갠 금"이라는 것을 명심해야 한다(함석헌전집1, 290-291쪽).

개별의지로 보아도 민족의 분단은 있을 수 없는 부조리이다. 그렇다고 해서 민족의 통일이 일방적인 무력이나 완력, 어떤 힘을 가지고 될 수 있는 것도 아니다. 민족의 봉합은 이성과 도리, 천리(天理)와 본성으로 해결해야 한다. 민족이 하나가 되려고 하는 의지는 개별의지가 아니라 일반의지, 민족의지이자 하늘의 의지임이 틀림이 없다. 그것은 본래적인 것이다. 서로 이질적인 삶과 사유로 일관해왔다고 하더라도, 그 이질적인 것이 천리가 될 수는 없다. 이질적인 존재와 체제는 이제 서로 화해와 일치로 통일이 되어야 할 때다. 민족의 개별 실존들이 각자 통일에 대한 열망을 가지고, 민족의 생사는 곧 개별 실존들의 통일 인식에 달려 있다는 일념과 어떻게 하면 서로 생명과 삶을 지향할 수 있는가를 각성한다면 민족의 통일은 결코 요원한 것만은 아니다. 우리의 본성은 나누어짐, 분열, 찢김, 불통에 있지 않다. 외려 내부의 분열이 민족의 통일을 더 어렵게 만든다. 파벌과 당파, 그리고 이념적 갈등과 쟁투가 통일을 위한 생명 논리에서 자꾸 벗어나게 한다. 민족의 일반의지는 스스로 계몽되어 하늘(초월자)에서 참된 통일의 이치를 찾고, 역사로부터 통일의 교훈을 얻을 수 있을 때, 그것이 민족의 통일정서로 자리매김을 할 수 있는 것이다. 그것이 없다면 다시 전쟁과 분열,

그리고 분단의 비극을 초래할지 누가 알겠는가(함석헌전집1, 292쪽).

사회학자 앤서니 기든스(A. Giddens)가 적시한 것처럼, 오늘날 사람들은 거리가 소멸되고, 거리를 초월한 하나의 세계에서 살고 있다. 세계화에 따른 여러 가지 양상들이 나타나고 있는 바, 그는 상호문화주의(interculturalism)을 주창하면서, 시간과 공간을 초월한 인간의 삶 안에서 어떻게 하면 낯선 문화 집단의 자리를 찾아줄 것인가를 고민해야 한다고 했다. 하지만 그보다 더 중요한 것은, 상호문화주의란 공적 공간의 확보이면서 동시에 그것을 구축하기 위한 협상과 대화의 과정에 집중해야 한다는 주장을 제기하였다.[212] 앤서니 기든스의 논리를 우리의 통일에 대한 논의에 적용해 본다면 흥미로울 것이다. 이미 세계화의 추세에 따라 시간의 제약과 공간의 거리를 넘어서 인간이 이동하고 문화가 인정받기에 이르렀다. 그러한 상황에서 일정한 공간 안에서의 문화적 지위를 위해 서로 협력하고 의사소통을 나눈다는 것이 매우 중요하다. 마찬가지로 우리의 민족통일의 문제 역시 어떻게 하면 서로의 독특한 시공간의 자리 안에서 체제, 이념, 사상, 언어 등을 이해하기 위해서 노력할 것인가 하는 '상호인정주의'가 필요하다. 앤서니 기든스가 부르짖은 상호문화주의를 넘어서 타자의 자리를 자신의 시공간에 받아들일 수 있는 배려와 상호인정이 민족통일로 가는 물꼬를 트는 자세가 아닐 수 없다. 이것은 민족통일이 관념이 아니라 의사소통을 통한 현실, 관계의 해방이라는 측면에서 다루어야 할 문제임에 틀

212 Anthony Giddens, 이종인 옮김, 유럽의 미래를 말하다, 책과함께, 2014, 171-193쪽.

림이 없다.

그러한 차원에서 민족통일은 상호간의 의사소통적 이성을 통한 하나된 민족정신의 구현이라고 말할 수 있겠다. 그것을 가능하게 하는 기구 혹은 매개체가 바로 '유엔'이다. 함석헌은 이를 두고 "유엔은 인류 이성의 표지이다"라고 확언한다. 국제기구를 통해서, 즉 국제이성을 통해서 자신만을 생각하는 이기적인 태도를 넘어서 타자를 생각하는 정신으로 나아갈 수 있는 길이 생긴 것이다. 국가와 국가 사이에 이성이 개입되면서 인도적, 민족자결주의적, 국제협조적인 관계가 가능하게 되었기 때문이다. 통일에도 이성이 반드시 필요한 이유가 바로 여기에 있다. 통일의 인식은 통일이성이라고 하는 지성적 사유와 행위를 통해서 형성되어야 하며, 상호간의 본능적 이익을 포기하고 오로지 보편적인 통일이성에 호소해야 한다는 강한 신념이 있어야 한다. 국제기구의 이성이 성숙되면 될수록 세계가 곧 하나라는 인식이 확장될 것이고, 그것이 민족통일을 이룩하는 데 교량 역할이 될 것은 두말할 필요도 없을 것이다(함석헌전집1, 293-295쪽).

민족통일을 구현하기 위해서는 과거의 세계관, 국가관, 인생관, 역사관을 버려야 한다. 대립과 갈등, 반목의 상징이 되었던 모든 시각과 관점을 내버리고 새로운 문화, 새로운 사유가 나와야 한다. 그것은 자기와 타자, 그 어느 누구도 승자도 패자도 아니라는 인식, 곧 중도, 제3의 자리, 한길, 중심을 의미한다. 통일을 위해서는 양극단에 치우치면 안 된다. 만국, 만민, 만물, 만신이 하나의 길로 가는 것을 뜻한다. 주변 강대국 어디에도 속하지 않고 편들지 않으면서 자신의 길, 하나의 길로 나아가는 것만이 살 길이다. 하나의 민족이라는 인식과 자기주장이 없이는 통일의 의지를 민족의 공통의지로 만들 수가 없기 때문에, 외압과 외세에 의한 분열의지에 대해서는 강력한 부정을 할 수 있어야 민족 공동의 통일의식을 현실로 승화시킬 수 있다. 다시 말해서 그것은 분열의지, 분열의식이 아니라 일치의지, 일치의식이 민족의 공동 성격으로 자리 잡아야 한다는 것이다. 따라서 함석헌이 강한 어조로 말하고 있는 "비폭력주의, 평화주의, 세계국가주의, 우주통일주의"가 민족통일의 노선이 되어야 한다. 무력도 아니요, 전쟁도 아니요, 국경이 아니라 세계는 하나라는 강한 신념과 믿음만이 물리적인 금[線]을 걷어낼 수가 있을 것이다(함석헌전집1, 295-297쪽). 이는 칸트(I. Kant)의 『영구평화론』과 같은 맥락에서 이해할 수가 있다. 정규군을 폐지한다거나 한 국가가 다른 국가의 체제나 정치에 개입해서는 안 된다는 입장이 평화를 지속하고 분단된 국가에게는 통일을 가져올 수 있는 이성적 방법이 될 것이다.[213]

앞에서 언급한 앤서니 기든스의 "세계주의" 현상이나, 함석헌이 말하는 "하나의 세계"라는 주장은 같은 논리를 가지고 있는 것이다. 세계가 하나라는 사상은 관념이 아니라 하나의 현실이고 실체이다. 모세가 가시떨기 나무 앞에서 신발을 벗었듯이 통일을 위한 모든 수단과 방법을 강구하기보다 중도, 중심, 하늘의 마음을 민족통일의 바탈로 삼아야 한다. 수단과 방법은 인위이지만 중도, 중심, 하늘의 마음은 자연이다. 자연이 우주의 질서에 따라 변하듯이, 민족통일 역시 새로운

213 I. Kant, 이한구 옮김, 영구평화론-하나의 철학적 기획-, 서광사, 2008, 16-19쪽; 강성률, 한 권으로 읽는 서양철학사 산책, 평단문화사, 2009, 232쪽.

때, 새로운 시기, 새로운 날의 도래를 기다려야 할 것이다. 오늘을 제대로 해석하고 내일을 전망할 수 있는 눈이 요구되듯이, 통일의 때를 품지 않은 역사가 있을 수 없고, 거기에는 민족의 내일이 있다고 말할 수 없기 때문이다(함석헌전집1, 298-300쪽). 통일에 대한 감각은 미래에 대한 예언과 예측에 있다. 세계주의로 향하고 있는 대세를 파악하지 못하는 민족이 과연 민족통일을 보편의지로 승화시킬 수 있을 것인가 하는 의문이 제기될 수 있다. 세계주의, 세계는 곧 하나라는 흐름은 단순한 혈거주의(血居主義)를 말하는 것이 아니라, 지금의 남과 북, 북과 남이 과거와 화해를 하고 하나의 민족으로서의 동일화로 진보해야 한다는 당위성을 갖게 해주는 것이다. 더 나아가 민족통일을 위한 보편의지의 지각과 열정이 통일을 위한 정신과 철학을 더욱 견고하게 해줄 것이다.

5장

함석헌의 여성인식과 미의식

5장

함석헌의 여성인식과 미의식

함석헌의 여성 편력에 대한 해석과 구설수는 아직도 학계에서는 논란의 여지가 많다. 그 해석과 경험의 단층이 절대적일 수 없는 것은 분명한 사실이다. 학문의 객관성과 신뢰성이 문헌을 통한 연구를 통해서 확증되고 승인된다는 기존의 상식에 준한다면 그의 여성관과 미에 대한 인식론은 철저하게 입증된 자료와 사료에서 출발해야 한다. 세기의 신학자 루돌프 불트만(R. Bultmann)조차도, 해석은 전제 없이 불가능하다고 주장한 점에 비추어 본다면, 한 인물의 해석과 평가는 사견과 상황, 시각과 감정 등 다양한 요소들을 고려하지 않을 수가 없다. 더군다나 함석헌의 철학과 사상, 특히 여성관과 미의 인식론은 시대적 맥락에서 요청된 발언과 서술이라는 점에서 상대주의적 해석을 띨 수밖에 없다. 시대적 상황과 해석학이 그때 거기에서는 절대적이지만, 지금 여기에서는 상대적이며 해석의 다양성, 즉 원근법적 해석학(Perspectivism)으로 바라봐야 한다.

그러한 시각에서 함석헌은 여성의 미와 선을 분리해서 파악하고 이해해서는 안 된다고 주장한다. 아름다움의 결정체는 선과 맞닿아 있다는 것을 말하는 것이지만, 그렇다고 도덕주의적인 미인식론, 즉 미 혹은 예술이 도덕의 시녀 역할을 한다는 의미는 아닐 것이다.[214] 여성미의 형식인 몸 혹은 육체적인 아름다움이 아니라 내면적, 정신적인 아름다움이 진정한 미의 질료라는 것을 명확히 한 것이라 볼 수 있다. 흔히 말하는 여성의 몸적 대상성은 관심의 대상이 아니다. 여성의 정신세계, 내면세계가 무관심의 관심성이요 무목적성의 목적성으로 설명하고 있는 것이다. 이것은 자칫 여성이 미적 오브제로 전락할 수 있는 가능성을 차단하고 좀 더 본래적인 미적 가치를 규명하려는 함석헌의 의지가 표명된 것이다. 몸적 대상성은 단순히 미적 오브제이기 때문에, 미의 자본화, 미의 사물화, 미의 노예화, 미의 종속화까지도 초래할 수도 있다. 남성적 시선에서 자유로울 수 없는 미의 획일성을 넘어서 여성의 미적 질료 혹은 내용이 하나의 '가능세계(possible world)'를 제시할 수 있는 차원으로 풀이한다. 지금 여기에는 없지만 미의 이념인 선을 현실화시킬 수 있다는 강한 신념은 여성의 미적 인식을 통하여 새로운 삶의 세계와 인간 세계를 그리게 한다.[215]

더 나아가 여성의 의상은 단순히 몸치장이나 외형적 겉꾸밈의 수단이 아니라 오브제로서의 몸을 상대화하고 인격과 도덕의 본질을 함양하는 매체가 되어야 한다. 의상도 사유의 한 형식이다. 미적 감성을

214 김문환, 미학의 중심, 서울대학교출판부, 2002, 80-81쪽.

215 박이문, 예술철학, 문학과지성사, 2006 참조.

완전히 배제하고 의상을 논한다는 것이 불가능할지라도, 개별적이고 특수한 인간의 몸적 대상성을 자극하고 표현하는 또 다른 오브제가 아니라는 것이다. 함석헌은 여성의 몸적 대상성과 여성 자신을 위한 자유미(혹은 순수한 취미 판단; pulchritudo vaga; free beauty)가 아닌 부수미(附隨美, pulchritudo adhaerens; dependent beauty, 일종의 응용적 취미 판단)보다 자연과 일치된 인간의 생태미학적 차원을 거론하고 있음을 알 수 있다. 자연을 모방한 여성의 인격이 아름답다는 논리는 인간의 미와 우주의 미가 일치되는 미의 형이상학적 기준을 마련하고 있는 것이다. 그뿐만 아니라 함석헌에게 있어 여성의 아름다움은 종교성으로까지 고양되어야 한다. 함석헌은 여성의 아름다움이란 곧 예수에게서 내면의 아름다움과 자연과 일치된 삶을 추론할 수 있다고 생각한다. 남성의 시선에 길들여진 미가 아니라 여성 자신에 의해서 만들어 나가는 미의 원형, 미의 이데아는 우주와의 조화, 종교적 궁극의 인물인 예수에게서 발견해야 한다. 물론 그가 미를 모방(mimesis)의 차원으로만 생각한 것은 아니다. 미메시스의 목적은 결국 여성 자신이 주체적인 인간, 본래적인 인간이 되기 위한 것이다. 여성의 몸적 대상성, 미적 오브제와 물화(Verdinglichung)를 극복해야 하는 까닭이 여기에 있다. 동시에 남성/여성의 미를 또 이분화하거나 남성에 의한 여성의 미, 여성에 의한 남성의 미가 아니라 보편적 인간으로서의 아름다움을 형성하기 위한 끊임없는 노력이 경주된다. 그럼으로써 여성 자신은 스스로 창조적인 미적 세계를 개척하고 주체적이고 독창적인 삶을 살아 나가도록 해야 할 것이다.

1. 함석헌의 여성관과 미적 이념

함석헌의 여성에 대한 이해는 저작집을 통해서 잘 나타나 있지 않다. 간간이 드러나는 여성관은 지극히 단편적이라 그의 생각을 오롯이 표현했다고 말할 수 없다. 하지만 이화여자대학교에서 1949년에 강연을 한 내용을 토대로 정리를 해보면 몇 가지 단면을 알 수가 있을 것이라 본다. 우선 그는 여성의 아름다움을 사랑, 곧 불쌍히 여기는 마음이라고 말한다. 그러므로 선과 미, 미와 선이 서로 다른 것이 아니라는 것이다(함석헌전집5, 57쪽). 일찌감치 이와 같은 미에 대한 인식은 그리스 미학에서 칼로카가티아(kalokagathia)로 설명하고 있다. 미(美: Kalos)이면서도 선(善: Agathos), 즉 아름다움이라는 가치가 도덕성과 연결되어야 함을 암시하고 있는 것이다. 여성의 아름다움이란 단순히 외모나 몸매에 있는 것이 아니라 바로 도덕적 성숙에 있다는 것을 반증하는 것이리라. 조금 논의에서 빗나가는 얘기가 될 수 있지만, 고대 그리스에서는 칼로카가티아는 지배 계급과 철학자들에게 여가를 통해서 이루어질 수 있는 것이었다. 여가가 있는 사람만이 지혜에 이르고 내면적 자유를 획득할 수 있었던 것이다. 따라서 칼로카가티아의 가치는 노동의 산물이 아니라 일종의 정신적 활동의 산물로서 여겨졌다고 볼 수 있다.[216]

이와 관련하여 생철학자 빌헬름 딜타이(W. Dilthey)는 이런 주장을 내놓았다. "시인의 세계는 그 자체가 하나의 정합적 체계를 이루고 있

216 Arnold Hauser, 백낙청 옮김, 문학과 예술의 사회사1, 창작과비평사, 1999, 162쪽.

는 과정으로서, 우리의 삶과는 그 어떤 인과관계에 서 있지 않다. 그래서 거기서의 시인과 그 독자의 활동은, 쉴러(F. Schiller)가 이미 옳게 본 것처럼, 마치 놀이(Spiel)와 유사하다. 일상에서 우리가 벌이는 목적적 삶들은 죄다 진지한 것들이거나 아니면 노동이다. 반면, 합목적적 삶으로부터 벗어나서, 심적 삶의 구조를 좀 더 밝은 활동들로 바꾸는 그러한 법칙만을 따르는 것이 바로 놀이다. 나날의 서민 생활은 고달픈 일들로 채워지고 마음은 종종 정처 없이 그리로 빨려 들어가지만, 놀이는 우리 마음을 그러한 질곡으로부터 해방시켜 준다."[217] 딜타이의 논지를 충실히 따른다면, 칼로카가티아는 인간의 순수한 놀이의 산물인 셈이다. 그렇다고 하더라도 칼로카가티아는 노동의 저주나 폄하가 아니다. 다만 육체적 활동이 멈춰진 순간의 정신적 에너지의 도덕적 승화가 빚어낸 조화이다.

함석헌이 말하고자 하는 것도 바로 그러한 여성의 아름다움에 대한 이상론에 있다고 할 것이다. 다시 말하면 그는 여성이 아름다우려면 적어도 도덕적, 정신적 성숙에서 비롯되어야 한다는 것을 강조한 것이다. 이는 그가 어머니에 대한 회상을 피력한 다른 원고에서 발견이 된다. 자신의 어머니가 한 번도 무당을 불러서 굿을 하지 않았던 것은 그녀가 이성적 인간이었기 때문에 가능하였다는 점을 든 것, 어머니를 두고 "끊임없이 올라가자는 뜻의 사람"이었다고 평가한 점은 여성이 어떠해야 한다는 그의 내면을 읽게 한다(함석헌전집4, 300-303쪽). 이것은 단지 어머니에 대한 표상이나 기억을 의미하는 것을 넘어

217 W. Dilthey, 이기홍 옮김, 정신과학과 개별화, 지식을만드는지식, 2008, 97쪽.

서 이성적인 여성, 뜻을 가진 여성이야말로 진정한 여성상이라는 것을 제시하고 있는 것이다. 그러한 것을 잘 표현한 강연 한 구절을 인용해 보면 다음과 같다. "먼저 피차에 껍질을 벗어야 한다. 너희의 너희 이상으로 잘 뵈잔 모든 허영심의 화장을 긁어치우라. [……] 내가 바라는 것은 바람에 나풀거리는 너희 치마폭이 아니다"(함석헌전집5, 58쪽). 그런 의미에서 그의 여성 이해는 여성의 심미성을 육체적인 매력 혹은 몸적 대상성에다가 가두려는 것에 대한 거부였다.

그는 여성의 이성, 여성의 형이상학, 미적 경험은 마음, 곧 심장에 있음을 거듭 밝히고 있다. 만일 외형적인 심미적 가치의 척도를 옷에 있다고 인식하는 여성들이 있다면, 그것은 아름다움의 진정한 실체가 아니다. 그러면 무엇이 진정한 아름다움이란 말인가? 함석헌은 "앎답"다, 즉 남이 알아줄 만한 가치가 있는 것을 아름답다고 정의하고 있다. 그 알아줄 만한 가치, 미의 척도는 실용적 가치가 아니라 "조화"에 있다. 하나 되는 것이 조화다. 이는 전체가 서로 어울려 어긋나지 않은 상태를 일컫는다. 옷의 조화는 결국 부분이 어우러져서 전체가 하나 되는 모양이어야 한다는 것을 뜻한다. 더 나아가서 조화란 배경과 어울려야 한다. 옷이 탈마법화가 되려면 유기적 관계에 놓여 있어야 한다. 그렇지 않으면 부조화 속에 배경과도 부합되지 않는 불쾌한 감정이 생길 수 있다. 왜냐하면 옷 또한 사유의 수단이기 때문이다. 함석헌은 그 배경을 도덕 정신과 무한한 종교적 애탐에서 찾는다. 우리가 미적 오브제에 대해서 아름답다고 느끼는 것은 우리 안에 도덕심 혹은 종교심이 있기 때문이라는 것이다(함석헌전집5, 58-60쪽). 어떠한 관념이나 삶의 규정적 시각을 가지고 있느냐에 따라서 대상이 달라보인다는 얘기를 하는 것인데, 결국 그가 말하는 것은 미란 외면이 아니라 내면이라는 것을 말하고 있다.

함석헌은 여기에서 인생의 미적 가치를 논한다. "옷만 아니라 인생 그것이 곧 한 개 예술 아니냐? 그림을 그리고 시를 쓰고 조각을 새기는 동안에 그것들이 도리어 우리 혼의 얼굴을 그려내고 써내고 아로새겨내고 있지 않느냐?" 이것은 빌헬름 딜타이가 말한 "예술은 삶을 묘사해준다"는 말과 일치한다(함석헌전집5, 60쪽).[218] 예술은 삶을 무한히 증폭, 확장시킨다. 마찬가지로 패션미학 혹은 복식예술조차도 삶의 한 차원으로서 무한한 미적 체험을 가능하게 해준다. 그렇기 때문에 함석헌은 사람이라는 존재도 우주적 배경 속에서 보아야 한다고 신비적, 관조적 미학을 설파하는 것이고, 나아가 '개체는 곧 전체의 한 예술적 표현'이라고 주장하고 있는 것이다. 그것이 복식이 되었든, 삶이 되었든, 우리의 삶의 영역과 전혀 관련이 없다고 단정 지을 수 없다. 우리가 가진 시각적 직관 속에서 개별적 존재로서의 인간과 하나의 오브제를 바라볼 때에 그것은 개체 하나만을 보는 것이 아니라 우주 전체 내에서의 개체를 보는 것이기 때문이다(함석헌전집5, 60쪽). 따라서 미적 가치나 미적 체험은 삶의 시야를 한없이 열어 밝혀준다. 실존이 가지고 있는 체험의 한계를 극복하는 것은 예술이 가지고 있는 특수한 지평, 감성의 능력에서 비롯된다. 함석헌은 여성의 복식미학으로부터 바로 우주의 존재론적 미학, 삶의 미학의 해석학적 영역으로까지 확장시키고 있다는 점에서 여성을 한갓 육체적 범주로 묶어두려 하

218 W. Dilthey, 위의 책, 100쪽.

지 않고 해체, 해방하고 있다.

주체가 오브제를 인식하는 감성의 배경, 감성적 인식의 장이 어디냐 하는 것도 매우 중요하다. 정몽주가 인식하는 님과 창녀가 인식하는 님이 다르다는 비판이 그것인데, 이는 예술이 시대를 뛰어 넘어 항상 미적 체험을 가능하게 할 수 있어야 한다는 전제에서 출발한다. 정몽주가 읊은 시어와 창녀가 읊은 시어가 가지고 있는 맥락과 감성적 인식의 장이 불일치하는 것은 그가 가진 인격의 장, 역사의 장이 다르기 때문이다. 함석헌이 여성의 매춘이라는 특수한 삶의 양식을 폄하하는 것은 아닐 것이다. 다만 그가 처한 역사적 배경과 역사적 직관, 그리고 역사적 관조의 자리가 다르면 미적 인식 또한 다를 수밖에 없다는 논리이다. 함석헌은 아름답다라는 기준에 함량이 미달되지 않으려면 적어도 여성이 역사적 인식과 감성적 인식의 장이 일치되어 바라보는 자신의 자리가 어디인지 분명히 알아야 한다는 것을 역설하고 있는 듯하다. 이것은 "사람의 인격의 아름다움도 그 사는 자연·사회·역사·정신적 체계를 배경으로 삼고서만 이루어질 수 있는 것이다. 곧 제 한 몸을 제 소유로만 알 것 아니라, 커다란 사회적 역사적 배경 속에 자기 자신을 놓는 사람인 담에야 위대한 아름다움을 나타낼 수 있다"는 말 속에서 그의 뜻을 좀 더 분명하게 간파하게 된다(함석헌전집5, 61-62쪽).

하지만 함석헌의 미적 인식의 배경은 여기에서 그치지 않는다. 사회, 역사적 배경보다 더 우선시해야 하는 것은 우주적 배경, 우주의 존재론적 자리에 대한 감성적 인식이다. 진정으로 아름답고자 한다면 우주, 즉 자연과 하나가 되어야 한다. 아예 자연과 일체가 되어서 녹아져야 한다. 일체가 된다는 것은 우주, 자연 속에서 자신을 발견한다는 의미다. 인간이 참으로 아름다울 수 있을 때는 자연과 더불어, 자연 안에 있을 때이다. 인간 자신의 본성이 자연에서 비롯되었으므로 인간은 자연을 닮아야 하고, 자연의 아름다움을 배경으로 자신의 아름다움을 가꾸어야 한다. 달리 말하면 인간의 위대함의 탈은폐성은 자연 속에서나 가능하다는 것이다. 자연은 인간의 아름다움의 원천이자 근원이다. 단순히 미메시스(mimesis)로 끝날 문제가 아니다. 인간의 아름다움의 모티프를 자연의 미메시스로 국한시킨다면 그것은 아름다움 그 자체의 우유성(偶有性, accident)에 지나지 않을 것이다. 그러므로 진정한 아름다움, 곧 여성의 아름다움은 자연에 대한 감성적 인식에 따라 시인이 될 수 있을 때 발현된다. "참 사람은 자연히 시인이다. 시란 곧 참이다. 참의 말이 시다"(함석헌전집5, 62쪽). 마찬가지로 "표현예술의 전형적 지각은 시인으로 하여금 자신의 경험들을 시적으로 표현할 수 있도록 해주고, 그리고 사고를 통해 그러한 경험들에로 침투해 들어가 그 의미를 파악할 수 있도록 해준다. 그래서 시는 인생 경험이 풍부한 사람들을 만족시킬 수 있는 것이다."[219] 우리는 이와 같은 시인의 감성을 가지고 대자연과 동화되며 동일시되는 그때 나의 이성과 감성, 그리고 영성이 아름다움으로 승화되며 삶의 경험 역시 형이상학적 가치와 도덕적 이상으로 이행될 수 있을 것이다.

219 W. Dilthey, 앞의 책, 101쪽.

2. 우주와 종교미학적 지평 안에서의 여성인식

여성이 아름다울 수 있는 것은 앞에서 말한 것처럼, 그가 단순히 몸적 대상성을 가지고 있기 때문이 아니다. 더욱이 여성의 몸이 아름다움의 전유물처럼 평가를 받는 것 또한 원치 않을 수도 있다. 그런 의미에서 본다면, 함석헌이 우주적 지평에서 여성의 아름다움을 논한다고 하는 것은 인간의 미적 가치를 보편적으로 확대하고 있는 것이다. "아름답고 싶거든 산 위에 서야 하고, 바다 앞에 서야 하고, 하늘가에 서야 한다. 현실의 평지를 높이 떠난 이상의 높은 봉에 설 때, 그리하여 햇빛이 그 강한 광선으로 너희 두 빰에 키스할 때, 그때는 너희가 분을 발랐거나 연지를 찍었거나 못 찍었거나 그것이 문제도 아니된다" (함석헌전집5, 63쪽)고 한 것은 자연의 지평과 그것을 통한 초월로의 삶이야말로 아름다움의 극치라고 하면서 미적 사실을 재평가하고 있는 것이다.

여성의 아름다움에 대한 해석을 외모와 외양으로부터 초월과 이상을 위한 삶, 즉 미적 이념으로 이행하고 그것이 현실의 미적 기준을 완전히 해체하는 비강제성, 비체제성의 미학으로 담론화하는 것은 당시로서는 함석헌의 독특한 여성철학이라 볼 수 있다. 그는 남성과 비교하여 여성이 지성을 함양해야 한다고 말하지 않는다. 더군다나 남성적 시선을 의미하는 미적 조건을 논하지도 않는다. 그는 지금까지 상실하고 망각했던 좀 더 거대한 세계의 시선으로 여성의 미를 안내하고 있다. 또한 현실에 안주하는 아름다운 삶에 대해서 초월과 이상을 추구하는 삶으로 나아갈 것을 종용하고 그보다 훨씬 더 중요한 것으로서의 우주로 향할 것을 제안한다. 우리는 흔히 아름다움이라고 한다면 자신의 몸과 가장 가까운 곳으로부터 멀리, 어쩌면 자신의 몸 그 자체에 관심을 기울이는 것이 당연하다 할 것이다. 하지만 함석헌이 말하듯이 그것은 인간에게 한갓 가까운 배경, 가까운 경치에 지나지 않는다. 자신의 몸에서 더 멀리 "무한한 배경" 속에서 자신의 몸을 볼 수 있어야 한다. 그는 몸에 갇혀 있지 않고 무한한 정신으로서의 우주적 배경 안에 있는 자신의 존재를 발견할 것을 촉구한다. 미의 영역은 단지 몸에 있지 않다. 인간의 심미성은 우주적 배경 하에서 자신을 인식할 때 진정한 아름다움을 발견하게 되는 것이다(함석헌전집5, 63쪽).

그러나 함석헌은 아름다움을 우주적 지평에서 해석하는 데서 더 나아가 인간의 내면성에서 미의 형이상학적 가치를 길어올려야 한다고 본다. "아름다움은 또 너희 마음에 있는 줄을 알아야 한다. [……] 아름다움이란 결국 너희 맘씨의 아름다움이다"고 말한 표현 속에서 미적 토대를 인간에게 두려고 하는 의지를 엿볼 수 있다. 우주적 지평과 동일한 맥락에서 보면 아름다움은 외모에서 비롯되는 것이 아니다. 여성의 아름다움은 내면에 있다. 그렇다고 해서 여성의 미적 내면성이 자기폐쇄성을 일컫는 것은 아니다. 여성의 미적 근원성을 마음에다 두고 있는 것뿐이다. 여성의 혼, 즉 여성의 마음을 어떻게 실현할 것인가 하는 것은 우주적 지평 안에서 이루어져야 할 과제이다. 다시 말해서 여성의 마음, 여성의 혼, 그 아름다움은 위대한 것인데 그것은 우주적 지평과의 관계성 속에서 찾아져야 한다. 여성의 마음, 여성의 혼을 위한 우주적 배경, 우주적 지평이라는 것이다(함석헌전집5, 63쪽). 이러한 의미에서 여성의 맘이란 '미적 형이상학의 깊이'라는 말이 훨씬 타당해 보인다. 그 이유는 여성의 맘이 우주적 배경에서 중심을 차지하고 있다는 논지에서 보면 미적 가치는 내면에서 초월성과 짝하고 있기 때문이다. 달리 말하면 여성의 맘에서 미의 형이상학적 가치가 실행되고 있는 것이다.

여성의 맘이 하나의 미적인 형이상학적 태도를 견지하기 위해서는 자신의 마음에 감응과 감화가 있어야 한다. 그런데 그러한 감화와 감응은 그냥 일어나는 것이 아니다. 여성의 마음에 고상한 심정이 생겨나야 하는 것이다. 고상하다고 하는 것은 영원한 무한이다. 이 영원한 무한이라고 하는 것은 무엇인가? 숱한 문학가나 예술가의 정신이나 사상, 철학이 아니다. 오직 "예수"를 통해서 아름다워지는 것이다. 여기서 함석헌의 종교적 미학을 음미하게 된다. 그는 예수를 통해서 아름다운 인격을 간직할 수 있다고 본다. 함석헌의 논지의 핵심처럼 그는 내면의 인격을 아름다움의 정수로 본다. 그러기 위해서 그 아름다움의 정수를 만족시킬 수 있는 인물은 예수라고 보고 있는 것이다. 예수로 인해서 내면적 인격이 변화가 된 사람은 아름다운 자체이신 그분의 아름다움을 볼 수 있게 된다. 예수는 아름다움 그 자체이기 때문이다. 아름다움의 주변에서 아름다움 그 자체의 중심으로 들어가는 길은 종교적 미학의 탐지를 통해서 가능하다. 그는 여성의 아름다움을 아무런 사려 없이 몸적 대상성의 단편으로만 인식할 수 있는 가능성에 대해서 오로지 내면의 인격을 비추는 초월적 존재, 인격 그 자체인 존재를 만나서 마음의 바탕의 아름다움을 만나라고 선언한다(함석헌전집5, 63-65쪽).

함석헌에 의하면, 여성은 예수라고 하는 인물을 통하여 아름다움의 표상을 발견해야 한다. 특히 예수는 외양적인 아름다움, 인간으로서의 몸적 대상성을 넘어서 실존적 노동을 통하여 겸손함이라고 하는 아름다움을 지녔다고 해석한다. 노동을 통한 겸손의 아름다움, 온유의 아름다움, 동정과 위로의 아름다움이 그의 내면적 아름다움의 실체라고 주장한다(함석헌전집5, 65쪽). 아름다움의 객관성이라고 하는 것은 외적인 인간의 육체적 노동을 통하고, 실질적인 활동적 관상을 통하여 내면을 훌륭하게 닦아나가야 함을 그를 통해서 배우게 된다는 것이다. 따라서 미의 상징성과 본래성은 단순히 몸적 대상성을 수동적으로 꾸미는 것이 아니라 능동적인 관계를 통하여 나타나는 탈은폐성의 활동임에 틀림이 없다. 또한 예수가 본래적인 아름다움의 표상을 간직할 수 있었던 까닭은 "자연"과 가깝게 지냈기 때문이다. 함석헌의 평가에 따르면, 예수는 시인이었다. 시인의 감수성을 가지고 자연의 크고 맑은 것, 신비로운 것을 노래하였을 뿐만 아니라 깊고 그윽한 것을 배우고 벗삼아 맛보며 살았다. 그에게 있어 자연이란 초월자의 일을 위한 장이었다. 거기에서 영감을 얻고 명상을 하며 기도했다. 자연 전체가 그의 아름다운 영혼을 함양하는 장이었던 것이다. 게다가 자연은 초월자의 거처요 살림이 아니던가!(함석헌전집5, 65쪽). 이를 통해서 그는 민중을 위한 살 길을 내었고 억압과 강압을 해체하는 수행적 미학, 종교적 실존과 미학으로 도약하지 않았던가!

함석헌은 예수가 아름다움의 표상이 될 수 있는 세 번째 조건으로 "성경"(경전)을 가까이 하였던 점에 주목을 한다. 예수가 물질적 대상으로서의 자연을 통하여서도 미적 감수성과 미적 인격자가 되었던 것과 동시에 정신적 산실과 보고라고 할 수 있는 성서를 통해서 자신의 미적 세계를 확장시켰다는 것이다. 성서는 수많은 사람들의 미 그 자체이신 초월자에 대한 체험의 기록이다. 그러므로 성서를 읽는다는 것은 미적 체험을 한 이들의 미 그 자체이신 초월자의 체험을 공유하는 것이요 초월자의 뜻을 인식할 수 있는 예술작품이 된다고 볼 수도 있다(함석헌전집5, 66쪽). 자연이 물질적 대상으로서의 초월자의 예술작품이라면, 성서는 정신적인 산물로서의 초월자의 예술작품이다. 그것을 읽는다는 것은 초월자의 미를 해석하고, 암호를 해독하는 것이나 다름이 없다. 예수는 바로 이러한 초월자의 예술작품을 통해서 스스로 아름다운 인격이 될 수 있었던 것이다. 따라서 여성이 아름다우려면 노동을 통하여 몸적 대상성을 인격화하는 작업이 필요하며, 자연을 접함으로써 자연 본성을 닮은 인격자가 되어야 하고, 경전을 읽음으로써 초월자의 체험의 장 안으로 들어가 그들이 체험했던 초월자의 미를 경험하여 역시 훌륭한 인격을 소유할 수 있게 되는 것이다. 이 모든 아름다움의 표상을 훈련하는 이유는 주체적인 여성이 되기 위한 것이다. 다른 사람을 모방하여 한갓 아름다움을 위해서 치장하고 외모를 위해서 관심을 갖는 몸적 대상성에 대한 인식에서 벗어나야 한다. 자기 주체성을 가지고, 자기의 의지와 생각을 가지고 몸적 대상성의 극단을 극복하고, 몸적 대상성의 부정성과 불신을 불식시키고 똑같이 흉내내는 아름다움에 현혹되지 말고 변혁적인 아름다움을 만들어가야 한다. 모방된 아름다움이 아니라 진정으로 가슴과 살과 눈동자와 음성 속에 심어준 아름다움을 깨우쳐야 한다(함석헌전집5, 66-67쪽).

오늘날 여성의 아름다움이라는 것은 앞에서 말했다시피, 몸적 대상성에만 국한시킨다면 시대착오적인 생각이다. 19세기에서 20세기 중반을 살았던 베르타 폰 주트너(Bertha von Suttner)나 루 안드레아스 살로메(Lou Andreas-Salome)와 같은 지성적인 여성들처럼, 도덕적 이성과 사유 능력, 그리고 주체성과 이상을 지닌 여성이 요구되고 있다. 특히 루 안드레아스 살로메는 "나는 언제나 내 생각에 충실히 따를 뿐이다. 나는 절대로 사람들이 원하는 내가 되지 않을 것이다"라고 말하면서 자신의 단호한 이성과 주체성을 드러내었다는 점에 주목할 필요가 있다.[220] 여성 스스로의 아름다움은 남성들에 의해서 구성되는 것이 아니라 주체적인 이성과 생각에 의해서 만들어지는 것임을 명심해야 한다. 근대적인 이성중심주의나 가부장주의, 로고스중심주의에서 감성을 중시하는 포스트모던 사회로 탈바꿈해가는 이때에 여성의 아름다움을 다시 남성의 시선과 판단에 묶어둘 수는 없는 노릇이다. 따라서 이제 여성은 자신의 감성에 충실하여 성숙한 인격적 개체로서의 전환이 이루어질 수 있도록 노력해야 할 것이다.

3. 여성의 심성의 미학과 보편적 인간의 아름다움

함석헌에게 있어 근본적으로 여성의 미는 '마음'에서 비롯된다. 그

220 Stefan Bollmann, 김세나 옮김, 생각하는 여자는 위험하다, 이봄, 2014, 157-164쪽.

마음이란 본성적으로 선한 것이다. 그런데 선한 본성이 인간과의 관계나 인위성, 사회적 구조에 의해서 변하기 마련이다. 자기 아닌 존재가 되어 가는 것이 아름다움을 상실하는 원인이 된다. 물론 이것은 보편적인 인간의 본성 또한 마찬가지일 것이다. 비단 여성에게만 선한 본성을 요구한다는 것은 지나친 남성중심적, 남성 지배적 시각일 수 있다는 말이다. 그렇지만 인간, 즉 그녀가 아름다우려면 깊은 마음, 성실한 마음이 관건이 된다. 함석헌이 자기 자신을 잃어버린 것이 불행의 근본이라고 주장하고 있는 것도 자기 주체성, 어떤 것으로부터 구속되지 않은 상태로부터의 해방을 말하기 위함이다(함석헌전집5, 67쪽). 18세기 프랑스 철학자 장 자크 루소(Jean-Jacques Rousseau)는 "인간은 자유로운 존재로 태어난다. 그리고 인간은 어디서나 사슬에 묶여 있다. 어떤 자는 자신이 다른 사람들의 주인이라고 믿지만, 그들보다 더 노예가 되고 만다. [……] 이성적인 나이가 되자마자, 스스로를 보존할 적절한 방법들을 판단할 자는 오직 자신이므로, 인간은 그래서 자기 자신의 주인이 되는 것이다"[221]라고 말했다.

이를 근거로 여성의 미를 좀 더 확장시킨다면, 여성의 아름다움은 자신의 자유로운 상태를 회복하는 것이고, 더불어 모든 노예 상태로부터 해방되어 진정한 자기 자신의 주인이 되는 것이다. 자기 주체성의 담론이라고 하는 것이 단순히 남성의 지배로부터의 해방이나 남성의 미의식으로부터의 탈피를 의미하지 않는다. 그렇다고 해서 자기 주체성의 미학에 대한 담론이 단지 수사학적 잉여를 뜻하지 않는다. 완

221 Jean-Jacques Rousseau, 김성범 옮김, 사회계약론, 부북스, 2011, 14-15쪽.

곡하지만 세계 속에서 아름다움의 척도를 규정짓는 주체에 대한 비판을 가하고 있는 것으로서, 자신의 미에 대한 의식과 발현을 주체적으로 담론화하며 실천해야만 한다는 것을 기존의 담론을 논파하면서 제기하고 있다. 그것은 마음의 아름다움, 혹은 자기 주체적인 미의 모형을 보편적인 인식으로 전개하고 있는 것이다. 함석헌은 여성의 아름다움에 대해서 말하고 있지만, 그 대상과 담론의 맥락이 여성이기 때문에 그런 것이지, 그 논조에 있어서는 인간의 보편적인 아름다움을 피력하고 있다고 보아야 할 것이다. 앞에서 말한 루소의 주장을 다시 한 번 언급한다면, 인간은 자기 스스로의 이성에 의해서, 주관에 의해서 마음을 가꾸는 존재가 되어야 한다, 어느 누구의 노예가 되어서는 안 된다, 주인이 되어야 한다는 것을 아름다움의 바탈이라고 보는 것임에 틀림이 없다.

이것은 여성이라는 개별적 존재를 남성과 다른 차별적 존재에서 바라본다면 결단코 말할 수 없는 생각이다. 여성을 남성과 동등적 존재로 인식하기 때문에 가능한 발언이다. 마음이니 주체성이니 하는 것은 결국 인간 본성의 보편적인 성격이지 여성에게만 있는 것이 아니기 때문이다. 함석헌은 이 보편적인 마음의 아름다움을 모방적 차원으로 승화시킨다. 여성의 아름다움은 표층성이나 표면성에 있지 않다. 여성 스스로 표피적 차원에 머무를 수 있는 한계성을 뛰어 넘어 다시 무한으로 나아가야 한다고 역설한다. “무한을 안은 마음”, 그 마음이 아름답다는 것이다(함석헌전집5, 68쪽). 루소의 말로 표현한다면, “인간은 모두 자유로운 존재로 태어나고 자기 자신의 주인이므로, 누구도 그의 인정 없이 그를 구속할 수 없다."[222] 함석헌의 무한을 안은 마음이나 자유로운 존재 혹은 자기 자신의 주인이라는 말은 거의 동의어나 다름이 없다. 종교적 텍스트 내에서 무한을 한정짓기보다는 그것을 인간의 자유와 주체성으로 보아도 무난할 것이다.

아름다움은 스스로 자기 자신의 주인이 될 때 아름다운 것이고, 그 안에서 자기의 자유로움을 만끽하게 되는 것은 당연하다. 그러다 보면 자연스럽게 허영심을 버리게 되고 추한 마음을 뒤로 하게 될 것이다. 다시 말해서 오로지 자기 자신 안에서 참된 마음을 추구하는 존재가 될 것이라는 말이다. 허영과 추함은 어떤 힘에 의해 굴복하고 지배당한 결과로서 나타나는 현상이다. 거기에 참과 진실한 마음이 있을 수 없다. 나의 마음이 아니라 곧 나의 마음을 지배하고 있는 타자의 마음과 의지이기 때문이다. 그러므로 자기 자신의 이해와 자기 자신의 비판적 인식을 통해서만이 아름다움이라는 본래적 품성 혹은 내면성이라는 것을 발견하게 된다. 이것은 거의 동시적이다. 인간, 곧 여성이 아름답기 위해서는 자기의 본성, 자기의 주체성, 자기의 참 모습을 발견하는 즉시 아름다움이 나타난다. 함석헌은 여성이 가진 허영심이 담긴 추한 마음을 강력하게 비판한다. 권력과 명예, 물질과 지위 등을 탐하려는 여성에게는 본래의 아름다움을 찾아볼 수 없다. 영원성, 형이상학적 차원, 초월의 영역을 갈구하는 여성이 오히려 아름다움의 반열에 오를 수 있다(함석헌전집5, 68–69쪽).

"이제부터 네 이름을 마리아라 불러라"(함석헌전집5, 69쪽)고 말

---

222 Jean–Jacques Rousseau, 위의 책, 145쪽.

한 이유는 무엇일까? 그녀는 그리스도교에서 이른바 하느님의 아들, 예수 그리스도를 낳은 인물이 아니던가. 그녀는 겸손과 순종, 정결과 신뢰의 상징이다. 함석헌은 여성이 그와 같은 존재가 되어야 한다고 은유적으로 표현한 것은 아닐까? 여성의 아름다운 마음에 성모 마리아와 같은 미메시스를 염원했다고도 볼 수 있겠다. 그렇다면 그녀의 마음과 행위에서 인류 구원의 싹이 나온 것처럼, 현대 여성의 아름다움, 즉 여성의 마음이 세계정신이요 절대정신이 될 수 있는 것이다. 여성이야말로 세계를 구원할 종말론적 미학, 생명의 미학을 잉태할 수 있다. 실존주의 철학자 시몬느 드 보부아르(Simone de Boauvoir)는 자신의 책 『제2의 성』 서문에서 "여자는 남자와 마찬가지로 인간이다"[223] 라고 선언한다. 이것은 여성이 생물학적 숙명에 얽매여 있다는 것을 정면으로 반박하는 말이다. 생명과 구원의 미학이 인류 보편적인 의지라고 한다면, 적어도 여성이기 때문에, 혹은 남성이기 때문에 라는 성차별적인 언명은 더 이상 미를 담론화하는 데에 소모적일 수밖에 없다. '마리아'라는 호명은 인간의 보편적 마음의 바탕에서 생물학적, 생리학적 구분을 짓는 이름을 넘어선다. 다시 말해서 그것은 인간의 보편적 아름다움의 표상이다.

함석헌은 1972년 성심여고 교지에서 "정신 도덕이야말로 인격의 근본 바탕"(함석헌전집5, 110쪽)이라고 했다. 그가 말하려고 했던 요지는 여성으로서의 인격의 바탕에 정신과 도덕을 두어야 한다는 것이다. 따라서 아름다움이 여성의 정체성의 상징이나 육체성의 표상으

223 Simone de Boauvoir, 강명희 옮김, 제2의 성1, 하서출판사, 2000, 13쪽.

로 고착되지 않고 그 지평을 보편적인 아름다움으로 인식되기 위해서는 인간 본연의 정신과 도덕으로 승화되지 않으면 안 된다. 흔히 여성의 아름다움을 몸적 대상성에 의한 시각화에서 비롯되는 것으로 말해지곤 했다. 이렇게 여성의 본질적 아름다움을 시선의 감각에 국한시키려고 한 것은 남성의 오래된 인식의 정체였음은 두말할 필요도 없다. 이것을 극복하기 위해서는 여성의 아름다움은 내면적 기호, 즉 인격의 표상 작용이라는 것을 강조해야만 한다. 인격, 즉 인간의 정신과 도덕의 상징은 여성의 고유성과 본래성일 뿐만 아니라 남성의 주체성으로서 인간 모두의 상호인격의 바탕이 곧 아름다움으로 드러난다는 것을 보여주어야 한다.

그러기 위해서는 반드시 여성에 대한 남성적인 인식을 지양하고 인간 보편적인 아름다움을 논해야만 한다. 가부장적 인식, 로고스 중심적 사유를 통해서 이분도식의 아름다움, 즉 남성성과 여성성의 차별적 구조를 보편적 동일성의 인격체로 정치미학화 해야 할 것이다. 여기서 정치미학화란 남성과 여성의 성의 아름다움의 담론을 공동체 안에서 관계의 차연에서 다루어져야 한다는 것을 의미한다. 아름답다고 하는 것은 단순히 개인적인 차원의 발언이나 고백이 아니라 남성과 여성이 살아가는 공동체 안에서 이루어지는 의사소통적 합의와 보편성에 입각해야 한다. 그런 의미에서 여성의 아름다움은 정치미학적 지평에서 전망하고 재현되어야 마땅하다. 그 공동체적 의사소통의 합의와 보편성의 토대는, 함석헌이 말했다시피, 인격적 표상에 의한 아름다움이어야 할 것이다. 그 미학적 인식과 타자성에 대한 간극의 합일이 남성성과 여성성이라는 폭력적 구도를 타파하고 질료적 아름다움을 보편적 인간의 아름다움으로 해체구성하게 된다.

그러한 관념을 넘어서고 몸적 대상성의 아름다움을 끊임없이 유보하려면, 여성 스스로의 노력 또한 필요하다. 여성의 아름다움을 주체적으로 향유하고 몸의 기표적 성격을 신화적 기의로까지 읽히는 것을 반성적으로 비판할 수 있는 능력을 함양해야 한다. 그것은 자신의 이성과 감성, 그리고 영성을 통해서 스스로의 길을 개척하는 것이다. 아름다움의 텍스트가 정해지거나 고정된 것이 아니라 생성과 운동을 통해서 자신의 길을 냄에 따라서 인식이 달라질 수 있음을 확인시켜주어야 한다. 여성의 아름다움은 한갓 신비나 관념에 지나지 않는 것처럼 위장하려 한다 해도, 아름다움의 실체를 존재론적으로 체화하려고 자신의 길, 흔적을 만든다면 그 아름다움의 현존을 볼 수 있을 것이다. 함석헌은 '예수가 길'이라고 말할 것이 아니라 '내가 길'이라고 고백하면서 자신의 길을 가야 한다고 말한다. 진정한 길은 내가 곧 길이 되는 것이다. 여성의 길, 여성의 아름다움은 자신의 길을 걸어갈 때 아름답다고 말할 수 있다. 남이 낸 길을 가지 말고 날 길, 나아가야 할 길, 간 길이 아니라 갈 길, 가야 할 길을 내는 사람이 되어야 한다(함석헌전집 5, 110쪽).[224]

---

224 김대식, 함석헌과 종교문화, 모시는사람들, 2013, 126-127쪽.

에필로그:

후련한 앙금들, 잔여의 숙제들

에필로그:

후련한 앙금들, 잔여의 숙제들

휴머니즘적 마르크스주의자이자 현상학자인 코지크(Karel Kosik)는 "철학이란 사상(思想) 속에 집약되어 있는 그 시대의 현실"[225]이라고 말한다. 함석헌은 그의 현실을 간파하면서 현실을 초월하고 실존의 현실 속에서 글로, 강연으로, 행동으로 몸소 보여주었을 뿐만 아니라 우리가 어떤 현실을 꿈꾸어야 하는지를 가르쳐준 인물이다. 자신의 생활세계 전반이 철학으로 녹아있다고 볼 수 있다. 경솔하거나 섣부를 필요도 없지만, 그렇다고 현실을 타개하는 데 느긋해서도 안 된다. 이상이 실제가 되고 실제가 현실이 되도록 하려면 분명한 철학을 세우는 일이 먼저여야 한다. 그 철학을 어디서 가져와야 할까? 수많은 철학자들이 있지만, 현실 속에서 분연히 일어난 당해 인물이 좋을 것이다. 관념론자이지만 현실의 역사적 퇴행을 비판한 생철학자라 볼 수 있는 함석헌

---

225 Karel Kosik, 박정호 옮김, 구체성의 변증법: 인간과 세계의 문제에 대한 연구, 지식을만드는지식, 1985, 225쪽.

이 제격이리라.

그렇다면 함석헌이라는 인물의 철학과 사상이 배태된 근원은 어디일까? 김병익이 적시한 것처럼, 삶을 죄스럽게 여겨할 만큼 민족의 현실이나 개별적 인간의 삶, 그리고 현대사가 간난스럽게 진행되었기 때문이었을까? 삶의 체험이 그토록 가혹했기 때문이었을까?[226] 분명히 함석헌은 시대를 깨운 한국의 대표적 현대 철학자요 사상가라 해도 과언은 아닐 것이다. 아픔이 그렇듯 아픔 후에는 그 아픔의 흔적을 갖고 살기 마련인데, 함석헌은 현대사적인 아픔을 되레 냉혹하고 냉철한 아픔으로 극복하려고 하였다. 그의 무거운 실존에 대한 고뇌가 그러하고 시대가 갖고 있는 당대의 현실에 대해서 반성적으로 사유하려고 하였던 데에서 그 면모를 찾아볼 수가 있다. 그렇지만 그는 시대의 아픔에 대해서 아픔으로 맞섰을 뿐만 아니라 그 아픔의 시대와 아픔의 세계를 통찰하였다. 명료하면서 새로운 말법으로 현실을 지적하고 분석하는 그의 이성 능력이 바로 그것이다. 종교적 감성과 날카로운 이성의 조화, 그리고 삶의 현실을 비판하는 동시에 초월하게 하는 말놀이의 귀재였던 것이다. 그의 언어와 소리-글을 접하면서 가슴 뛰지 않은 사람이 없었던 것은 말이 주는 그의 힘에서 비롯되었다.

그의 소리-글과 말은 순수지성, 순수정신, 순수자아를 찾아가는 방편으로서 적어도 '일차원적 인간'에 머물러서는 안 된다는 급박함이 있었기 때문이다. 그는 자본주의에 끌려가고 폭력적 정치에 억압당하며 정신을 계도하지 못하는 종교적 상황 등은 인간으로 하여금 사유와

226 김병익, 새로운 글쓰기와 문학의 진정성, 문학과지성사, 1997, 41-42쪽.

행동을 하지 못하게 한다는 판단을 하였다. 평소 리영희는 종교를 갖고 있지 않지만 종교인이나 다름이 없다고 말하면서 종교적 독선과 아집, 그리고 종교가 사회와 심지어 종교 자신을 돌아보지 못하는 현실을 꼬집었듯이,[227] 함석헌도 그것 자체로 가지고 있는 본질과 본래성이 퇴색된 종교에 대해 신랄하게 비판하였다. 나아가 정치적 실존으로서 민중이 지배 권력에 편승하지 않고 스스로 바탈의 심층에서 사유하고 행동하기를 바랐으며 통일과 환경의 문제를 거론하고, 과학기술의 맹목성과 몽매(蒙昧)가 인간을 들들 볶는 닦달현상(Ge-stell)이 일어날 것이라고 진단하였다. 그뿐만 아니라 미(아름다움)적 판단에서 형식적이고 외형적인 미가 아니라 내면의 도덕적 미를 강조하면서 인간의 아름다움은 내면적 인격에서 형성된다는 인격적 인간상을 제시하였다. 이것은 다분히 칸트와도 맥을 같이한다. 이성적 실존은 이성과 감성의 조화, 그리고 자연의 아름다움과 벗하여 그것을 모방하려는 존재여야 한다는 것인데, 이것은 이성, 곧 바탈의 깊이에 대해서 문제시한 것이었다.

현대 독일문학의 효시라고 평가받는 게오르그 뷔히너(G. Büchner)는 그의 문제작 『보이체크』(Woyzeck) 중에서 "사람은 이성을 가진 바보가 틀림없어. 그러기에 사람들은 이런 말을 하지, 더러운 세상! 아름다운 세상!"이라고 말한다. 과연 인간은 이성적인 바보인가? 이성을 통한 합리적인 판단과 자기반성의 비판 능력을 가진 인간이라면 자신과 세계의 관계성을 가능한 한 초월(하늘)과 순수(바탈/얼)를 지향하는 삶을 살 것이다. 함석헌을 굳이 이성주의자나 계몽주의자로 지칭하는

227 리영희, 스핑크스의 코, 까치, 1998, 35쪽.

것도 그가 논하는 모든 지향에는 철저한 자기비판과 더불어 현실비판이 균형 있게 기술하고 있기 때문이다. 그렇다고 그가 '나는-이미-알아-반응'(Weiß-ich-schon-Reaktion; Th. W. Adorno)의 인식론적 오만과 교만에 사로잡혀 있다는 뜻이 아니다. 그는 사물화되고 비본질화되고 있는 세계에 대한 대안으로 '가능세계'(possible world)를 그려주고 있는 것이다. 현실에는 존재하지 않지만 우리가 깨닫고 애써 운동과 개혁을 통하여 이상세계를 만든다면 반드시 진실한 세계가 도래할 것이라는 확신이 있었던 것이다.

함석헌의 철학은 개별적 전체철학이나 알랭 바디우(A. Badiou)가 역설한 보편적 단일성의 철학이라고 명명할 수 있겠다. 그는 개별 민중의 삶의 단층들을 소중하게 생각하면서 그들의 깨달음이 씨올이 되어 항상 전체를 살리는 철학을 전개한다. 전체주의자가 아니다. 개별 민중을 획일화시키고 동일화시키겠다는 철학적 전략이 아니라는 말이다. 그것을 단적으로 드러내주는 것이 그의 아나키즘적 사유 지평이다. 개별 민중의 삶의 자유를 위해서 체제, 억압, 지배, 조직 등의 인위적 구조들을 타파하려고 하는 것은 전체의 생명을 위해서 고착화된 명명이나 사유를 무한히 저항한다. 전체가 살기 위해서는 결단코 존재의 고정화나 불변 혹은 안주만을 고집할 수 없다. 생명은 전체이기 때문에 앞으로 나아가야 하고 생성 변화해야 한다. 함석헌의 철학은 인간으로 하여금 경험세계의 모순을 극복하고 이데올로기에 의해서 좌우되는 삶을 넘어서도록 종용한다. 그뿐만 아니라 인간은 무엇을 사유하고, 어떻게 살아야 할 것인가를 깨닫게 하면서 주체적으로 살아가도록 한다는 점은 오늘 우리에게 다시 한 번 그의 철학 전반을 들여다봐야 할 것을 요청한다.

하지만 아직 국내 함석헌 연구가 미진한 상태다. 그가 가진 다양한 철학적, 사상적 사유들을 분석, 해석, 비판하는 젊은 학자층이 엷다. 그가 서양학자가 아니라는 데서도 불리한 한몫을 하는 것 같다. 학문의 사대주의다. 지금까지 한국의 학문이 발전하지 못하고 답보 상태인 이유인 것이다. 심지어 한국의 철학이나 사상조차도 역수입을 해오고 있는 실정이니 아연실색이다. 보란듯이 떳떳하게 한국적 상황에서 모국어로, 모국어의 정신을 가지고 학문을 전개한 함석헌을 외면하지 말아야 한다. 그러기 위해서는 앞으로 그의 역사의식, 교육철학, 정치인식, 평화사상, 그리스도교 성서관(해석학) 등에 관한 깊이 있는 정교한 철학적, 사상적 풀이가 절실하다. 필자의 과제로 남겨두려고 한다.

발터 벤야민(W. Benjamin)은, "나는 "책 한 권이라도 그것은 나름의 운명을 지니고 있다"고 생각한다"고 말했다. 이 책이 어떤 운명에 처해질지 장담하기 어렵다. 도서관에서 먼지나 쌓이는 책으로 남겨질지, 여러 사람의 손 때 묻은 애장도서가 될지, 학문적 자극을 불러일으키는 책이 될지 어느 운명이 되었든지 자연의 덕을 입어 탄생된 이 책이 그에 걸맞은 제값을 하기를 바랄 뿐이다. 필자는 현실 참여적 작가인 함석헌이 그랬던 것처럼, 세계를 바꾸기 위해서 글을 쓰고, 글을 씀으로써 세계를 바꾸고자 하였다. 작가는 말을 하는 순간 행동을 한 것이나 다름이 없다.[228] 필자의 말이 또 다른 연쇄적인 행동과 운동을 불

228 Jean-Paul Sartre, 정명환 옮김, 문학이란 무엇인가, 민음사, 1998, 30-31쪽; 김대식, 함석헌의 생철학적 징후들, 모시는사람들, 2014, 169-175쪽.

러일으킬 수 있을까? 함석헌이 갖고 있는 말법과 힘을 모방이라도 했다면 감히 그럴 수 있지 않을까? 필자의 언어활동이 새로운 생각, 새로운 얼, 새로운 행동이 솟아나도록 한다면 그에 근접한 것이 아니겠는가.

참고 문헌

강성률, 서양철학사 산책, 평단문화사, 2009.

길희성, 길은 달라도 같은 산을 오른다, 휴, 2013.

김경순, 라캉의 질서론과 실재의 텍스트적 재현, 한국학술정보, 2009.

김대식, 함석헌과 종교문화, 모시는사람들, 2013.

______, 함석헌의 생철학적 징후들, 모시는사람들, 2014.

김문환, 미학의 중심, 서울대학교출판부, 2002.

김병익, 새로운 글쓰기와 문학의 진정성, 문학과지성사, 1997.

김성곤, "탈구조주의의 문학적 의의와 전망", 윤호병 외 지음, 후기구조주의, 고려원, 1992.

김성우, 로크의 지성과 윤리, 한국학술정보, 2006.

김영국, "누가 진리의 반역자인가!", 공동선, 2014년 7-8월, 117호.

김진석, 초월에서 포월로, 솔, 1994.

다케다 세이지(竹田青嗣), 현상학연구회 지음, 정미애 옮김, 처음 시작하는 철학공부, 서울: 컬처그라퍼, 2014.

도법, "종교와 생명", 한국종교연합, 제72차 평화포럼 발표문, 종교와 생명, 천도교수운회관, 2014년 7월 22일.

리영희, 스핑크스의 코, 까치, 1998.

박노자, 나를 배반한 역사, 인물과사상사, 2003.

박성준, "인문학의 희망, 우정의 공동체를 열다", 장동석 지음, 살아있는 도서관, 현암사, 2012.

박이문, 예술철학, 문학과지성사, 2006.

박재순, 하나님 없이 하나님 앞에. 디트리히 본회퍼의 그리스도론적 하나님 이해, 도서출판 한울, 1993.

박찬국, "현대에 있어서 고향상실의 극복과 하이데거의 존재물음", 한국하이데거학회편, 하이데거의 존재사유, 철학과현실사, 1995.

손규태, 한국 개신교의 신학적-교회적 실존, 대한기독교서회, 2014.

손봉호, "현대국가의 권력과 이기주의", 복음과 상황 엮음, 하나님나라와 정치, 도서출판 두레시대, 1992.
손석춘, 네가 정말 나를 사랑하느냐: 크리스천도 모르는 기독교 바로 알기, 시대의창, 2014.
신상희, 하이데거와 신, 철학과현실사, 2007.
심종혁, 영신수련의 신학적 이해, 이냐시오 영성연구소, 2012.
양희송, 가나안 성도 교회 밖 신앙, 포이에마, 2014.
오강남, 종교란 무엇인가, 김영사, 2012.
요한 갈퉁–박한식, "서방–IS, 서로 '넌 악마야' 여기면 절대 해결 안 된다", 한겨레신문, 2015. 11. 25. 16면.
이규호, 사람됨의 뜻–철학적 인간학–, 좋은날, 2000.
이덕환, "환경 문제와 현대 과학 기술의 이중성", 이정전 외, 인간 문명과 자연 세계, 민음사, 2014.
이수정, "하이데거 철학의 구조와 성격", 한국하이데거학회편, 하이데거의 존재사유, 철학과현실사, 1995.
이호영, 여자의 속사정, 남자의 겉치레, 책밭, 2014.
임석진, 변증법적 통일의 원리, 청아출판사, 1992.
전동진, "하이데거에 있어서 존재의 유한성과 유일성", 한국하이데거학회편, 하이데거의 존재사유, 철학과현실사, 1995.
전재원, 로고스와 필로소피아, 경북대학교출판부, 2014
전중환, 오래된 연장통, 사이언스북스, 2010.
정영도, 오르테가의 철학사상, 서문당, 2013.
조요한, "민족의 해방과 통일의 논리", 한국철학회편, 해방의 철학, 철학과현실사, 1996.
진태원, "'다중'은 새로운 공동체를 어떻게 건설할 수 있나", 한겨레신문, 2015년 1월 23일자 24면.
최병수, 초대교회와 도마복음, 도서출판 아우름, 2013.
하승수, 아나키즘, 책세상, 2008.
함석헌, 함석헌전집1, 뜻으로 본 한국역사, 한길사, 1984.
______, 함석헌전집2, 인간혁명의 철학, 한길사, 1983.
______, 함석헌전집3, 한국기독교는 무엇을 하려는가, 한길사, 1983.
______, 함석헌전집4, 죽을 때까지 이 걸음으로, 한길사, 1984.
______, 함석헌전집5, 서풍의 노래, 한길사, 1984.

______, 함석헌전집19, 영원의 뱃길, 한길사, 1985.
Agamben, G., 이경진 옮김, 도래하는 공동체, 꾸리에, 2014.
Arendt, H., 김선욱 옮김, 예루살렘의 아이히만, 한길사, 2006.
Badiou, A., "'인민'이라는 말의 쓰임에 대한 스물네 개의 노트", Alain Badiou et al., 서용순 외 옮김, 인민이란 무엇인가, 현실문화, 2014.
______, Zizek, S., 민승기 옮김, 바디우와 지젝 현재의 철학을 말하다, 도서출판 길, 2013.
______, 이종영 옮김, 윤리학, 동문선, 2001.
Bailly, Lionel, 김종주 옮김, 젊은 치료자를 위한 라깡, 도서출판 하나의학사, 2013.
Bauman, Z., 조형준 옮김, 빌려온 시간을 살아가기, 새물결, 2014.
Boauvoir, Simone de, 강명희 옮김, 제2의 성1, 하서출판사, 2000.
Bollmann, Stefan, 김세나 옮김, 생각하는 여자는 위험하다, 이봄, 2014.
Bollnow, Otto F., 이을상 옮김, 「철학적 인간학과 그 방법론적 원리」, Otto F. Bollnow 外, 현대의 철학적 인간학, 도서출판 문원, 1994.
______, 최동희 옮김, 실존철학이란 무엇인가, 서문당, 1996.
Bourdieu, Pierre, "'인민적'이라고 말했나요?", Alain Badiou et al., 서용순 외 옮김, 인민이란 무엇인가, 현실문화, 2014.
Chomsky, Avram N., 강주헌 옮김, 촘스키, 점령하라 시위를 말하다, 수이북스, 2012.
Compagnon, Antoine, 장소미 옮김, 인생의 맛. 몽테뉴와 함께 하는 마흔 번의 철학 산책, 책세상, 2014.
Conway, Daniel W., "Das Weib an sich. The slave revolt in epistemology", ed., Paul Patton, *Nietzsche Feminism & Political Theory*, London and New York: Routledge, 1993.
Dalai-Lama & Hessel, Stephane, 임희근 옮김, 정신의 진보를 위하여. 달라이 라마와 스테판 에셀이 나눈 세기의 대화, 돌베개, 2012.
Deleuze, Gilles, 이정하 옮김, 소진된 인간, 문학과지성사, 2014.
______, 한정헌 · 정유경 옮김, 경험주의와 주체성: 흄에 따른 인간 본성에 관한 시론, 난장, 2012.
Dilthey, W., 이기홍 옮김, 정신과학과 개별화, 지식을만드는지식, 2008.
Diprose, Rosalyn, "Nietzsche and the Pathos of Distance", ed., Paul Patton,

Nietzsche Feminism & Political Theory, London and New York: Routledge, 1993.
Frankl, Viktor E., 박현용 옮김, 빅토르 프랑클 회상록. 책에 쓰지 않은 이야기, 책세상, 2012.
Freud, S., 박찬부 옮김, '자아와 이드', 쾌락 원칙을 넘어서, 열린책들, 1997.
Giddens, Anthony, 이종인 옮김, 유럽의 미래를 말하다, 책과함께, 2014.
Girard, Rene, 김진식 · 박무호 옮김, 폭력과 성스러움, 민음사, 1993.
Habermas, J., 이진우 옮김, 현대성의 철학적 담론, 문예출판사, 1994.
______, 장은주 옮김, 인간이라는 미래. 자유주의적 우생학 비판, 나남, 2003.
______, 한승완 옮김, 공론장의 구조변동, 나남, 2001.
Hauser, Arnold, 백낙청 옮김, 문학과 예술의 사회사1, 창작과비평사, 1999.
Heelas, Paul, "Detraditionalizing the Study of Religion", ed., Slavicajakelic and Lori Pearson, *The Future of The Study of Religion. Proceedings of Congress 2000*, Leidin, Boston: Brill, 2004.
Heidegger, Martin, 이기상 옮김, 기술과 전향, 서광사, 1993.
______, 이기상 · 강태성 옮김, 형이상학의 근본개념들: 세계-유한성-고독, 까치, 2001.
______, 이기상 · 김재철 옮김, 철학입문, 까치, 2006.
______, 이선일 옮김, 이정표2, 한길사, 2005.
Hichens, Christopher, 김승욱 옮김, 신 없이 어떻게 죽을 것인가, 알마, 2014.
Hume, D., 김혜숙 옮김, 인간의 이해력에 관한 탐구, 지식을만드는지식, 2012.
Huyghe, Rene, 김화영 옮김, 예술과 영혼, 열화당, 1979.
Jaspers, K., "철학학교", 철학학교/비극론/철학입문/위대한 철학자들, 동서문화사, 2009.
Jonas, H., 한정선 옮김, 생명의 원리, 아카넷, 2001.
Kant, I., 신옥희 옮김, 이성의 한계 안에서의 종교, 이화여자대학교출판부, 1984.
______, 이한구 옮김, 영구평화론-하나의 철학적 기획-, 서광사, 2008.
Kleiner, Dmytri, 권범철 옮김, 텔레코뮤니스트 선언, 갈무리, 2014.

Kosik, Karel, 박정호 옮김, 구체성의 변증법: 인간과 세계의 문제에 대한 연구, 지식을만드는지식, 1985.

Kuipers, Ronald A., *Richard Rorty*, London, New Delhi, New York, Sydney: Bloomsbury, 2013.

Küng, Hans, 김근수 · 윤세웅 옮김, 왜 나는 아직도 기독교를 믿는가, 열린세상, 2014.

______, 이홍근 옮김, 교회란 무엇인가, 분도출판사, 1978.

Lavelle, Louis, 최창성 · 이상호 옮김, 영원한 현존, 서광사, 2000.

Levinas, E., 양명수 옮김, 윤리와 무한, 다산글방, 2000.

Loehr, Davidson, 정연복 옮김, 아메리카, 파시즘 그리고 하느님, 샨티, 2007.

Marcuse, Herbert, ed., Richard Wolin and John Abrimeit, *Heideggerian Marxism*, Lincoln and London: University of Nebraska Press, 2005.

Meinecke, F., 이광주 옮김, 국가권력의 이념사, 한길사, 2010.

Moltmann, J., 이신건 옮김, 나는 어떻게 변하였는가, 한들, 1998.

Montesquieu, Charles de Secondat, 이명성 옮김, 법의 정신, 홍신문화사, 2013.

Moretti, F., 조형준 옮김, 공포의 변증법, 새물결, 2014, 247쪽.

Morrison, Rober G., *Nietzsche and Buddhism. A Study in Nihilism and Ironic Affinities*, New York: Oxford University Press, 1997.

Nancy, Jean-Luc, 김예령 옮김, 코르푸스-몸, 가장 멀리서 오는 지금 여기, 문학과지성사, 2012.

Nietzsche, F., 강수남 옮김, 권력에의 의지, 청하, 1988.

Nuzzo, Angelica, "Finding the Body's place in Nature: Merleau-Ponty on Schelling's Phenomenology of Pre-Reflective Being", ed., Jason M. Wirth with Patrick Burke, *The Barbarian Principle. Merleau-Ponty, Schelling, and the Question of Nature*, Albany: State University of New York Press, 2013.

Orwell, G., 박경서 옮김, 영국식 살인의 쇠퇴, 은행나무, 2014.

Polanyi, Michael, 김정래 옮김, 암묵적 영역, 박영사, 2015.

Ray, Darrel W., 김승욱 옮김, 침대위의 신, 어마마마출판사, 2013.

Roth, Michael, *The Politics of Resistance: Heidegger's Line*, Northwestern University Press, 1996.

Rousseau, Jean-Jacques, 김성범 옮김, 사회계약론, 부북스, 2011.
______, 김중현 옮김, 에밀, 한길사, 2003.
Sandel, M., 강명신 옮김, 생명의 윤리를 말하다, 동녘, 2010.
Sartre, Jean-Paul, 박정태 옮김, 지식인을 위한 변명, 이학사, 2007.
______, 정명환 옮김, 문학이란 무엇인가, 민음사, 1998.
______, 정소정 옮김, 존재와 무, 동서문화사, 2009.
Shrape, Eric J., 윤이흠 · 윤원철 옮김, 종교학-그 연구의 역사-, 한울아카데미, 1986.
Sloterdijk, Peter, 이진우 · 박미애 옮김, 인간농장을 위한 규칙, 한길사, 2004.
Smith, Jonathan Z., 장석만 옮김, 종교상상하기, 청년사, 2013.
Störig, Hans J., 세계철학사(상), 분도출판사, 2004.
Urmson, J. O., 이한구 옮김, 철학적 분석, 철학과현실사, 2002.
Vallier, Robert, "*Être sauvage and the Barbarian Principle*. Merleau-Ponty' Reading of Schelling", ed., Jason M. Wirth with Patrick Burke, *The Barbarian Principle. Merleau-Ponty, Schelling, and the Question of Nature*, Albany: State University of New York Press, 2013.
Wirth, Jason M., "The Reawakening of the Barbarian Principle", ed., Jason M. Wirth with Patrick Burke, *The Barbarian Principle. Merleau-Ponty, Schelling, and the Question of Nature*, Albany: State University of New York Press, 2013.
Wrathall, Mark A., 권순홍 옮김, How to read 하이데거, (주)웅진씽크빅, 2008.
Wright, Dale S., 윤원철 옮김, 선불교에 대한 철학적 명상, 지식과교양, 2011.
Wright, Tom, 박규태 옮김, 톰 라이트 죽음 이후를 말하다, IVP, 2013.
Zizek, S., 이수련 옮김, 이데올로기라는 숭고한 대상, 인간사랑, 2002.

찾아보기

용어

ㄱ

ㄴ

ㄷ

ㄹ

ㅁ

ㅇ

인명

ㅅ

ㅇ

ㅈ

ㅋ

ㅌ

ㅍ

ㅎ